政府采购与 PPP 评论

2017年
第一辑

总第一辑

王乔 周法兴 主编

中国财经出版传媒集团

图书在版编目（CIP）数据

政府采购与 PPP 评论. 第一辑/王乔，周法兴主编.
—北京：经济科学出版社，2017.8
ISBN 978-7-5141-8271-2

Ⅰ.①政… Ⅱ.①王…②周… Ⅲ.①政府投资-合作-社会资本-研究-中国 Ⅳ.①F832.48②F124.7

中国版本图书馆 CIP 数据核字（2017）第 180896 号

责任编辑：刘　斌
责任校对：杨　海
版式设计：齐　杰
责任印制：王世伟

政府采购与 PPP 评论

2017 年　第一辑

（总第一辑）

王　乔　周法兴　主编

经济科学出版社出版、发行　新华书店经销
社址：北京市海淀区阜成路甲 28 号　邮编：100142
总编部电话：010-88191217　发行部电话：010-88191522
网址：www.esp.com.cn
电子邮件：esp@esp.com.cn
天猫网店：经济科学出版社旗舰店
网址：http://jjkxcbs.tmall.com
北京季蜂印刷有限公司印装
787×1092　16 开　14 印张　290000 字
2017 年 8 月第 1 版　2017 年 8 月第 1 次印刷
ISBN 978-7-5141-8271-2　定价：45.00 元
（图书出现印装问题，本社负责调换。电话：010-88191510）
（版权所有　侵权必究　举报电话：010-88191586
电子邮箱：dbts@esp.com.cn）

政府采购与 PPP 评论
2017 年 第一辑
（总第一辑）

主　　办：江西财经大学
　　　　　中国政府采购杂志社

主　　编：王　乔　周法兴

执行主编：李春根　殷亚红

编 委 会：

刘尚希	贾　康	高培勇	王泽彩	刘　慧	马海涛
于　安	王守清	刘小川	孙　洁	肖北庚	曹富国
徐焕东	何红锋	赵　勇	王丛虎	吕汉阳	蒋金法
匡小平	王振宇	肖光睿	薛　涛	刘世坚	肖建华
舒　成	刘　斌				

编 辑 部：刘　斌　王　雯　陈昶彧　王　洁

出　　版：一年四辑

前 言

2017年7月,《政府采购与PPP评论》第一辑正式付梓印刷!

改革实践的推进,法规政策的完善,往往离不开理论研究的创新与发展。长久以来,我们期望有一份致力于理论研究和实践评论的政府采购学术性文集;而随着PPP改革的勃兴,PPP实践的推广,PPP条例的呼之欲出,与政府采购关联密切的PPP同样面临着夯实理论研究的需要。适应这一需要,《政府采购与PPP评论》应运而生!

《政府采购与PPP评论》由江西财经大学与中国政府采购杂志社共同创办,由江西财经大学财税与公共管理学院、经济科学出版社提供出版支持,将持续出版。我们将为持续记录与推动政府采购与PPP改革进程,促进政策、理论与实践研究,努力打造一个权威的、专业的、长期的学术与实践交流平台。

《政府采购与PPP评论》是一本开放性学术文集,倡导规范、严谨的研究方法。我们欢迎政府采购与PPP领域的政策管理部门、理论研究机构、咨询机构、代理机构、社会资本方、PPP资产交易部门等各方主体踊跃投稿,提供原创性的理论研究、比较研究、案例分析和评论性论文。我们欢迎观点碰撞,期待百家争鸣!

勇立潮头,扬帆起航!让我们共同努力,为理论探索者提供自由的平台,为改革实践者提供思想的支撑!

目 录

PPP创新的制度供给效应、特征与法治化关键要领 …………………… 贾 康 / 1
PPP模式化解地方政府债务能力分析 …………………… 裴 育 史梦昱 / 12
PPP难解负债冲动，公共服务价费研究迫在眉睫 …………………… 薛 涛 / 27
基于资金方视角的PPP项目投资风险评估体系与防范措施研究 …………… 唐 川 / 44
PPP项目社会资本选择若干问题再议 …………………… 叶继涛 / 70
PPP"物有所值"评估体系的国际经验 …………………… 裴俊巍 黄佳曼 / 77
我国基础设施建设领域推广PPP模式研究 …………………… 曾维涛 李 仪 / 85
城市新区开发基础设施PPP+EPC模式浅析 …………… 任志涛 张 赛 李海平 郭林林 / 97
城市轨道交通PPP项目实施方案设计关键点的探讨
　　——基于郑州轨道3号线一期项目的实践总结
　　　…………………… 葛梦溪 李亚军 徐志刚 何 执 / 105
环保产业应用PPP模式存在的问题及对策研究 …………………… 吴伟军 / 114
公共服务供给方式及其优化的框架式分析
　　——兼论PPP是优化公共产品与服务供给的善治工具 …………… 欧纯智 / 125
浅论"政府购买服务"下的"智慧城市"建设 …………………… 童再军 / 135
论政府采购合同的变更、中止或终止履行 …………………… 刘 涛 / 148
PPP项目合同争议解决机制浅议 …………………… 刘世坚 / 162
PPP项目合同中政府承诺研究 …………………… 何红锋 汪派派 / 170
我国PPP法律制度体系之省察及重构："诗和远方" …………………… 黄民锦 / 181
PPP项目中刑事法律风险研究 …………………… 霍敬裕 王宇宁 / 207

PPP 创新的制度供给效应、
特征与法治化关键要领

贾 康[*]

> **摘 要**：PPP 创新具有缓解政府财政支出压力以优化其履职，实现社会公众共享发展中的公共服务绩效提升，拓展一批企业的生存发展空间并健全现代市场体系，助推混合所有制改革，促进"过剩产能"转变为有效产能从而增加有效投资引领新常态，以及倒逼和催化全面依法治国进程等六大方面重要的正面效应；PPP 还体现出创新性、规范性、专业性与长期性等四大特征，其制度机制正在中国展开有声有色的实践探索；而 PPP 的立法进步也时不我待，应在相关条例的起草中正视和解决突出矛盾，明确 PPP 契约的民事合同性质，力求以法律规范保障其可持续发展。
>
> **关键词**：PPP 创新 制度供给效应 PPP 的特征 法治化

政府和社会资本合作的 PPP，直译就是公私合作伙伴关系，是政府职能转变方面非常重要的制度供给创新，直观地看是一种融资模式的创新，实际上它必然带动管理模式与整个社会、国家治理模式方面的深刻变革。在中国全面深化改革背景下，从政府、公众、企业等多重视角，都可以肯定其显著的正面效应，随着 PPP 更大发展空间的展开，也要进一步认清 PPP 的相关重要特征，并且在探索实践的基础上，以法治化制度环境为基本保障，进一步推进 PPP 创新发展。

一、PPP 的六大正面效应

（一）缓解城镇化、老龄化带来的财政支出压力，构建政府履行职能的有效机制

首先，从政府的视角来看，面对着中国的城镇化和老龄化，未来长期发展要对接现

---

[*] 贾康：现任全国政协委员、政协经济委员会委员，华夏新供给经济研究院首席经济学家，中国财政科学研究院研究员、博导，中国财政学会顾问，中国财政学会 PPP 专业委员会委员，国家发改委 PPP 专家库专家委员会成员，北京市等多地人民政府咨询委员，北京大学等多家高校特聘教授。

代化伟大民族复兴这样一个战略目标，政府无可选择、势在必行要推进PPP的创新。这样才能够使政府相对胜任地去履行它应该履行的职能。这几年中国的决策层、管理部门、政府有关管理环节上的人士，不遗余力地都在推进PPP的创新发展，其背景我们现在看得很清楚，中国改革开放三十多年以后，进一步推进现代化的任务还是非常艰巨的，中国的真实城镇化水平才刚刚走到40%这样的高度，即按照户籍人口的城镇化率只有40%，这是跟国际上真实城镇化率可作对比的指标，这说明我国今后还有几十个点的城镇化快速发展空间。

在这个过程中间，一轮一轮建成区的扩大，基础设施的加快建设和升级发展带来的产业互动，产业园区进一步更合乎现代化意愿的建设，以及人力资本的培育，相互交织之下，就是弥合二元经济过程不断释放需求，与此同时我们又有全面开放格局，可以得到全球有效供给的回应。那么以后从基础设施到产业园区开发等这样大规模的建设投入，其实动员的资源是政府体外业已雄厚起来的民间资本、社会资金，再加上国际方方面面可以参与的资金力量和资源，一起来推动这样一个中国弥合二元经济的过程。政府在这种情况下，才可能在财政支出压力面前，找到自己可以相对胜任、愉快履行职能的可行的运行机制。

（二）以PPP的推进实现社会公众的共享发展，形成"1+1+1>3"的公共服务绩效提升机制

第二个正面效应，显然要说到政府更好地履行职能是要落到社会成员、人民群众的共享发展上面的，而PPP在这方面的意义，笔者认为是最关键的。中国进入中等收入阶段，老百姓对美好生活的向往被进一步激活以后，怎样让公共服务供给尽可能跟上需求方？供给侧改革如何打开有效供给的潜力空间，激发各种各样的活力？从PPP来看，适应的是社会公共需要、人民群众的需要，其机制方面的特点是可以把政府、企业、专业机构，所有相关各方的相对优势结合在一起，使PPP形成一个在公共服务的硬件支撑和以后的管理运行体系中间"1+1+1>3"的绩效提升机制，我们在一系列PPP的案例上可以非常突出和鲜明地感受到这种绩效提升机制的可贵，它将可以很好地使我们社会生活中间大家看到的那些需要"好事做实、实事做好"的建设项目，更快地投入建设和更快地进入运行来发挥它们应有的正面效应。

人民群众得实惠，这是中央现在说到的现代发展理念，从创新发展带出协调发展、绿色发展和开放发展，落到归宿上的共享发展。也就是在中国矛盾凸现的过程中间，我们怎样以PPP成为促进社会和谐，使人民群众的获得感、幸福感尽可能得到提升的一个非常重要的创新。

（三）拓展一批企业的生存发展空间，有利于进一步构建成熟健全的现代市场体系

第三个方面，要特别肯定PPP将使我们一大批有偏好和政府实行长期合作的企业，得到他们进一步生存和发展的舞台和空间。在现实生活中，PPP的机制实际上并不适合所有的企业、所有的社会资本，像风投、创投、天使投资，他们并不适合来做PPP。但是我们观察在社会中、市场上愿意认定自己的偏好是跟政府实行长期的（至少15年、20年、30年，甚至50年，还有更长时间的）合作，一下锁定这个合作期内获取"非暴利但可接受"的投资回报水平的企业、民间资本、社会资本大有人在，更不用说中国特色下一大批国有企业可以成为符合条件的社会资本方来一起实现合作，共同推行PPP。国有企业和民营企业在PPP概念之下的发展，观察中国特色是非常鲜明的。

但同时，从长远来看，不会是像有人所说的，国有企业把这一块市场"吃完"了，民营企业没有多少空间，事实并不是这样。所有这些企业，他们在偏好上，如果是可以跟政府作为合作伙伴长期合作，来接受"非暴利的但可接受"的投资回报水平，他们的参与自然要带来前面所说到的绩效提升机制，同时也使我们的现代市场体系更加丰富多彩，更加符合一个现代国家应有的常规情况。

（四）实现与"混合所有制"改革的内在联通，形成国企改革和民企发展的共赢局面

第四方面，PPP非常重要的正面效应，是直接对应三中全会以后中国深化改革方面企业改革主打的混合所有制改革这样一个重要思路的贯彻与推进过程。PPP在实际的实行过程中，凡是有运营期，都要形成一个SPV，即特殊项目公司，而这个特殊项目公司必然是一个现代企业制度标准化的股份制产权架构。在这个产权结构里边，政府方面的动机，恰恰就是不想一股独大，它不像在其他某些领域里民营企业抱怨的"我想混合进去，但是只能让我们参股"，国有股一股独大使很多的民营企业在这里望而却步。而PPP恰恰是政府方面天然就不想一股独大，我们观察到很多案例，政府方面恨不得尽量少持股，尽量少出资金，来带动这些体外的民间资本加入以后，产生所谓"四两拨千斤"似的放大效应，这是它出政绩、对公众都可以交得出来的漂亮的工作业绩。它的内在动机是少花钱多办事，是顺应着实际生活里政府所用的资金是纳税人的钱、要尽量让它形成放大效应这样的一种绩效导向。

而混合所有制，如果能够在这方面和PPP天然对接，它成气候的过程在中国就有望比我们原来设想的更快。越来越多的在中国本土上，由中国的主体和国外可能的伙伴在"一带一路"上推进的越来越多的PPP项目，按照混合所有制来形成它的产权架构，实际上就是在改革方面，大家来共同认识和贯彻中央所表述的中国特色社会主义市场经济基本经济制度的重要实现形式，即混合所有制这条企业改革之路。国有企业的改革和民营企业的发展，在这里面是完全可以争取实现一种共赢的发展状态的，它的意义又是全局的和长远的。

（五）以一种选择性的"聪明投资"机制促进"过剩产能"转变为有效产能，增加有效供给，引领新常态

PPP非常显著的一个重要效应，就是在认识、适应和引领新常态的过程中间，PPP显然可以成为一种选择性的"聪明投资"来增加我们的有效供给，把实际上已经有的为数可观的一批所谓"过剩产能"，便捷地、可靠地转化为有效产能。比如在北京，这跟上海和其他很多中心城市大同小异，公共交通体系建设别无选择，必须赶快学习纽约、东京、巴黎、慕尼黑等城市的经验，尽快建成中心区域四通八达、密度足够的轨道交通网。这样一个中心区域如果是平原的话，就是密密麻麻的地铁网，社会成员在任何一个位置，往任何一个方向走，几百米之内，能够有一个地铁的出入口。只有这个境界达到了，北京才可能取消实际上带有一定荒唐意味的机动车的限购、限行、限入。纽约、东京机动车的拥有率比北京高很多，为什么这些城市不限购、限行、限入？比较之下就会明白。当公共交通体系的建设所需要的天文数字的资源"砸"到地底下去，如何加快进程、确保质效？前些年不得已逼出了北京地铁四号线PPP项目，通过引入外资，与香港方面的资本合作，而且引进他们的管理经验。现在十六号线又签约，继续做PPP。那么设想一下，如果没有PPP，十六号线什么时候能够动工，还是未知之数。因为有了PPP的创新，马上签约，后边紧跟着的是一批关于这个项目建设的钢材、建材、施工机械等投入品的订单，市场上一部分对应的所谓过剩产能，瞬间就转为有效产能。这样一种转变，带来了真正淘汰落后产能的竞争效应，这对于中国经济社会的发展，对引领新常态的意义，又是非常重大的。

（六）天然对接"全面依法治国"，倒逼、催化中国高标准法治化营商环境的打造

最后一点应特别强调的正面效应就是：PPP显然是和中央反复强调的"全面依法治国"天然对接，它会倒逼、催化中国高标准法治化营商环境的打造。没有一个让社会资本方面认为可预期的、踏实的法治保障，PPP是不可能有可持续性的。政府方面的"强势"会在PPP实施中得到约束，应当看到，不管前期政府所处地位是有多少"主导性"或者"特许权在手"，PPP都对政府提出要求形成以"平等民事主体"身份与非政府主体签订协议的新思维、新规范，对于实质性地转变政府职能、优化政府行为和全面推进法治化，无异于形成一种"倒逼"机制。因此这样一种"倒逼"对于中国长远发展的现代化进程的意义，怎么估计都不会过分。

二、PPP的四大重要特征

结合前述正面效应的分析，PPP显然是一个在我们现实生活中非常重要，但不可能

一拥而上、一哄而起的创新，它是一个需要非常审慎地加入专业性的力量，需要提高规范程度的一个长期的可持续的创新命题。因此，理解PPP的重要特征，对于充分发挥PPP的正面效应，提升制度供给有效性意义重大。

（一）PPP的创新性

创新性首先表现在PPP内在机制所表现的具体的模式，即我们所说的公私合作伙伴关系、政府和社会资本合作这个机制下大家已耳熟能详的BOT、TOT，还有其他的可以排列上的ROT、BOOT、BO、BOO等等（广义的PPP也包括BT）。这些具体形式，在创新发展的过程中仍是一个敞口的概念。笔者根据前几年的观察发现，在我国的实践中，有些具体的操作模式一下还走不到可以简练地以英文提炼出它单词首个字母的表达程度——比如有的地方推行的交通基础设施建设方面的"存量带增量"，以后是否能够形成一个类似于BOT和TOT这样的规范表述，当然这纯粹只是一个表达问题，但反映着在实际生活中，这些具体操作模式一定还会在探索中丰富起来。这个创新过程展开的同时，中国特色下还有一些特别的兴奋点，比如说连片开发，英文的缩写是"RC"（Regional concession，区域特许权），但在国际上对此重视程度较低，而中国现在在这一领域做得风生水起，是地方政府和相关的市场主体特别容易形成很明显的激励冲动和兴奋点特征的一个概念。我们已经看到的有固安这种民营企业做连片开发成功的经验，也已经看到了在汕头由国有央企牵头做的大刀阔斧的连片开发，都已表现出它的成功性质。未来这种连片开发在中国是不是还会更多形成方方面面更高度的重视？这些方面的创新当然也就意味着要接受挑战，且其可能会带来一些出现错误的风险因素。但既然是创新就得给出一定的弹性，要允许有一定的试错空间，要有一定的对于出现了偏差以后的包容性，关键是要及时发现和纠正偏差，而不是简单地看到有了偏差而去绝对否定PPP这个创新过程。

总体来说，PPP应被纳入"大众创业、万众创新"这个大概念，而"双创"之中PPP又带有重点的引领和突破意义。这是第一个应该认清的特征——创新性。

（二）PPP的规范性

规范性首先表现在前述提及的PPP对于法治提出了前所未有的要求，它对于中国全面依法治国的过程是一个客观上的催化剂和"倒逼"机制。没有一个使社会资本方能够形成相对清晰稳定预期的法治环境，即一种高标准、法治化的营商环境，就不要设想作为社会资本方的这些主体能够可持续地始终保持着应有的进取姿态参与PPP。从长期来看，如果没有这种法治所代表的高水平的规范性，至多能够把若干PPP项目培育成那种示范的盆景，而不能真正让它按照我们的意愿继续有一种内生的动力推广开来，形成长期应有的大发展。在立法的规范性后面，当然还有不同层次的一系列的规范要求，比如笔者注意到，按照我们现在已经有的指南和规范文件，PPP必须要有全套的流程，且应对这里面和规范性概念相关的风险控制予以越来越多的重视。风控也是要靠规范来体现出它的功能,在看准的各个要领的把握上,就要强调在前面所说的"创新中发展"理念后面跟上"规范中发展"的一些特定的要求。这两个概念本来是有一定的矛盾点的,但是又有它们的互补性。在并没有成熟经验的时候,不能上来先讲规范中发展,应该更多地鼓励"发展中规范"。一旦看准了风险点,在一定要注意风险防范的时候,就必须非常坚定地强调"规范中发展"。

现在我们注意到,各个方面对于 PPP 的认识还有种种见仁见智的不同之处,对于它的评价也有高有低,社会上也有不少的疑虑。但是越来越多的一线工作者——无论是政府方面还是企业方面,大家都越来越感受到 PPP 在当前错综复杂的这样一种矛盾交织环境中,是最有可能把好事做实、实事做好的一个推进机制。而这个推进过程的规范性,要从法治环境覆盖的总体环境条件,落到实际推进的流程、程序,操作层面大家必须对接到有非常清晰的风险分担方案的协议契约,来形成全套的规范。当然,现在很多人已有这方面的感受:一个 PPP 项目从一开始形成几方的基本共识到走完全套的程序,真正让它启动起来,常规情况下没有几个月、半年,甚至是大半年的时间,是做不出来的,这和它整个程序越来越讲求周到细致有关。笔者认为这也是在这一阶段上所必要的,但是以后并不排除我们积累经验到了某种相对成熟的程度以后,再来一轮删繁就简。现在看起来这么多的规定,有没有可能抓住最关键的部分形成一个链条,删繁就简以后,会使大家感受到整个程序做起来,不会像现在看到的有这么多细致的要求。但是这需要一个水到渠成的过程,有关管理部门也会总结经验,并作出相应判断,现在已经列出来的这么多的规范哪些是属于繁文缛节、哪些是属于必要的一定要坚持的规范。这也需要大家有一个共同努力的过程。

(三) PPP 的专业性

PPP 涉及公共工程、基础设施、产业新城运营、新区连片开发等项目建设,它是把原来理论上所说的准公共产品的开发跟市场机制对接,实际上还会带出来一边和纯粹公共产品的对接(单独做不成 PPP 的纯粹公共产品项目,放到一个打包的项目里面就可能做成),另外一边跟私人产品性质的一些产业开发又可以对接(纯粹是市场竞争的一些产业要素),作为产业集群是完全可以跟 PPP 的产业新区、产业新城结合在一起的。所以,它涉及的光谱几乎是全谱系。在这个全谱系里面,很多专业的事情确实要更加注重强调专业的人来做。大家已经认同政府方面、企业方面,还要加上第三方面,就是有独立性的专业资质的中介机构、会计师事务所、设计师事务所、律师事务所,还有一些资本运营、产权交易方面的专业团队,包括以后的税收方面还有税收筹划等问题,以及各个具体专业领域里专业团队应有的参与和贡献。这里面要求"专业的人做专业的事情",我们才能把一个一个的 PPP 项目推进到看起来是"一个隆重的婚礼"而启动,后面还跟出一段"百年好合的婚姻"。专业机构的参与在某种意义上也是全生命周期的,政府、企业可以在前、中、后几个大的阶段上以购买服务的方式实现共赢。这个专业性当然不排除地方政府和企业、企业集团自己在探索、发展中"干中学",组织自己的专业团队,但是总之在现实生活中会不断产生这种专业方面的需要,这些专业团队在自己专业能力提升的同时,必定会碰到很多新的领域和综合的领域,积极地用购买服务的方式形成特定的一些力量的专业组合,将始终是有必要性的。

(四) PPP 的长期性

笔者认为,在 PPP 建设上应该更好地树立一个长期性的概念。这个长期性不仅是指 PPP 项目的建设、运营周期很长,而且是指现在看得很清楚,在中国的本土上,我们推进中的 PPP 方兴未艾,以后要做多长时间、前景如何?现在看来几十年之内这些项目会源源不断地涌现出来,是做不完的。当然它以后形成了稳定长效机制,可能就要永远做下去。但是我们现在首先要看到中国为实现伟大民族复兴,从争取 2020 年全面小康到 2050 年前后,这 30 多年的时间段里面,这个大有作为的空间对应于长期发展的特点非常鲜明。试举一例,前一段时间有关部门说中国的城镇区域粗略估计缺 5 千万个停车位。计算下来,未来若干年内,增加这种基础设施建设,一个停车位平均按 10 万元建设,那是多大的投资规模?千头万绪的事情里的仅仅这一项,现在静态算账就至少是 5 千亿元以上的投资需要,更不要讲动态来说以后还有更复杂的停车位建设以及要有便捷的立体停车场等等这样一些配套。其他的大项目,也可以举两个概念,一个叫"综合管廊",现在全中国已经建设和在建的综合管廊总计不超过 100 公里,试想未来是多大的发展前景?至少我们要看到万公里这样一个数量级。这种大规模的投入,它特别适合于以 PPP 的方式来做,当然我们要循序渐进地推进。另外一个概念是"海绵城市",下雨时吸水、蓄水、渗水、净水,需要时将蓄存的水"释放"并加以利用这样一项工程。北京市海淀区的海淀公园是海绵城市概念的一个试点,就是无论多大的降水量都能迅速把水排出去,并非简单地全排走,排出以后还有蓄水区,能蓄存的尽量蓄存下来以备后用。诸如此类的海绵城市的建设,在中国又是需要天文数字的投资,也是特别适合于以 PPP 的模式来做。近来网上热议的雄安新区概念,这样的大手笔,被现在官方媒体称为"千年大计"的连片开发,里面又包括多少可能的 PPP 项目?这些项目要做起来,未来几十年都做不完。

当然,我们还可以观察"一带一路"建设。现在"一带一路"在推进过程中有了更清晰的投融资支持机制,我们的亚投行已经开始了一大批项目建设。笔者关注到近来中国的高铁在印尼已经签约 47 亿美元的一个项目,后面跟着的这条高铁沿线是不是会有一些物流中心、特定的宜居城镇、区域配套基础的建设,是不是会对接 PPP 项目?显然机会正在我们眼前展开。而这些事情在"一带一路"的轨迹上来发展,它又是一个长期的,至少是几十年做不完的事情。很显然,PPP 这种长期性的特征是一望而知的。

三、PPP 创新发展中制度机制的探索实践

相关数据显示，截至 2016 年底，全国已经签约落地了 1351 个 PPP 项目，总投资达到 2.2 万亿元，未来还有很大的发展空间。同时，从总体发展情况来看，目前，PPP 在中国还处于初创、探索的阶段，如果以后走到了进一步大发展、更成熟的阶段，这个空间还能够更充分地打开。

在实践当中，从政府这个角度来看，如果考虑 PPP 的全生命周期，它的管理架构和流程里边，从一开始到最后，涉及相当多的环节与复杂因素。地方政府也好，企业也好，推进 PPP 的建设，应该通过"购买服务"等机制，带动以后颇有成长空间的一批具备资质的第三方中介机构、专业咨询的主体，一起推动一个个 PPP 项目。除此之外，在签约以后的运行过程中，我们也较早认识到还需要有一个产权以及相关资产的交易平台。这一交易平台，是使初始参与方（不论一开始，企业方面是国有企业还是民营企业）可以对接到社会其他更多的多元化的主体，大家实际上以后要一起来面对这个产权、资产交易平台。笔者所接触到的很多市场人士，已经敏锐地意识到了这方面有所作为的空间，认为这一交易平台的建设是创新意义和实际作用的高度结合。在这一改革创新发展的过程中间，上海市和天津市已顺应这一发展潮流，率先启动建立了相关交易平台，下一步就应力求提高它的专业性，同时也加入法治化保证下的规范性。这样的创新发展中的重大进步，非常值得我们加以肯定。

与此同时的一个观察就是，在一线城市、大的省会城市、中心城市，地方政府方面首选 PPP 的合作伙伴确实是国有企业。符合条件的国有企业，不光是有中央级的国企，还有别的地方辖区内的原来的融资平台，这些融资平台没有完成市场化转制时没有条件跟它作为行政主管的"婆婆"即当地的政府一起做 PPP 项目，但是它可以到其他的政府辖区里边，与该辖区内的地方政府合作，一无产权纽带，二无行政隶属关系，就成了符合条件的国有企业。地方政府首选这些国有企业，当然是中国特色之下，他们现在要最大限度规避风险的一种理性选择。但这就引发不少人的一个疑问：民营企业还有什么空间？实际生活当中，这一担忧虽有道理，但我们看到的具体情况是大城市、中心城市的项目比较多地被国有企业拿到手，但是靠近低端的、市县级的、为数众多的 PPP 项目，其实也有一定规模，甚至有连片开发、规模很大的项目。很多民营企业抓住这样的机会，在市县这个层级、较靠近基层的这一层面，对应到具体的项目，现在已经在生龙活虎地推进，进入做起来的状态。按照财政部前段时间所掌握的信息，整个 PPP 项目库里面做成的项目数，民营企业拿到的比重达到 45%，已接近半壁江山。以后的演变，无论是高一点低一点，总体来说这个空间是客观存在的。

进一步来看，如果我们有了一个交易平台，大家可以设想一下，这个交易平台后面展开的机会，那更是不分国有企业和民营企业还有社会公众的。这几年中国在经济下行

过程中间，一路高歌猛进的财富管理、理财公司、保险业（险资对应到财富管理需要），和其他社会上的各种各样的资金，包括境外的资本，在一起推进的金融多样化的过程中，都有机会参与进来。基于PPP一般项目都有很长运营周期的特点，因此它一定要求各种各样的资本在流转交易方面有制度框架和法治条件之下的交易平台，能够使实际生活里不同的投融资偏好在一个交易平台上各得其所。其中，它要实现资产证券化，要实现一些不同时间界限的资本的调期，就要通过这个交易平台，促进我们所说的供给侧改革里边最为推崇的公平竞争条件之下资本要素的合理流动。

　　从这一方面看，现实生活中已经有案例印证这一交易空间的打开势在必行，即使在没有非常规范交易场所的情况下实际上已经在推进。笔者试举一个例子：前些年以央企中信地产为主的社会资本方和汕头市的地方政府，已经正式启动了汕头海湾濠江区168平方公里的连片开发。这一项目的启动是圆汕头人的百年之梦，即在汕头海湾中间最宽阔的地方建成一个海底隧道，通过这样一个交通大动脉使以后整个海湾区域连接成为全天候的公共交通体系，台风来时海面上左右比较窄的地方已建的桥梁需要封闭，但是整个交通体系有了这一海底隧道以后仍可全天候贯通，一定会激活前面几十年汕头整个区域里已经形成的产业集群、宜居城市建设等这些要素进入"升级版"的发展境界，将带来的是在连片开发概念下几十年的滚动开发。在这一轮轮滚动开发过程中，中信第一步是在全球招标并已启动这一海底隧道项目，预计2019年完工，交付使用后不收费——这是最符合现阶段民众意愿的举措；紧接着一定会激活不动产开发，在这一过程中间，机关土地和不动产开发、连片开发里的溢价收入部分中信参与分配，这就是其投资回报的基本模式。中信正是秉持着这一战略耐心，开始时以大规划、大资金、大手笔投入，就是因其有这样的全周期算总账的收益制导能力。本来以为，中信地产要很多年才能看到其现金流为正。但是现在刚刚开工运行两年，中信方面提到他们的现金流已经为正。这就说明社会方方面面包括很多民营资本都认识到以后几十年的连片开发的意义所在，都积极地参与进来。所以就一系列的后续项目，在大家合议下开始组成各种基金、组成各种各样特定的子项目、组成SPV等，使中信得到的现金流开始为正。这里不就内含着交易平台问题吗？

　　因此，在交易平台这一舞台上，有各方一起争取共赢的机会，会更规范地与现代市场体系的市场制度建设融为一体，来促进PPP的正面效应更好地发挥出来，很多市场人士和专业人士也正摩拳擦掌，期待有更高水平的与PPP对接的金融产品，而交易平台正是能够提供更加丰富、与现代金融发展前沿状态可对接的这样一些金融创新。应当看到，建立交易平台当然跟我们现在整个市场体系的健全发展是同向的，是会合流的；交易平台及其所产生的辐射效应在整个现代化推进过程也将会产生越来越多的、千丝万缕的联系。建立相关产权、资产交易平台既是相关地市在推进PPP创新发展中的有益探索实践，也是PPP制度机制建设中的重大进步。

　　总之，PPP这一制度供给的正面效应及其重要特征值得重视与期待，其探索实践中的创新发展值得总结与推广。在各界对 PPP 的高度关注和积极推进中，也已表现出这一制度供给创新在中国将迎来的巨大的发展空间和重要的发展机遇。既然有这样的空间和机遇，就蕴含着效益和挑战。因此应更加积极理性、扎实稳妥地推进 PPP 探索实践，在创新发展中全面贡献于长远造福人民的事业。

四、PPP 的立法应正视和解决矛盾，以合理法规保障其可持续发展

当前，PPP 急需一项专门性法规弥补法律空白。2017 年 3 月 20 日，国务院办公厅指出，要抓紧出台《基础设施和公共服务项目引入社会资本条例》，年内由国务院法制办、国家发改委与财政部共同开始起草。在业界看来，目前，PPP 领域尚无国家层面的顶层设计标准化方案，在部分较为关键问题上的规定模糊不清，影响社会资本在投资 PPP 项目时的积极性，因而，本条例的出台将有望成为社会资本的"定心丸"。

当前加快 PPP 立法进程的必要性，客观上植根于 PPP 是催化也是倒逼法治化进程的机制创新。没有法制强有力的保障，就不可能形成 PPP 发展的可持续性。如果能形成条例，要比现在红头文件在立法层级上有所升级，这是非常值得我们作出积极努力的。

关于 PPP 立法中的基本问题，我们需要更好地深入研讨，不同观点应该充分摆出各自论据。有关立法程序不排除要做更广泛的社会研讨。因为立法本身就应该是一个阳光化的过程，对一些重大问题的讨论是很有必要的。我观察，PPP 立法无法回避的一个重大问题，是 PPP 项目所形成合同的契约性质问题。我的基本观点是：政府和非政府主体一起做 PPP 项目，既然是伙伴关系，自愿签字，那么双方在签字时就应是平等民事主体的身份，而不是行政的上级和下级的关系，因此 PPP 合同应该是民事合同。

但目前有一种观点认为，它是一种特殊的行政合同，对此我完全不能认同。行政关系是隶属关系，是上下级关系，不需要合同，只需要上级对下级发文件，发指令。

从中国改革的历史来看，我们有过去值得总结的经验和教训。在 20 世纪 80 年代后半期，我国曾大力推行企业的承包，实行各种形式的经营承包责任制。当时就是在政府以行政隶属关系控制企业的情况下，由行政主管部门和企业的承包者签合同。看起来他们似乎是平等的甲方和乙方的关系，但实际执行过程中，政府可以依靠行政权力不断对合同作出修正、调整。所以，这种承包通常情况是行政管理部门根据自己的想法，从年初到年尾不断调整承包合同，完全背离了原来制度设计中的初衷。如果把这样的"行政性合同"的定义落实到 PPP 立法中，我认为就会毁了 PPP 这个创新的事业。

另外，还有一种调和的说法，说 PPP 合同契约可以是民事合同和行政合同的混合体，两者性质兼而有之。我也不能同意这种观点，这种调和在实际执行中会矛盾百出，非常混乱，最终一定会落入不可持续状态。

按照我作为研究者的分析，在 PPP 签合同之前，政府方面公共权力在手的情况下，政府当然有裁判员的身份。但是当具体的某一个地方政府，作为伙伴一方，和另外的非

政府的主体即社会资本的一方自愿签字形成具体的PPP项目合同的时候，双方则形成了平等身份，这时候都是运动员，而裁判员是法律。当然，上级政府也会有某种裁判员的身份，是要监督和推动法律实际约束效力的落实，但是具体参与PPP项目的这家地方政府，是绝对不可能再保持着行政主管部门的身份去和自愿签字的对方企业一起，来形成契约履行中的实际关系。如果它依仗这是"行政合同"的行政主管身份，随时可以蔑视或者改变、撕毁原来的契约条款。这样的一种所谓的PPP机制，是无法形成企业的稳定预期和企业可持续参加PPP项目的长效机制的，那就真可称为"伪PPP"了。

PPP是一种创新事物，非常需要给出一定的创新空间，但是同时，我们凡是看准了的原则和要领，就应该及时设立规则来规范它。确实当前常常有一些项目被批评为假PPP、伪PPP。我们如果有这样一个立法的升级，应该尽可能清晰地划定什么是非假、非伪的PPP，这是很现实的重大问题。

立法是一件很严肃的事情，希望能够积极推进这个过程，但总体上最关键的是不能回避矛盾问题。在立法过程中，要力求最充分地调动专业人士共同讨论，还应该广泛听取企业和社会各界的诉求以及意见建议。在重大问题上应该召开专题研讨会，对于一些特别的关键点，也不排除在立法的一定阶段上以听证会的方式体现它的阳光化和优化以及与社会各界的互动，以凝练可能的共识，来促成法的制定尽可能达到高水平。总之，我国的PPP立法应尽可能把专业智慧和社会诉求的互动过程掌握好，努力寻求以公平正义为取向的最大公约数。

参考文献

1. 贾康、苏京春：《PPP：制度供给的伟大创新》，载于《企业家日报》，2014年12月28日。

2. 贾康、孙洁：《公私合作伙伴关系》，载于《理论与实践》，经济科学出版社2014年版。

3. 贾康：《供给侧改革十讲》，东方出版中心2016年版。

4. 欧纯智、贾康：《PPP在公共利益实现机制中的挑战与创新——基于公共治理框架的视角》，载于《当代财经》，2017年第3期。

PPP模式化解地方政府债务能力分析

裴 育 史梦昱[*]

> **摘 要**：PPP模式由于具有化解地方政府债务压力的优势，在我国政府债务规模不断扩大的情况下，普遍受到地方政府的追捧。然而，PPP模式虽然在化解政府债务压力上确实有较大的应用潜力，但由于该模式本身具有潜在风险，同时目前地方政府在运用该模式时缺乏清醒的认识以及规范的操作行为，因此现阶段PPP项目实施对于政府债务的化解能力相对有限，在实际操作过程中存在较大的隐匿风险，并不能真正有效发挥其缓解债务压力、提高公共服务效率和优化社会资源配置的作用。
>
> **关键词**：PPP模式 风险 化解 地方政府债务

世界各国普遍面临着政府性债务危机，无论是发展中国家还是发达国家，由于受到经济周期波动，继而政府发行债券大规模举债以刺激经济的影响，政府或多或少都面临偿债能力不足而导致债务风险加大的困境，严重损害政府形象和信誉，不利于国家财政的整体安全性。首先，政府和社会资本合作（PPP）模式作为一种社会资本与政府建立合作伙伴关系，实现风险共担、收益共享的创新型模式，能有效缓解地方政府财政资金紧张状况。其次，PPP模式的有效利用能够促进政府职能转变，提高政府债务和国家治理能力。近年来，面临地方政府债务的不断膨胀，PPP模式也成为我国政府大力推动开展以期化解地方债务的融资和管理模式。

一、我国地方政府债务现状

（一）地方政府债务现状

国家审计署公布的《全国政府性债务审计结果》表明，截至2013年6月，我国地方

---

[*] 裴育：南京审计大学副校长，南京审计大学公共经济学院教授，硕士生导师，主要研究方向为财税理论与政策、政府采购、财政审计；史梦昱：南京审计大学公共经济学院硕士生，主要研究方向为财政理论与政策；地址：南京市浦口区雨山西路86号南京审计大学校办，邮编：211815。

政府负有偿还责任的债务为 10859.17 亿元，与 2010 年的 3.87 万亿元债务相比，年均增长率为 19.97%，而负有担保责任的债务为 26655.77 亿元，需由政府承担一定救助责任的债务达 43393.72 亿元。此外，国务院公布的相关数据显示，2015 年我国地方政府债务规模达 3.8 万亿元，2016 年地方债发行呈现爆发式增长，地方政府负债规模达 60458.41 亿元，同比增长 98.69%。其中，新增地方债 11698.41 亿元，置换债券规模为 48760.00 亿元，地方政府债务规模不断膨胀、增长速度较快、增长趋势比较明显。相对于中央政府债务而言，地方债务规模庞大，并且存在部分地区违规或者变相举债、浪费发债融资资源现象，导致地方政府债务风险进一步扩大。

（二）地方政府债务分析

目前我国地方政府债务总体规模过大增速过快的现实困境受多方面因素影响，新型城市建设、城市化进程加速，财税体制改革以及政府融资模式转变等在很大程度上决定了地方政府的支出规模和财政支出责任。

1. 财税体制改革影响。现行财税体制源于 1994 年的分税制改革。首先，就各级政府收入分配来看，分税制改革形成我国以流转税为主体的税收体制，中央政府获得包括增值税、消费税和所得税在内的绝大多数税收收入，地方政府则缺少主体税种，除营业税外其他税种收入相对较小。2011 年，经国务院批准，财政部、国家税务总局联合下发营业税改征增值税试点方案（简称"营改增"）；2013 年 8 月，"营改增"范围推广至全国试行。地方政府的更多税收收入纳入与中央共享范围，导致地方财政缺口进一步扩大。

其次，转移支付作为弥补支出缺口的重要手段，由于存在总体规模不足，资金分配方式不合理等问题，也只能在一定程度上缓解财政压力。中央对地方政府转移支付的力度相对于其实际需要而言远远不足。2017 年我国中央对地方的转移支付预算为 56512 亿元，占地方财政支出的 34.30%，与 2016 年地方政府转移收入占支出比重 34.63% 相比还有所下降。此外，中央通过"税收返还"和专项转移支付进行的资金分配方式，易形成地方政府转移支付收入上的"马太效应"，加剧地区间经济发展的不平衡。

最后，现行财税体制造成地方政府事权和支出责任的严重不匹配，事权下移、财权上移。地方政府承担大量基础公共服务职能，如教育、医疗等，财政压力过大，但是来源于中央的转移支付力度过小，难以弥补地方政府的财政支出缺口。因此，地方政府需要用有限的财力承担较大的财政支出责任，只能通过自身筹集资金解决。

2. 地方债务融资模式。目前，我国处于城市化进程加速阶段，中国财政科学研究院的研究表明，城市化率每提高 1 个百分点，地方政府的公共投资需求将增加 6 个百分点左右。由新型城市化建设所催生的巨大资金需求很难通过政府财政的自身积累来完成。因此，多渠道融资模式成为地方政府资金的主要来源。

融资平台本身作为调节宏观经济政策目标的重要手段，在应对国际经济波动，解决地方政府公共产品投资长期不足、推动地方经济建设和城市化进程中有重要作用。但是地方融资平台作为政府重要的举债主体，实际操作过程中存在的担保虚设问题，引发了巨大的金融风险，继而加大财政风险。融资平台以地方政府信用和土地使用权为抵押向银行贷款，但是政府信用和土地出让受到法律制度、手续规范等问题约束，实质上并不构成担保实体，一旦融资平台出现到期无法偿还债务问题，银行很难通过信用和土地等抵押品回收本金和利息，存在较大风险。地方政府在财政资金紧缺的情况下，普遍通过融资平台模式融资，规避制度约束，以缓解地方财政压力。融资平台的过快增长及其存在的金融风险隐患使得中央政府不得不在2010年6月规定暂停审批融资平台项目。因此，发债形式成为地方政府融资的重要来源，但是与政府巨大的融资需求相比，政府发债规模不大，融资数量有限，不能真正缓解地方政府债务的隐性压力。

3. 债务期限结构错配。我国大部分省份的债务期限均以短期为主，2016年数据显示，地方债务的期限结构主要分布在3年、5年、7年和10年，其中以5年期限为主，占27.1%。而地方政府的债务支出主要用于市政工程、交通运输等基础设施建设，项目的资金使用期限较长，根据2013年《全国政府性债务审计结果》，各省市政工程和交通运输建设两类支出占总体债务支出比例普遍在50%以上，债务期限结构错配问题严重，加大了政府偿债压力。政府举债期限短，贷款投资回收时间长，一方面政府需要不断借新债还旧债，举债规模不断扩大。另一方面，政府向银行贷款，即使利率较低，同样面临债务还本付息和中介机构费用支付，并且政府不断向金融机构贷款，易造成财政风险金融化，加大金融系统的不稳定。

上述分析表明，我国地方政府债务问题依靠传统举债融资方式很难从根本上得到解决，而PPP模式通过将社会资本引入社会公共服务领域，一定程度上能缓解政府财政压力。党的十八届三中全会明确提出："建立透明规范的城市建设投融资机制，允许社会资本通过特许经营等方式参与城市基础设施投资和运营。"因此，PPP新型融资模式的有效推广利用对于化解地方政府当前的巨大债务压力显得十分必要。

二、PPP模式对地方政府债务化解的潜力较大

PPP模式由于具有政府治理上的独特优势，在世界范围内被大规模采用，无论是发达国家还是发展中国家，将PPP模式成功运用于公共物品和公共服务领域的范例不在少数。在政府债务压力不断加剧的情况下，我国各级地方政府均对PPP模式寄予厚望，而PPP在缓解地方政府债务压力上确实具有较大潜力。

世界银行和亚洲开发银行界定了PPP项目应用范围，世界银行列举了包括交通运输、供水及垃圾处理、能源和社会基础设施建设在内的四大类15大领域应用项目，同样亚洲开发银行列举的13大项目范围也基本涵盖社会公共产品和公共服务领域。而由《全国政府性债务审计结果》显示，我国目前的债务支出结构中政府负有偿还责任的债务也主要集中于公共基础设施建设和公益性项目建设，债务支出的9大类投向中除去土

地收储 16.69%、工业和能源 3.18% 以及其他类 12.01% 外（见表1），全部属于世界银行和亚洲开发银行的 PPP 项目界定范围，从而为地方政府的大多数债务可以通过 PPP 模式得到有效解决提供了一定依据。

表1　　　　　　　2013 年地方政府性债务余额支出结构情况

行业分布	政府负有偿还责任债务（亿元）	占比（%）
市政建设	37935.06	37.49
土地收储	16892.67	16.69
交通运输设施建设	13943.06	13.78
保障性住房	6851.71	6.77
科教文卫	4878.77	4.82
农林水利	4085.97	4.04
生态建设和环境保护	3218.89	3.18
工业和能源	1227.57	1.21
其他	12155.57	12.01
总　计	101189.27	100.00

资料来源：《全国政府性债务审计结果》。

最新的全国 PPP 综合信息平台项目库季报显示，我国目前对于 PPP 项目运用的行业结构分布大体上也与地方政府债务支出投向结构相吻合，主要区别在于入库的 PPP 项目不包含土地收储类，取而代之的是城镇综合开发、政府基础设施建设（见表2），这种

表2　　　　　　　2017 年 3 月末 PPP 入库项目行业结构分布情况

行业	项目数量（个）	占比（%）
市政工程	4333	35.26
城镇综合开发、政府基础设施	947	7.71
交通运输	1511	12.30
保障性安居工程	533	4.34
科技、教育、文化、医疗卫生	1601	13.03
农业、林业、水利建设	727	5.92
生态建设和环境保护	743	6.05
能源	209	1.70
其他（旅游、养老、体育、社会保障等）	1683	13.70
总　计	12287	100.00

资料来源：财政部 PPP 中心。

变化总体上符合国家对于目前整体经济运行状况的宏观调控方针，防范由于土地财政引发的地方政府债务危机风险，同时应对人口老龄化进程加速，推动城镇综合开发和新型城市建设。因此，理论上而言，PPP 项目在我国具有较大的应用潜力。如果地方政府能够有效实施 PPP 项目，不仅可以实现其负有偿还责任的债务向社会资本分担，同时能够促使当地公共基础设施服务质量的提升，优化社会资源配置，不失为一种既能解决我国现实困境又符合政府长远治理目标的管理模式。

三、现阶段 PPP 模式运用对地方政府债务化解能力有限

PPP 模式为政府资金筹措开辟了新渠道，在拓宽政府财政资金来源，降低融资成本，提高公共产品服务质量上具有独特优势，但是在 PPP 模式实际操作过程中，由于模式自身潜在的风险以及项目实施运行中的不规范行为，我国目前 PPP 项目的运用对于政府债务的化解能力相对有限。

（一）PPP 模式自身潜在风险

1. PPP 本质是缓解政府当期的偿债压力。PPP 模式平滑政府财政支出压力时，并不是真正将政府积累的债务清除，而是转化为企业债务，不反映在政府的资产负债表上，类似于银行表外业务。首先，PPP 不能处理政府的存量债务，只能减轻政府后期的经济建设压力，借未来的钱做今天的事，留有充足的时间使政府自身化解存量债务，缓解当期财政压力。这种模式能够行之有效是建立在政府跨期支付能力相对较强的基础上，一旦 PPP 项目由于经济外来风险等因素无法获得预期收益，政府将面临到期无法偿债问题，只会引发财政风险，并通过金融体系向外传导，引发金融风险。其次，将 PPP 项目从付费角度分为由政府出资购买和使用者付费两类，前者本质上同样只是延缓政府债务的支付时间，并未减少债务的绝对量，后者则需要政府承担项目实施的或有负债，实现将政府的显性直接债务转化为隐性或有债务，往往这种债务问题更加隐蔽，游离于表外，缺乏规范的财政预算约束和负债管理，同时加大了诱发债务风险的可能性。

2. PPP 价格机制缺乏。PPP 项目的价格机制包括定价和调价两方面。第一，在项目定价上，PPP 项目投资规模大，回报期限长。不同于传统政府采购的现收现付模式，PPP 项目是由政府提出产品描述，与私营企业签订合同，企业根据方案进行产品生产或工程建设；而我国目前项目开展经验不足，政府在预期收益、定价机制上都缺乏客观、准确的成本数据，导致对项目未来现金流预测的准确性不高，相关设计方案和解决方案在后期实施过程中并不一定适用。第二，缺乏价格调整机制。PPP 项目收益是基于未来稳定的现金流，由于项目期限长，项目实施中易受到系统性公共风险影响，诸如通货膨胀、汇率变动等，固定价格机制不利于应对风险冲击，由此造成的公益性项目亏损最终

还是由政府承担，形成大量的隐性或有债务。

3. 资金来源存在隐患。传统政府采购模式属于短期投资，PPP 模式下政府购买公共产品和服务属于长期投资。政府选择金融机构作为其债权主体，而商业银行本身也存在期限错配问题，PPP 项目融资期限长，政府负债来源却是以中短期存款为主的商业银行。同时，政府还款来源由原来的财政收入、土地出让收入变为项目的经营收入，受项目运营管理等影响收益不确定，项目存在效益风险。长期经营效益低下易造成商业银行支付能力不足，导致银行财务状况恶化，不断积累形成金融风险。此外，由于 PPP 项目的融资需求较高，有能力与政府合作的主体基本为国内规模较大的国有银行，一旦银行的金融风险不断积累，在可能向整个金融系统扩散时，政府出于维持经济整体运行稳定，也不得不出面处理银行呆账、坏账，这实际上又形成了由政府承担的大量隐性直接和或有债务。

4. PPP 项目资产证券化。PPP 项目资产证券化是指以 PPP 项目基础资产未来所产生的现金流为偿付支持，通过结构设计进行信用增级，在此基础上发行资产支持证券的过程。首先，PPP 产品现金流属于未来债权，现金流的预测是基于未来假设，存在资产证券化投资人收益不确定的风险。其次，资产证券化产品的存续期一般在 5 年以内，很少有 7 年以上的证券资产化产品，难以实现通过单个资产证券化产品覆盖一个 PPP 项目 10～30 年的经营周期，存在产品结构设计上的短板。目前我国在 PPP 资产证券化产品运用上最大的障碍是符合证券化资格的 PPP 项目数量有限，2016 年 12 月 26 日发改委、证监会联合印发《关于推进传统基础设施领域政府和社会资本（PPP）项目资产证券化相关工作的通知》，对鼓励进行资产证券化的 PPP 项目，明确要求项目已经正常运营两年以上，并已经产生持续、稳定的现金流。而国内大多数项目均处于建设期，基本不满足两年以上运营期限的要求，落实力度有限。

（二）PPP 模式在化解地方政府债务上的运用

PPP 模式在化解政府债务压力上的前景较好，但作用有限，一方面是由于项目本身有潜在风险，另一方面还是目前政府在 PPP 模式运用上存在较大问题。

1. 国有企业占主导地位。PPP 模式相对于传统政府采购的一个突出优点是在政府购买过程中引入竞争机制。通过社会资本参与，利用私人部门积累的经验和创新能力，提高公共产品和服务的质量。但现实情况是：目前参与 PPP 项目的社会资本还是以国有企业为主导，竞争机制引入缺乏。PPP 模式初衷是希望通过引入社会资本，破除原有政府采购流程的低效率，但是目前规范文件中并没有将项目合作方明确定义为"私人部门"，而是定义为"社会资本"，在我国存在较多国有控股的商业企业现实情况下，这一规定实质上并没有将国有企业排除在政府合作方之外。2017 年最新的全国 PPP 综合信息平台项目库季报显示，PPP 项目社会资本合作方类型分布中，包含国有独资和国有控股在内的国有企业占比高达 55.17%，数值虽略有波动但持续稳定在一半以上（见图 1）。

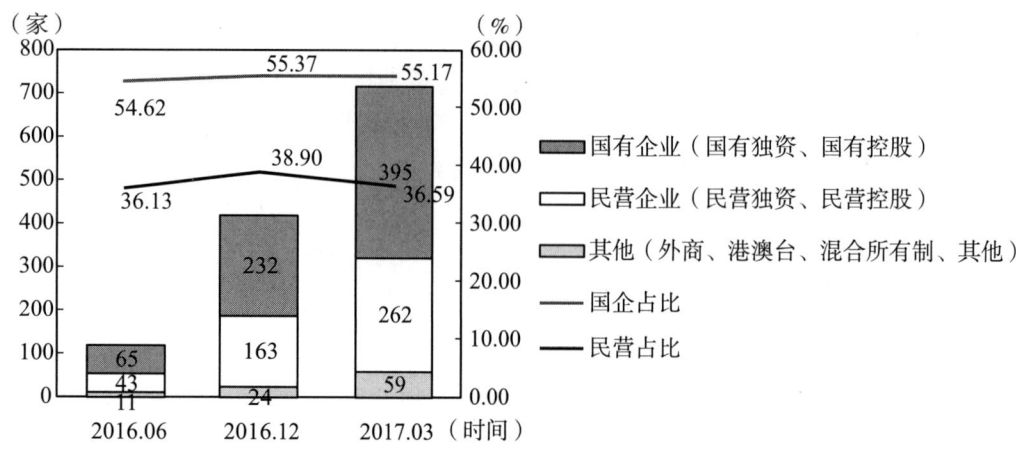

图1 截至2017年3月末PPP项目社会资本合作方类型情况

资料来源：财政部PPP中心。

作为社会资本中本应占主导的民营企业占比偏低，2017年3月份占所有社会资本的比例为36.59%，并且呈现下降趋势。这种国进民退的现象与PPP模式推广运行的初衷以及市场经济改革背景下国务院提倡的"放管服"方针相背离。一方面是由PPP项目对社会资本要求较高的门槛导致，另一方面是国有企业在向银行贷款时通常享有比一般商业企业更低的信贷利率，贷款期限也较长，因此导致国有企业在银行的信贷长期居高不下。国有企业在银行的债务积累会对政府财政造成直接压力，并且银行金融风险易转化成地方债务风险，加剧金融体系的不稳定。

2. 逆向选择问题。财政部一开始就强调PPP不仅仅是缓解地方债务风险和融资困境的一种手段，而且要将其在规划、融资、运作、监督、事后管理等全项目运行周期上落实，但是目前很多地方政府依旧把思想局限在化解债务压力上，希望通过PPP项目将政府债务隐性化，甚至是变相融资。目前而言，地方政府将PPP作为融资工具的倾向比较明显，项目运用上的逆向选择问题也比较突出。经济实力较强的省份其偿债能力较强，一般不愿意选择投资回报期限长的PPP项目，反而是一些经济实力相对落后的省市，地方政府在负债压力较大情况下，又面临城市基础设施建设、公共服务需求加大而提出的较高财政支出需求时，更加倾向于采用PPP模式。

表3列出了2015年和2016年我国地方政府负债排名前14位的省市，以及截至2017年3月份，全国PPP项目入库数排名前14位的省市。对比发现，负债排名在前的省市中经济实力较强的江苏、浙江、广东、北京以及上海5个省市，除了江苏的PPP项目入库在前14位之列外，其排名也相对落后（江苏排名第12位），其他4个省市均在14位之后，而上海市只有一个PPP项目入库。分布于PPP项目入库数排名前列的其他经济实力相对落后的省市，如贵州、山东、内蒙古、四川、辽宁以及湖南等，其负债规模也基本较大，从而更加倾向于PPP使用。因此，对于目前热衷于PPP项目的地方政

府急需转变观念,应视PPP为一种适合长远发展的管理模式,而非短期融资工具。

表3　　　　　地方债务和PPP入库项目数量排名前14位的省市分布情况

排名	2015年地方债务	2016年地方债务	PPP入库项目数
1	江苏	江苏	贵州
2	山东	山东	山东
3	浙江	浙江	新疆
4	广东	广东	内蒙古
5	辽宁	湖南	河南
6	贵州	四川	四川
7	四川	湖北	辽宁
8	湖南	贵州	甘肃
9	北京	内蒙古	河北
10	云南	辽宁	湖南
11	上海	河北	云南
12	河南	上海	江苏
13	河北	云南	江西
14	内蒙古	陕西	陕西

注:PPP入库项目数量统计截止到2017年3月。
资料来源:《2016年中央财政预算》、财政部PPP中心。

3. 政府对PPP项目需求大,运用能力有限。PPP作为一种公私合作、利益共享、风险共担的伙伴关系模式,能有效地创新投融资机制、拓宽政府融资渠道、缓解地方政府的资金压力、加快政府职能转变,充分发挥市场在资源配置中的决定性作用,日益为世界上多数国家所接受和鼓励。我国在PPP项目推广过程中,地方政府面临债务到期而不断扩大的偿债规模以及城市公共设施建设需要,对于PPP项目的需求较大,参与积极性也较高。但是从目前全国PPP入库项目的各阶段分布现实情况来看,真正有能力将项目落实,投入运营建设的并不多,政府在PPP项目识别、项目可行性分析以及方案设计上的能力还有待提高。

如图2所示,截至2017年第一季度,全国PPP入库项目中处于识别阶段的项目仍有7279个,占比仍达59.24%。简而言之,各地政府提交申请入库的项目中能够进入实施阶段的不足一半。总体上看,虽然处于识别、准备和采购阶段的项目数量有所增加,增长速度也相对较快,但与处于识别阶段的项目相比,总量上还是相对不足,真正能通过识别、审核、认证的项目数量相对有限。

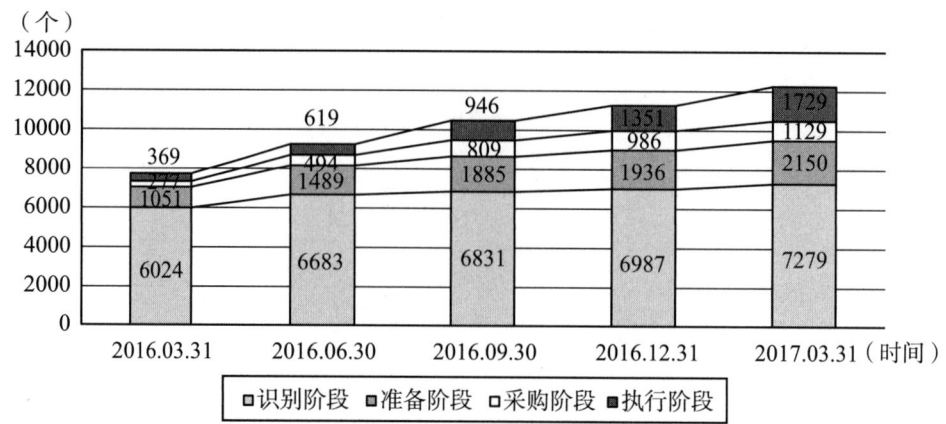

图2 截至2017年3月末PPP各阶段入库项目数变化情况

资料来源：财政部PPP中心。

4. 政府存在兜底引入PPP倾向。PPP相关政策明确规定："严禁通过保底承诺、回购安排、明股实债等方式进行变相融资"，但是地方政府普遍面临财政收入少、财政支出责任大、发债形式融资数量有限等限制，普遍寄希望于PPP项目对政府债务进行化解，但是由于社会资本与政府部门合作过程中，长期处于弱势一方，又存在政府违约风险，社会资本参与PPP的意愿不强。因此，地方政府为开展PPP项目很有可能对社会资本做出固定回报承诺、兜底引入PPP。地方政府以财政信用为担保向商业银行贷款，一旦项目收益的资金链断裂，银行财务状况恶化就会导致金融风险积累，继而形成政府显性或有债务，加大政府财政风险。此外，对于政府兜底承诺这种不规范行为，目前PPP中只明确财政部门对其进行监督，缺乏传统政府采购中相对完善的监督机制。

如图3所示，我国目前在项目开展过程中，政府兜底引入PPP的倾向比较明显。PPP项目按回报机制划分，使用者付费项目在真正化解地方政府债务压力上的作用是最大的，虽然其目前占比高于其他两类，但其下降趋势明显，从2016年第一季度的47.5%下降为2017年第一季度的39.3%，并且处于持续下降过程中。由使用者付费的项目在占比最高时也不足一半，而由政府付费和政府出资补贴的项目占比则在持续上升，二者比例和高达60.7%。说明一半以上PPP项目的开展需要政府资金参与。

从入库项目投资额情况来看（见图4），初期项目投资额的比例分布比较合理，使用者付费占主导的结构能够实现政府债务化解目标，但是由使用者付费的项目投资额在2016年第四季度出现大幅度下滑，并且下降趋势在持续。而可行性缺口补助项目成为投资支出的主要方向，与图3中27.7%的项目占比相比较，其投资额高达44%，实质上也反映了目前PPP项目的运行中政府财政补贴份额较大，PPP入库项目的快速增长很有可能是由政府向社会资本做出固定回报所催生的，这种情况非但不能对政府债务化解起到积极作用，地方政府还是在用一种新型模式走融资老路，从而加大了债务风险爆发的隐患。

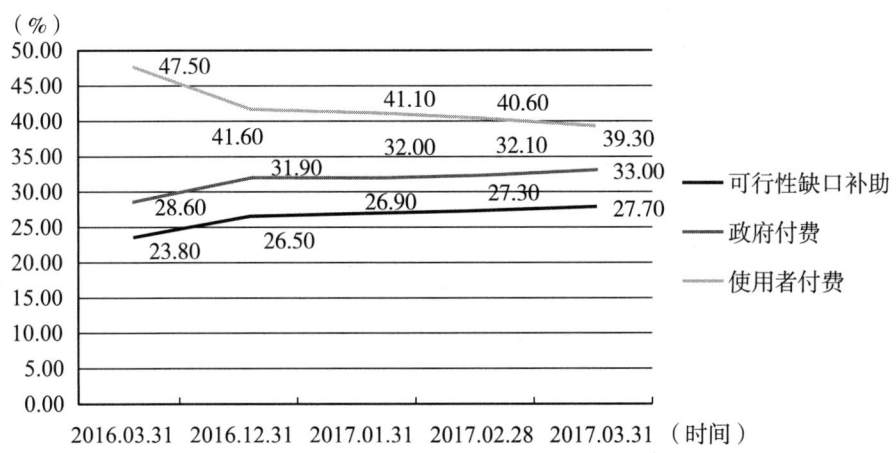

图3　全国入库项目数按回报机制占比变化趋势

资料来源：财政部PPP中心。

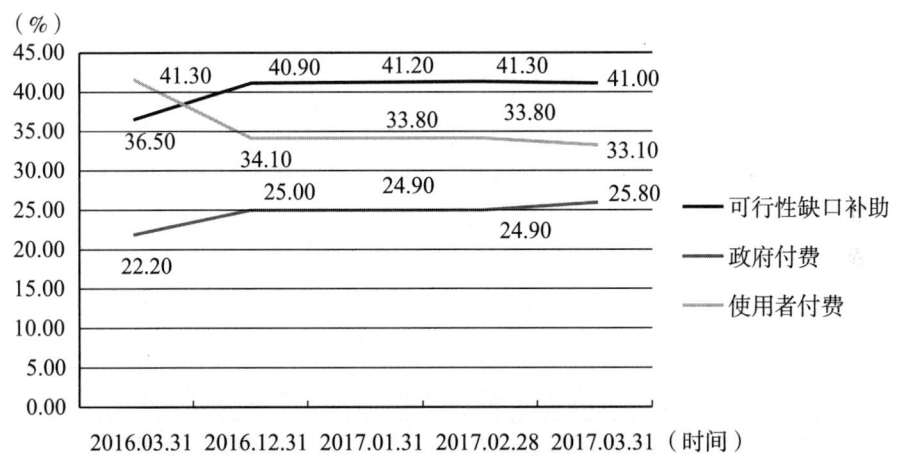

图4　全国入库项目投资额按回报机制占比变化趋势

资料来源：财政部PPP中心。

5. PPP项目区域分布不尽合理。从不同地方政府层级看我国政府债务的分布，普遍而言，发达地区的负债主要集中于区县级，经济发达地区的城市化进程较快，区县级政府主要承担起基础设施工程建设责任，负债规模相对较大。而经济不发达的省份，其省级政府承担区域宏观经济平衡和公共服务改善，负债占比较高。因此，对于经济相对落后的省份，其负债的偿还资金来源以及融资能力提升是其关注重点，这些省市如果能够有效合理利用PPP，化解债务作用则比较明显。对于负债集中于区县级的省份而言，其负债层级下沉且较为分散，财力的纵向平衡更为重要，加强对负债的整顿和管理相比于盲目使用 PPP 更为有效。

然而，从我国目前 PPP 项目的区域分布现实情况看，项目分布结构并不十分合理。由表 4 可以看出，将我国最新的 PPP 入库项目按东部、中部、西部区域划分，以各省市当月的落地项目与入库项目之比作为地方政府对于 PPP 项目利用效率的一种衡量。数据显示，除去少数极端值，经济相对发达的东部和中部地区在利用效率上差别不大，东部地区的利用效率和能力相对较高，而西部地区利用效率最高的新疆也仅为 16.48%，远远低于东部地区（广东）的 43.41% 和中部地区（安徽）的 47.98%。因此，总体上看，政府债务主要集中在区县级的东部和中部地区对于 PPP 项目运用较好，而对于政府债务主要由省级承担的西部地区，本可以通过充分合理利用 PPP 项目化解债务压力的省市却并未对 PPP 给予足够的重视或是缺乏有效落实 PPP 的能力。

表 4　　　　2017 年 3 月末各地区 PPP 落地项目数量与入库项目总数对比情况

东部地区				中部地区				西部地区			
地区	落地项目（个）	入库项目（个）	占比（%）	地区	落地项目（个）	入库项目（个）	占比（%）	地区	落地项目（个）	入库项目（个）	占比（%）
上海	1	1	100.00	安徽	95	198	47.98	新疆	173	1050	16.48
广东	56	129	43.41	吉林	29	69	42.03	重庆	10	70	14.29
浙江	108	329	32.83	山西	20	62	32.26	宁夏	14	105	13.33
北京	28	87	32.18	湖北	30	142	21.13	四川	110	873	12.60
福建	61	245	24.90	湖南	79	466	16.95	云南	48	435	11.03
山东	279	1132	24.65	河南	114	879	12.97	贵州	79	1805	4.38
海南	38	161	23.60	黑龙江	15	145	10.34	青海	4	108	3.70
江苏	62	381	16.27	内蒙古	65	1005	6.47	甘肃	10	483	2.07
河北	77	481	16.01	江西	22	358	6.15	西藏	0	2	0.00
辽宁	42	499	8.42								
广西	15	206	7.28								
天津	0	22	0.00								

资料来源：财政部 PPP 中心。

四、导致目前 PPP 模式化解政府债务能力有限的原因分析

就我国目前对于 PPP 模式运用的现实情况来看，虽然 PPP 项目在化解地方政府债务压力上具有较大潜力，但在实际操作过程中由于受到相关法律不完善等因素影响，

PPP 模式对于政府债务压力的化解能力相对有限。

（一）顶层设计不充分，PPP 立法不完善

PPP 相关政策和法律规范缺失是目前我国发展 PPP 模式的最大障碍。如就国有企业是否应该纳入 PPP 社会资本范围而言，发改委发布的《关于发展政府与社会资本合作的指导意见》将国有企业视为社会资本，而财政部印发的《政府和社会资本合作模式操作指南》则明确规定本级政府所属融资平台公司和其他控股国有企业不属于社会资本范围，将国有企业排除在外。此外，关于政府和社会资本合作项目的合同签订、采购流程、项目建设、项目移交、后期监管等方面都亟待相关法律的完善，比如，双方是否在订立的合同中明确以成本收益分析方法制定价格水平，又该如何设立动态价格调整机制；在项目特许经营期限到期后，企业将 PPP 项目移交给政府的手续流程如何操作，移交时项目亏损又该如何划分相关责任；政府是否应该引入除财政部门之外的第三方监督机制，又该由谁监管；对于操作中出现的违约行为和后期责任追究又该如何落实？这些问题都急需依靠完善的法律体系来解决。

（二）政府对 PPP 缺乏充分认识，PPP 项目未合理实施

目前地方政府在 PPP 模式运用上存在的认识不清问题还比较严重。有些政府单纯将 PPP 模式视为政府融资工具，缺乏对于项目的风险评估和可行性分析，在无须采用 PPP 项目的行业领域盲目使用 PPP。即使在 PPP 模式应用最为广泛的英国，PPP 也只是作为政府直接投资的补充手段，并不是在任何公共服务领域都将 PPP 作为首选方案。相反，中国地方政府在有些能够充分发挥 PPP 模式优势的领域和地区却没有得到合理有效利用。其次，有些政府为引入 PPP 项目，对社会资本做出固定回报承诺，存在兜底引入现象，甚至有些官员为了提高自身政绩，加大本级政府市政工程建设力度，对社会资本进行大量财政补贴，以吸引社会资本参与 PPP，造成地方同级政府之间的恶性财政竞争。此外，一些地方政府还未转变合作观念，习惯于与社会资本合作时将自身置于主导地位，在私人部门实施项目操作时对其工作进行任意干涉。

（三）民间资本合作意愿不强

首先，PPP 模式竞争机制引入缺乏、PPP 项目经营时间久、投资回报期限长，对社会资本要求较高，大量能够满足要求的国有企业作为社会资本参与 PPP 项目，民营企业占比低，造成对民间资本的"挤出"效应。其次，社会资本与政府合作时长期处于弱势地位，政府缺乏平等协商、共赢合作的基本理念。比如，PPP 模式名义上是政府对社会资本发出邀请，充分发挥社会资源优势，提高政府提供公共产品、公共服务的质量和效率。但是，就政府掌握的 PPP 项目特许经营权而言，特许经营必然涉及特许人以及被特许人，这实质上确立了政府的主导地位。最后，在政府违约问题上，往往出现社会

资本追责困难、政府部门互相推诿的局面，加之目前 PPP 项目合同中监督机制不完善以及救济制度缺乏，如合同中只规定各级财政部门作为项目活动的监督检查机构，依法处理违法违规行为等，缺乏中立有效的第三方监督，使得社会资本更加不愿意与政府部门合作。

（四）PPP 项目管理和人才队伍缺乏

PPP 项目中许多操作流程的顺利进行均是建立在对未来经营状况准确预测基础上，包括合同设计方案中对预期收益的估计、PPP 项目资产证券化基于未来债权的稳定现金流预测等，只有在后期项目运营过程中实现预期收益，才能保障政府的跨期支付能力，有效避免政府到期无法偿债或是企业中途甩手、政府被迫承担亏损等局面。因此，能够对项目操作过程中涉及的技术问题实施准确有效的处理，是规避市场风险、财政以及金融等诸多风险传导的关键。由于目前我国 PPP 模式发展经验不足，专业性技术人才缺乏，对于项目评估、可行性分析能力不足，对潜在风险缺乏有效识别和预防，导致很多通过层层审批及筛选后再落实实施的项目在后期操作过程中还会出现经营亏损、工程建设中断等问题，造成社会资源浪费，严重损害政府的形象和公信力。

五、优化 PPP 模式有效化解政府债务的基本思路

PPP 模式有效实施并获得预期收益是其具有平滑政府债务能力的保障，针对我国目前 PPP 模式发展的现实情况，建议进一步完善 PPP 模式，提高项目运用效率，有效发挥其化解政府债务压力，优化社会资源配置的优势能力，提升政府治理水平。

（一）完善 PPP 立法，提供保障机制

健全的法律制度体系是 PPP 模式运作的保障。我国应该尽快出台一套专门针对 PPP 模式的法律，对项目操作过程中存在的变相融资、兜底保障、违约失责等违法违规行为形成有效力的约束，用立法形式规范 PPP 采购行为，替代各部委印发的法律效力较低的"通知"、"政策"以及"指南"。设立专门的 PPP 法，有关具体操作细节的规定可参考政府采购法设立，结合 PPP 模式有别于传统政府采购的特性做出修改，形成具有较强操作性的 PPP 适用法，而不是在相关实施政策中简单规定 PPP 的相关操作流程参考政府采购法，造成参与双方在项目实施过程中对法律条文随意解释，催生模式运作风险。其次，加快 PPP 项目实施细则的制定，明确政府和社会资本合作时双方的权责划分。规范项目收益分配机制，界定项目建设过程中以及项目后期移交时双方的收益划分和相关责任。明确 PPP 特许经营授权原则、财政补贴以及风险承担机制，保障社会公众利益，科学规范推进 PPP 模式，有效化解地方政府性债务。

（二）设立有效监督机制，规范政府引入PPP行为

规范政府PPP项目引入行为，首先要建立有效的监督机制，可借鉴参考传统政府采购过程中相对有效的监督体系，引入监察机构、社会舆论等第三方监督，实行信息公开，形成监督合力，取代现行政府各级财政部门的自我监管。建立政府信息信用公开平台，监督政府行为，实行政务公开。加强政府财政预算约束和负债管理，明确落实政府对PPP项目的财政补贴限额，对于政府存在提供担保、做出固定回报承诺、兜底引入PPP倾向的行为要及时制止。加强对于PPP项目适用范围的管理，规范项目适用性审批程序，避免政府为扩大融资来源弥补财政缺口而盲目上马PPP。加强政府对于合作方选择的约束，对于有能力参与PPP项目的社会资本，实行公平、公正、公开的合作原则，不得以合作条件为由设定门槛，定向选择贷款条件优厚、偿贷能力强的国有企业为合作伙伴。最后，政府部门要加强对于PPP项目实施的引导，实现区域平衡发展，对能够有效发挥PPP优势的地区给予一定补贴和技术支持以开展项目，推进城市化建设和公共服务改善，发挥PPP模式在化解地方政府性债务风险治理中的优势。

（三）完善PPP项目库，对项目风险进行有效评估

PPP项目运行系统具有复杂性、项目持续时间久、投资回报期限长等特点。项目在实施操作过程中存在多方面结构不匹配风险，政府部门以中短期贷款投资长期的市政工程和基础设施建设；商业银行以客户中短期存款投资经营回报期限长的PPP项目；而PPP资产证券化则面临资产证券化产品难以覆盖项目周期的结构性调整问题。此外，就PPP模式缓解政府财政压力的传导机制而言，政府与社会资本签订合同开展PPP项目，以金融机构为债权人，许以项目预期收益向商业银行贷款，共同承担当地政府公共基础设施等公益性项目建设，商业银行获得项目经营投资收益，而政府部门一方面履行向社会提供公共品职能，另一方面获得充足时间处理积累的存量债务。模式本身具有独特优势，但同时隐藏较大风险，项目流程中的一个环节出现问题就会使得风险在政府部门和市场之间传导，积累到一定程度则会影响整体经济运行状况。如商业银行的预期收益受到通货膨胀、汇率变动等系统性风险冲击致使银行资金链断裂，商业银行财务状况恶化，导致金融风险积累并向金融体系外扩散，危及宏观经济运行，最终将转化为政府财政风险。因此，对PPP项目风险进行有效评估和防范是PPP模式充分发挥作用的关键，我国应加快完善PPP项目信息库，在项目开展前做好风险预测和评估工作，提高风险识别能力，将实施成功的项目作为案例为后期项目开展提供风险对照的参考。

（四）加强专业人才培养和专业化机构建设

PPP模式的操作是理论与实践相融合的过程，由于其操作过程的复杂性对专业性人才提出的要求也比较高。PPP模式在我国发展前景较好，对于地方政府债务压力的化解

具有较大潜力，但目前政府在模式运用上存在较多问题，PPP 发挥作用有限。主要在于我国对 PPP 模式运用经验不足，缺乏具有实际操作能力的人才，风险识别和项目落实能力还有待提升。一方面，我们可以参考借鉴英国的发展经验，设立专门的公私营机构合作署，机构由复合型技术人才组成的专业团队所构成，负责 PPP 相关政策的制定、各级地方政府项目的审批和运营管理，并在地方政府实施项目过程中提供信息咨询和技术指导，同时注重与地方政府设立的 PPP 项目负责小组进行沟通交流，强化不同部门间的合作。另一方面，要加强人才队伍建设，为学员提供学习深造机会，引进国外先进的管理知识及经验，对比国内外发展模式的差异，探索适合我国现实情况的发展道路。加强培养相关人才的实际操作能力，在理论创新的基础上不断积累现场实践经验，从基层做起，实事求是，杜绝纸上谈兵，避免实际操作与理论相脱节。

参考文献

1. 吉富星：《我国 PPP 模式的政府性债务与预算机制研究》，载于《税务与经济》，2015 年第 4 期。

2. 雷霞：《PPP 模式在政府债务危机中的应用研究》，载于《安徽农业大学学报（社会科学版）》，2016 年第 4 期。

3. 廖新晨、赵钊：《PPP 视角下地方政府债务风险治理研究》，载于《现代经济信息》，2014 年第 14 期。

4. 许安拓：《PPP 模式下地方政府债务风险及防范》，载于《财会研究》，2016 年第 12 期。

5. 王韬：《PPP 融资模式在地方政府债务化解中的作用及风险分析》，载于《佳木斯职业学院学报》，2015 年第 3 期。

6. 汪洋：《PPP 模式与地方政府债务风险化解》，载于《现代商业》，2015 年第 14 期。

7. 闫胜利：《PPP 模式：地方政府债务治理新选择》，载于《经济论坛》，2014 年第 7 期。

PPP难解负债冲动，公共服务价费研究迫在眉睫

薛 涛[*]

> **摘 要：** PPP发展进入第二阶段，而近期财政部却再次敲起规范地方举债的警钟。本文由此开端，指出解决地方政府债务冲动的根源在于央地财权事权分配和公共服务价费机制的全面改革，并结合公共服务矩阵基本理论给出方向性的探讨。
>
> **关键词：** PPP 环保 公共服务价费 央地事权财权

前言

近日，《财政部关于坚决制止地方以政府购买服务名义违法违规融资的通知》（财预〔2017〕87号）（以下简称"87号文"）推出，舆论一片哗然。应该说，对待地方政府违规利用"政府购买服务"程序来融资，该文件可谓稳准狠。再加上财政部等六部委5月初联合发布的《关于进一步规范地方政府举债融资行为的通知》（财预〔2017〕50号）（以下简称"50号文"），道道金牌催下，一种乌云压顶的味道，不少人以为政府付费类的PPP项目也属于被叫停之列。当然，这种忙乱也折射出另外一面，87号文本身其实是对PPP的一种直接利好，然而不少主体却无法分辨，也体现了对于PPP这种相当复杂的事物，地方政府、金融机构乃至企业等各类主体不知有多大比例能够真正掌握。其次，细微处耐人寻味的是，也有人为此真心担心，是否从2014年《国务院关于加强地方政府性债务管理的意见》（国发〔2014〕43号）（以下简称"43号文"）发端的这轮PPP大运动，也会有戛然而止的一天？

一、PPP不是为了融资？

正如笔者在两年前所预警的一样，本轮PPP发起时，未足够重视（或者是未来得

---

[*] 薛涛：北大环境学院E20联合研究院副院长。

及）对公共服务本身进行充分的顶层思考和设计，也未对特许经营10年的成果进行充分的分析和总结。以43号文为发端，将PPP的目标不光定位在对传统"公建公营"体系的一种"革命"，更是变成了在国际上罕见的对地方负债的一种辅助管理手段（即"堵暗道、修明渠"）。那么，我们就不应该对此没有心理准备，就是我们的PPP，在落地中很多时候与其根本目的（提升公共服务供给效率）的目标发生背离，融资落地成为地方政府最首要的目标，工程利润成为某些社会资本最看重的目标，安全放贷成为金融机构最要命的目标。在这样一个三元关系组合最终唱起"三人转"的时候，也许不少落地的项目也就和初心无关了。

笔者曾在2016年一次国务院法制办的立法研讨会上刺耳地提到"自私博弈论"的观点，提醒政策制定者在改革新政出台时要足够重视和推演实际落地中各类主体的逐利冲动及因此所带来的异化问题。近日，笔者在印度人考希克·巴苏的新书《政策制定的艺术——一位经济学家的从政感悟》中得到共鸣，书中用作者自身体验，强调政策制定者需要具有"二阶思考"（two-stage thinking）的能力，即运用一定的经济学思维、逻辑推理能力以及基本的道德责任，对有关问题多想一步，充分考虑市场不同主体的自私本性（"经济人"假设），才能提防貌似合理的政策带来南辕北辙的后果。十八届三中全会以来，我们在股市、金融、外汇、地方债务控制和房地产等方面几次谋求改革的努力都面临一些失控和混乱的局面，背后和"自私博弈论"及利益集团的形成有很大的关系。

其实，考希克·巴苏在这方面的真实体验只是验证了新制度经济学的一些基本原理，即市场机制并不是万能的，它难以克服"外部性"的问题。因此，推演市场行为者在追逐自身利益最大化的行为时，必须充分考虑除了市场机制以外，制度作为内生变量在其中的作用，而制度在此处不光是正式制度（法律、法规、合约等），还包括非正式制度（价值观念、伦理道德、文化传统等）的约束性作用。

如果以上述思路凭着务实的态度认真去分析推演，而不是仅仅用理想主义来进行语言表述，结合笔者曾提到过的中国国情下的"三大关系"的制约（央地关系、部委关系和所有制关系，具体可参见参考文献8），就可以明白为什么简单引进国外的理论应用在中国国情下结果却有可能南橘北枳。对比来看，日本的公建公营企业依然可以做到富有效率，同时日本PPP中的VFM也可以做得有料有意义，而为什么英国的PFI不会有工程化的危险，为什么法国作为特许经营的鼻祖现在抛弃了融资属性，而更喜欢做DBO或者委托服务？这些事情在中国国情下会是多么的罕见。笔者一直坚持认为PPP的唯一核心目的是公共服务长期供给效率的提高，而此时想起来曾经在清华大学环境学院的一次沙龙上与德国教授们交流中国的PPP情况，他们提醒资本的逐利性和短期及流动性，从整体上与该核心目的存在背离的倾向，值得警惕并在机制设计中充分考虑预防。

二、PPP 研究中公共服务体系研究力量的缺位

开篇所提到的大禹治水式的财政部控制债务问题的努力，如果说企业包括金融机构都是按照市场规律的指挥棒（逐利性）办事无可厚非，然而融资目的成为地方政府实际上的首要动机，却是在本轮 PPP 中中央政策制定者必须谨慎面对的核心问题，在政策制定前的推演上必须有充分的认识和安排，以避免 PPP 本身的核心目的因此无法达成。而基于如下的四个背离，我们需要加强对公共服务体系整体考虑的研究，而不仅仅是 PPP 流程节点上的直接研究，对于当前解决 PPP 后几十年的稳定发展问题变得十分关键。

（一）中央政策制定的初衷与地方政府面临融资困境谋求突破之间的背离

43 号文、50 号文、87 号文，堵地方债如大禹治水般繁忙的财政部，一直在和地方政府谋求突破融资困境的"创新"做"斗争"，背后也说明地方政府的融资困境难解。

（二）不同地区间财政收入可承担力与 PPP 意愿强度的背离

与之对应的是，相对富裕的地区，PPP 意愿反而较低，而西部不少地方陆续会面临"10% 红线"（《关于印发〈政府和社会资本合作项目财政承受能力论证指引〉的通知》（财金〔2015〕21 号）规定，每一年度全部 PPP 项目需要从预算中安排的支出责任，占一般公共预算支出比例应当不超过10%）突破的问题（见图1）。

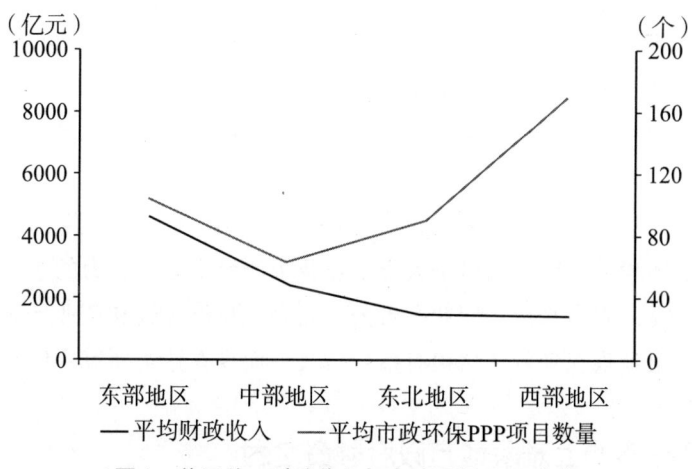

图 1　剪刀差：财政收入与市政环保 PPP 背离

资料来源：E20 数据中心之 PPP 大数据报告。

（三）PPP 项目追求创新效率与市场运营空间捆绑，与金融机构主要关注求稳求政府信用之间的背离

根据有些金融机构的反馈，他们对捆绑市场运营的项目，以及需要对盈利前景进行

判断的直接经营类的项目参与意愿有限，更偏向做政府付费的项目，回报机制稳定，更像传统的投融资平台模式。可见金融机构的惯性依然很强，行业判断能力缺乏导致很难适应不依赖于政府信用的 PPP 模式。

（四）公共服务体系的升级与 PPP 的商业利益喧嚣之间的背离

从当前股市的 PPP 概念火热到充斥在金融圈的 PPP 商机分析，哪里有公共服务体系提升的视角？满屏都是企业的营收和利润的暴涨，荐股与万亿齐飞，表外与基金共鸣。突出的特点是，当 87 号文一出台，大量分析接踵而至，其解读的主要方向就是安抚资本市场，声明与 PPP 的大利好无关。其实，公共服务即便采用 PPP 模式也本该是微利稳健型行业，如果以盈利暴增成为股市操作的热点，那么不是 PPP 的问题就是股市的问题，当然也许兼而有之。

从上述背离本身看到，对公共服务体系本身的研究急需加强，但基础理论学院派研究体系和项目实操演进之间所关注的问题差距太大。PPP 政策制定中所依托的主要研究力量落在了项目实操中发挥较大作用的中介咨询公司和法律事务所上，虽然研究方向和能力的不同本身就应该各有侧重，不过院校派过于注重顶层而忽视项目现实的诉求，而当前大部分的 PPP 实操专家主要发力在项目包装和流程中的各专业细节，两者之间依然存在着一种互不理解的鸿沟。

同时，即便两者通过会议和研究小组等方式紧密合作，组合中也缺乏对行业深入理解的相关专家的力量。这方面需要与行业部门紧密合作，将理论研究结合行业现实来推进，同时充分考虑国情下平台公司成功转型的样本和新专业化平台的发展趋势，以及公共服务监管和价格体系的构建，才能解决当前 PPP 面临的两大问题：（1）公共服务长期供给效率是否能提高；（2）PPP 带来的政府长期支出责任如何减轻。然而现在我们看到的情况是这种合力尚未能积极有效的出现。

说到这一点，笔者在近期翻阅过往资料中，发现在 14 年前由陈吉宁先生担任系主任时在清华大学环境系所组建的清华大学水业政策研究中心所着力的水务行业制度和产业发展方面的研究，着力水价、专业平台公司改制、特许经营和产业形态等方面的综合性研究，很多成果到现在来看依然很有指导意义，而现在这类研究主体是多么的稀缺。

三、PPP 在本源上难解地方政府融资之困

改革开放三十多年，是各种体系制度重新建立的重构期，其实各类专家在批评我国制度的残缺或"落后"之前，需要充分尊重这一历史事实，进步速度和客观制约。从 1994 年的分税制走向 2008 年以来严重依赖"土地财政"，其中自有它内在的阶段型合理性，也支撑了我国作为制造业大国所需要的基础设施的大批量建设。

但是众所周知，上述成功路径发展到今天，已经出现了不少必须进行根本性调整的

问题。而说到在 PPP 推进方面暴露的一些问题，也与推进时顶层研讨设计滞后及决策数据积累不充分、分析乏力等当前现状有关。这些系统性问题，仅仅从 PPP 的操作层面的各种规章"补丁"中是无法根本上解决的。这些系统性问题每一个都是巨大的研究任务，笔者也只能在本文中就其中选择一二做个开篇的尝试。

说到开篇提到的问题，即便政府购买服务买工程作为非法融资可以被清晰地制止，然而走 PPP 模式的政府购买类型的合理边界在哪里？根据当前数据，几乎 70% 的 PPP 项目都依赖于政府补贴，而收入完全依赖政府支付的达到了 26%。这样的 PPP 或者因为财政可承受能力所限而无法继续进行，或者打开 10% 的限制，就很难说不会成为未来地方政府沉重的财政负担，无论我们怎么努力去将"政府负债"的定义严格收窄。

在某些入门级的新闻报道上，我们还是可以看到"没有钱的话可以 PPP"这样粗浅的逻辑，而现在我们还可以看到，所谓的金融创新，比如某些 PPP 基金，在 50 号文里已经被揪出来作为政府变相融资的手段之一。其实道理很简单，无论 PPP，还是依据 PPP 做的金融创新，在国情下本质上就是地方的融资通道（只不过最佳状态是同时还能实现建设与运营的整体效率提升），最多是"以时间换空间"的举措，地方政府没有合理的公共服务支出的进项来源则依然会是无以为继。

在此先抛开地方政府融资的冲动和 GDP 考核的沉疴，这方面的论述也已比较充分。其实，无论 PPP 模式，还是走传统公建公营模式，解决公共服务支出的长期进项来源都是属于顶层设计的根本问题。在 2008 年"四万亿"催生下的投融资平台模式，将分税制之后地方政府事权财权不匹配后的进项来源绑定在了以投融资平台作为周转器的土地销售收入上，多年发展后，在很多县市，土地收入占到了地方政府可支配收入的大头。然而，这种方式快走到了尽头，因为土地价格所带来的房价已经背离了市场的基本规律（见图 2）。

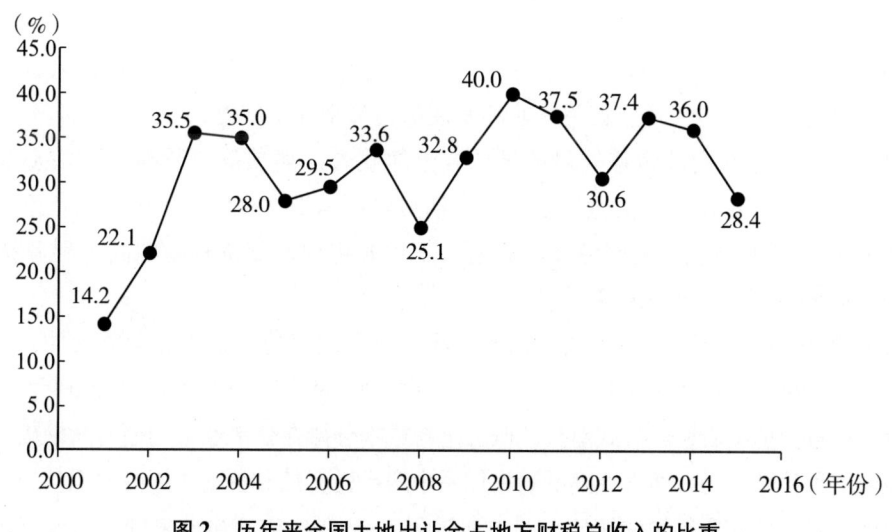

图 2　历年来全国土地出让金占地方财税总收入的比重

资料来源：均衡博弈研究院。

四、公共服务的可持续性与当前地方政府脉冲式可支配收入体系的冲突

涉及公共服务的基础设施投入巨大，但可持续的资金来源多年来一直处于模糊地带。如水务行业来说，目前的水价往往仅能覆盖运营费用（供水）或者厂区全成本（污水），管网的投资部分依赖于政府前期投入，部分则打入土地开发成本，最终在房价里包含。在垃圾收费方面全国各市县全年大约仅能收到寥寥几十亿元，而每年累计的环卫支出则在 300 亿元之巨。在各类市政基础设施中，相对而言，燃气的价格机制是基本到位的，无论是公建公营公司（比如北京燃气），抑或特许经营公司（比如中华煤气和新奥燃气），都是茁壮成长，甚至已经具备了"私有化"的基础（基于国情，不应把私有化简单认为是民营资本控制），完备的价格机制在其中发挥了作用，也保证了行业的健康发展。

燃气作为改善生活的一种新的公共服务产品出现在改革开放以来的中期阶段，未受到公益性的羁绊，这是公共服务行业较少的特例。大部分的公益性行业则没有那么幸运。1994 年分税制改革以来，地方政府的收入主要依靠的是地方税种和共享税种收入为主体的一般公共财政预算收入，以及以土地出让金收入为主体的政府性基金收入。而我们的公益性基础设施投入的回收，从本质上来看，主要来自以下几类资金来源或者其组合：

（1）地方税收之央地分成后收入；

（2）中央财政转移支付；

（3）地方土地销售收入；

（4）使用者付费为原则（受益者付费或者污染者付费）的公共事业价费。

在价格机制不到位的领域，第 4 项的收入往往占该行业的总体支出比例较低，需要通过或者在历史上已经通过前三项进行弥补。考虑到这种情况普遍存在，笔者认为对 PPP 或者专业平台公司，乃至相关产业的发展都会带来如下问题：

（1）无论是中央财政转移支付还是地方土地收入，都具备"脉冲式"波动和无法长期估算的特征，本质上无法做到准确的长期财政可承受力评价；

（2）对于 PPP 或公共服务类的企业，不可避免地高度依赖隐性的"财政担保"，企业和产业的发展受到极大的制约；

（3）政府本质上不产生任何收入，因此除了地方政府的土地出让金收入外，公共服务的长期费用来源总体而言无非是来自税和价费两种，从受益者付费或者污染者付费的角度衡量，通过土地或者税收方式对公共服务进行成本分摊在公平性上均会有所缺失。即便同样需要财税补贴，与在西方成熟的财税体系中房产税（按其住宅占用的面积）摊销部分计入当地市政公共费用的做法相比，国内通过第 1~3 项的方式来分摊公共服务支出的公平合理性与之相比则更有差距，而房产税的实施在我国却还有一段路要走。

五、财税体系和央地事权、财权分配面临调整

改革开放以来，中国城镇化飞速发展，面临基础设施投资需求的暴增，地方政府面临的融资需求也随着促进 GDP 增长而高速增长，不少成本被消化到城市扩张的土地销售收入中。然而有得有失，我们学习香港的地价模式在城镇化增长的中前期阶段有着特殊的国情优势，却又与房产税系统天然冲突，可持续的市政公共服务收入来源缺了一条腿。但是当房价和城市扩张逐步放缓的趋势下，经济周期性下滑、结构性拐点、供给侧改革（包括财税改革、营改增）三重交汇，无疑将给地方政府带来"短期面对减收、长期需要重建"的地方财政效应。地方政府财税体系面临着巨大的压力，与此同时，类似新环保法及"水十条"等法规文件所体现的，都是中央在强化地方事权支出责任，地方财政职能从"越位"、"缺位"向"归位"转变。此消彼长，地方财政所面临的压力变得空前巨大。2015 年，地方本级财政收入 82983 亿元，增长 9.4%；而地方本级财政支出 150219 亿元，增长 16.3%，收支差额为 67236 亿元。2016 年，地方一般公共预算本级收入 87195 亿元，地方一般公共预算支出 160437 亿元，差距进一步拉大到 73242 亿元，该差距上升幅度达到 9%，央地财权事权错配的局面进一步恶化。

各种压力趋势下，改革的方向自然会调转回来重新看待与事权分配对应的央地财权的分配问题，因为 1994 年分税制的理由——"集中力量办大事"的背景条件已经开始有了明显的变化。简单而言，造成中央、地方财权、事权错配现象产生的原因主要是四个：第一，与经济发展密切相关的增长性强的税种大都属于中央税或者中央占较大比例的共享税。第二，中央转移支付本身透明性和长期稳定性不足，地方政府无法可规划地自由支配。第三，共有事权本身划分并不清晰。第四，央地财权、事权分配并未法制化、规范化，"中央点菜、地方买单"的现象年年都有发生。

十八届三中全会启动了很多对国家治理根本问题的改革，PPP 只是其中一元，目标是构建未来国家治理体系和治理能力现代化的新一轮财税体系改革被启动。而在过渡期间，财政部也推行了一系列措施来缓解地方收支不平衡的问题，包括推行 PPP 改革、推进存量债务置换降低地方政府债务成本、发行地方债、允许财政赤字的扩大等措施，用时间换空间，也包括"营改增"过程中存量改革的税收分配向地方倾斜。

2016 年 8 月，《国务院关于推进中央与地方财政事权和支出责任划分改革的指导意见》（国发〔2016〕49 号）发布，很遗憾，在整个 PPP 研究圈，这个文件完全被忽视了。而笔者看来，这个文件后续的落地安排，也许比 PPP 条例的出台，对整个公用事业行业（包括专业平台和社会资本两类产业主体承接方）的影响更加深远。

通读来看，该文件的纲领性作用很强，从指导思想中可以看到，正如笔者开篇所写，财税体制的改革恰恰是以提升公共服务的供给效率为核心，这也决定了 PPP 与之高度关联的属性："科学合理划分中央与地方财政事权和支出责任，形成中央领导、合理

授权、依法规范、运转高效的财政事权和支出责任划分模式，落实基本公共服务提供责任，提高基本公共服务供给效率，促进各级政府更好履职尽责。"而在总体要求和划分原则上，市场化（注意：笔者一直坚持，市场化应包括 PPP 市场化和专业运营平台公司现代企业化两个方向并存）、效率提升和权责利匹配等方面都对之前所存在的问题有所针对，具有清晰、科学的指导意义。

根据文件要求的进度，要在 2017~2018 年在教育、医疗卫生、环境保护、交通运输等基本公共服务领域取得突破性进展。而这几个方面，尤其是后两者恰恰是 PPP 吸引投资的前两位，可见 49 号文件对 PPP 未来将带来的影响。E20 数据中心根据自己的分类系统重新整理了财政部的 PPP 数据库，从图 3、图 4 可以看到地方政府在环保投入上巨大的资金要求。

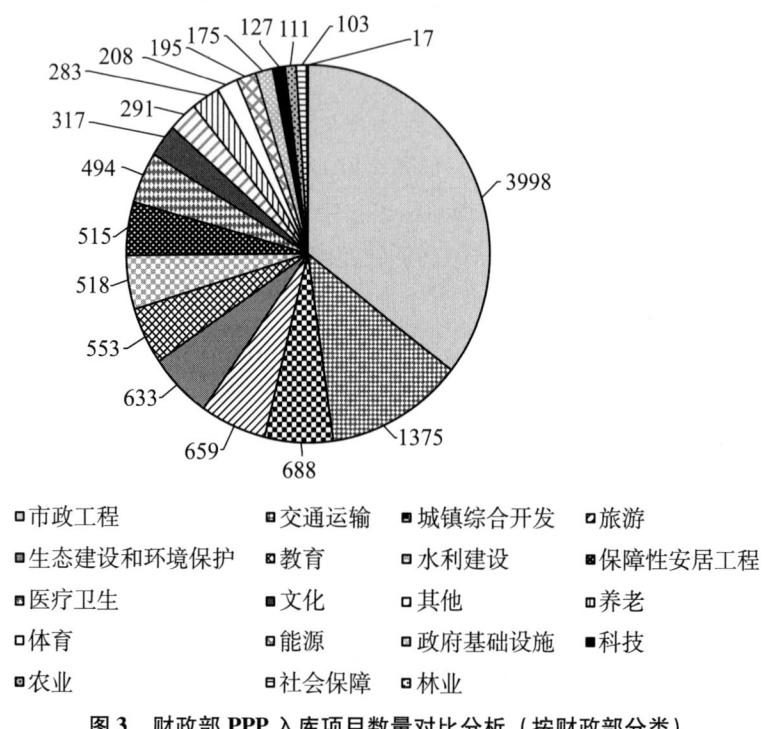

图 3 财政部 PPP 入库项目数量对比分析（按财政部分类）

财政部 PPP 项目库公开信息系统数据显示，PPP 散落于 19 类行业；其中，分类名称与环保直接相关的类别仅为生态建设和环境保护，项目数量 633 个，占比总项目数量约 6% 左右。然而，在对入库项目内容仔细核对和梳理后发现，除生态建设和环境保护类别外，市政工程、水利建设、城镇综合开发等 PPP 类别均散落着环保 PPP 项目，亦是环保企业所参与的领域及机会。这类"泛"环保 PPP 市场机会分布于 13 类行业，涉及 4001 个项目，占比之高接近 40%。

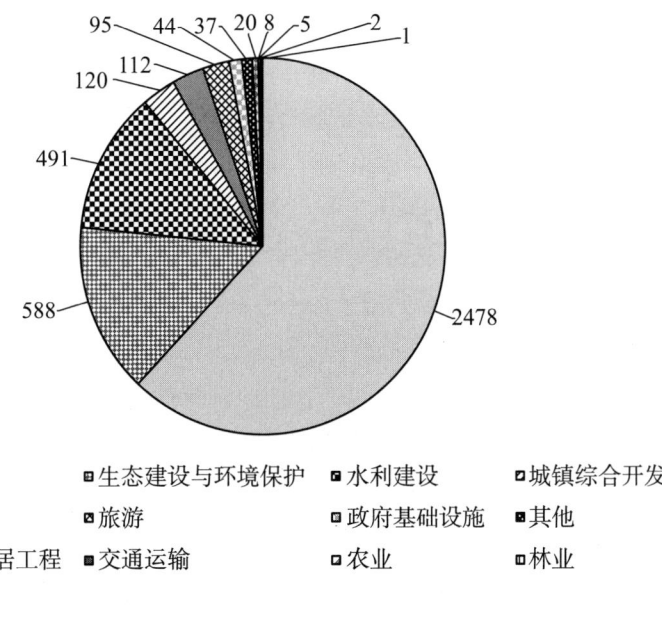

图4 财政部 PPP 入库的环保项目散落于 13 类行业（按 E20 数据中心分类）

六、用央地事权分配来细化公共服务矩阵和价费机制

2015 年 10 月 12 日，国务院颁布《中共中央国务院关于推进价格机制改革的若干意见》，要求推进水、石油、天然气、电力、交通运输等领域价格改革，放开竞争性环节价格，充分发挥市场决定价格的作用，并要与财政税收、收入分配、行业管理体制等改革相协调。

文件中提到政府定价范围主要限定在重要公用事业、公益性服务、网络型自然垄断环节，其中的网络型自然垄断环节和 E20 研究院特约研究员王强博士所提出的网络型公共服务一脉相承。当前的 PPP 推进涉及到公共服务定价的领域，应该更深入的研究该文件的纲领性要求。而对于研究整个公共服务价格体系的顶层设计者，应该要高度关注文件中的如下要求：

"创新公用事业和公益性服务价格管理。清晰界定政府、企业和用户的权利义务，区分基本和非基本需求，建立健全公用事业和公益性服务财政投入与价格调整相协调机制，促进政府和社会资本合作，保证行业可持续发展，满足多元化需求。全面实行居民用水用电用气阶梯价格制度，推行供热按用热量计价收费制度，并根据实际情况进一步完善。"

正如前文所述，央地财权事权错配是近年来突出的一个现象，公共服务价费机制调整与之也相关联。然而，调整地方财权和事权的分配是一个相当复杂的系统工程，尤其在我国改革三十多年来各项政治经济运行活动已经空前复杂的背景情况下，某些方面甚至还会涉及本文第一部分所述的利益格局的分配博弈。目前新闻报道很少，大部分都是十八届三中全会之前对这个方向改革的呼吁和建议,而从偶尔透露在报端的些许信息来看该项改革的推进难言顺利。与PPP推进中所面临的部委协调问题非常类似,财权事权分配的目的在于公共服务体系的供给,那么离不开公共服务体系本身的其他问题,比如价费问题,比如行业统筹问题,比如产业发展引导的问题,这又是一个需要跨部门协调(发改部门及行业主管部门)的巨大工程。不像PPP那样,对这个对外界而言有些许神秘的改革举措笔者并没有近距离观察的机会。本文写到这里,笔者则尝试基于对市政供水和环境保护等领域的了解和公共服务的基本原理,对与之相关的财权事权分配和价费体系做出一点粗浅的建议。

公共服务产品,尤其是准公共产品的定义,王强博士在中国水网专栏的文章有着由浅入深的精彩论述,有兴趣的读者建议去参看。

(一)公共服务矩阵与央地事权财权的分配进行结合

在以往的财权事权分配中,中央拿走了大量的财政收入,也为此承担了很多地方的公共服务设施的投资任务,原因在于一是某些公共服务设施需要全国统筹(集中力量办大事的逻辑),二是地方政府能力和事权压力尚未到位,三是计划经济逐步转型前的惯性,四是在我国经济基础薄弱时依托国际主权贷款不但筹集了建设资金也进行了技术和管理能力的引进。因此,在市政环保领域,大量环境治理(比如国债长期投入的"三河三湖"治理)甚至供水基础设施都是来自中央资金的支持。但是随着新环保法包括"水十条"以地方环境质量的确立是地方政府的责任的事权划分原则为代表,地方政府的事权责任压力迅速增大,而财权的分配却尚未完成。在这种历史背景下,尽量明晰事权财权的分担关系,补充地方税源和地方税收分配收入,以支撑其日益增长的事权需求,并尽早启动作为重要来源的公共服务价费机制研究就显得格外重要。值得注意的是,价费的调整、增加(对于具有负外部性的领域)甚至减少(对于具有正外部性的领域)不能仅仅考虑增加地方收入的目的,更要兼顾考虑对社会或环境正外部性或负外部性的综合影响。根据王强博士基于"一带一路"与PPP的比对性研究,对于发展中国家,由于面临资金短缺的困境,在PPP实施中容易过于关注投融资和工程方面的要素,反而在提升公共服务效率上欲速则不达;而发达国家的PPP,正在淡化这两个要素,更加关注系统管理、运营绩效、机制建设等全社会公共福祉的综合提升。习近平总书记提出的"绿水青山也是金山银山",也是恰恰高瞻远瞩地与之相符合。

1. 纯公共产品(非竞争性、非排他性)。纯公共产品同时具有非排他性和非竞争性,且不具备明显的"拥挤性"特征,无论增加到多少人的消费,边际成本为零,因此一方面无法建立合理的价费系统找到受益者付费模式,同时统一通过财政来支付,通过税收来分摊,也不存在明显不公平的问题。同时,在前文中所提到的国发49号文财权事权分配指导意见中我们明确看到,国防、救灾等类纯公共产品,被49号文明确为中央事权。地方政府事权范围内也存在少量纯公共产品,比如防洪(可能与中央共有事权)、防涝（纯地方事权）、治安消防（纯地方事权）等，目前看均是通过地方财政支付，款项来源最终包括地方税收分配和土地出让金。

目前来看，国家发改委、财政部关于PPP的大量政策规范文件均主要针对地方政府（笔者认为PPP的主战场从43号文发端起就定位在了地方政府事权范围内），可见上述中央事权范围的事宜本不是PPP主战场，何况笔者认为即便是地方政府事权的纯公共产品项目也丝毫不具备实施PPP的内在需求。

2. 俱乐部产品（非竞争性、排他性）。区别于公共产品，所有的准公共产品都具有隐性的天花板（即客观存在出现拥挤的可能），但其中俱乐部产品一般却不会出现竞争性（即拥挤）的情况，原因是俱乐部产品具有典型的排他性，即如果不付费就无法享受到该部分服务，因此这类产品现在一般都已建立"受益者付费"的制度来满足使用者多使用、多负担的"公平性"原则。同时其不出现拥挤的原因来自于两个特征，首先，前述的收费制度导致用户一般不刻意浪费，其次，俱乐部产品目前主要表现为前文所述的网络型公共服务的形态，包括供水、燃气、供暖和有线电视等，在公共服务的基本建设标准上要求达到所有用户正常消费的均一、稳定的供给水平——即一般而言，再多人使用服务也不会导致其他人的服务质量下降，否则就是不合格的事故或者低质量的公共服务而需要进行改建、扩建（参见图5）。

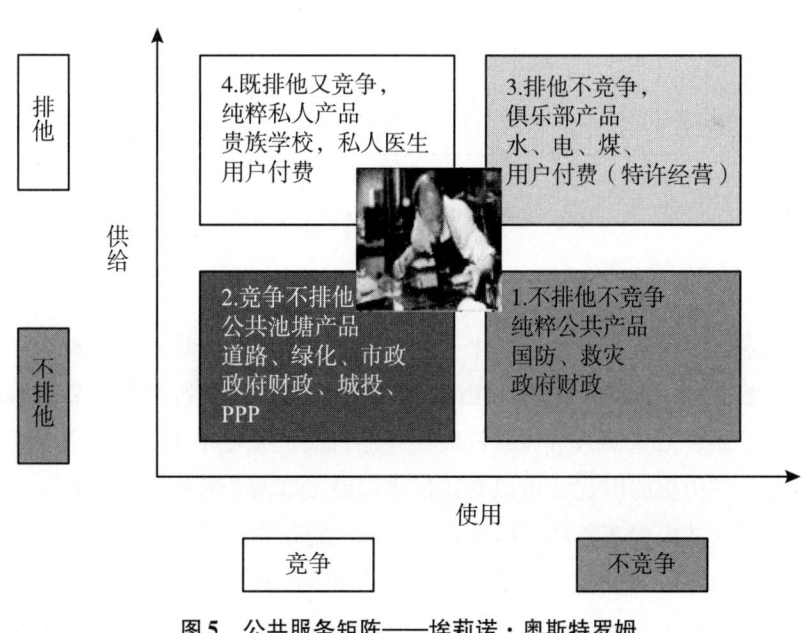

图5　公共服务矩阵——埃莉诺·奥斯特罗姆

俱乐部产品在价费机制选择上主要采用价格制度，并由提供公共服务的企业直接收取和使用。

值得注意的是，俱乐部产品是否应该由居民承担全部成本，在国际上并无通行标准，而从历史发展的眼光看，早期的一些俱乐部产品（包括后面提到的公共池塘类准公共产品）不少是（近乎）免费提供的（这也是自来水叫"自来水"的原因），由于其不断提高的服务标准所要求的投入的提高，以及其拥挤性的特征伴随着城镇化的集中等带来的供给成本的不断上升和负外部性的不断加剧，成本分摊的公平性要求，以及出于环境保护、资源节约等方面的考虑，居民承担费用的比例逐步提高是一个国际趋势。图6来自国际研究机构国际环保平台GWI发布的数据，可以看出，在供水服务的成本负担总比例中，使用者付费比例越来越高（柱状图为全球总的供水服务成本及其承担者）。一个原因是绝大部分俱乐部产品的价费理论上应该因走向全成本而上扬，另一个重要原因是其使用对环境资源占用的负外部性特征，在全球节能减排的大背景下，提高用户使用成本、减少使用量、保护环境是大部分国家的选择（见图6）。

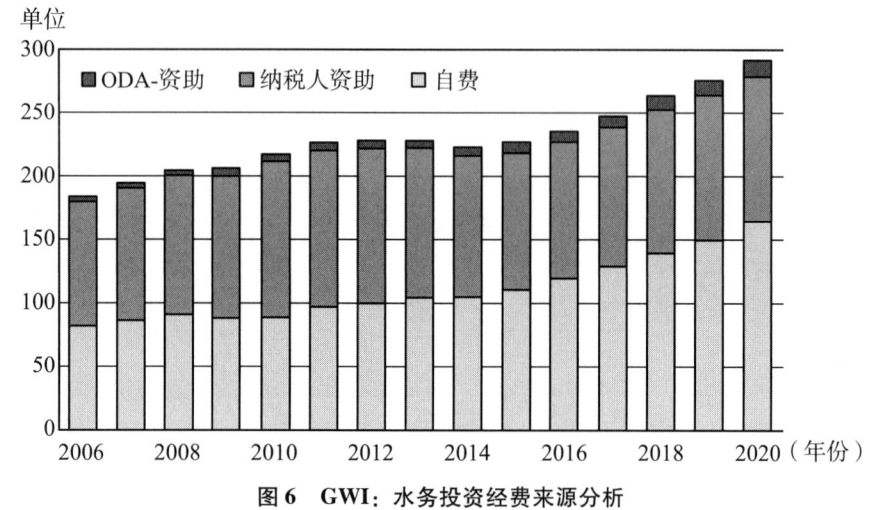

图6 GWI：水务投资经费来源分析

资料来源：2017全球水市场。

伴随着国内逐步的改革开放市场化进程，情况更是如此，结合我国改革开放以来的各项市场化改革措施，提高居民所承担的公共服务成本比例是符合资源节约和环保的一个总体趋势（这是在对贫困人群建立针对性补贴机制的基础上的），而这个过程恰恰会一直受到其公益性历史的困扰（可以对比供水和燃气这两个领域来理解）。

由于公用事业的天然垄断性，以及其公益属性的存在，正在逐步走向全成本的服务价格，在相当长的一段时间内都是公共服务产品的合理成本与政府公共财政支出（补贴）之间的差额。前面提到的燃气服务公益性属性较弱，价格机制相对完整，则服务价格更加容易满足全成本要求，也更容易推向市场化；而供水、供暖等产品，则由于上述原因，面临着补贴长期存在且缺乏规律、历史成本无法确定，以及调价缓慢的困境。同时，由于其天然垄断性，越是公益性属性强的俱乐部产品，越面临企业自身发展规律与企业公益属性相背离的悖论，制约了无论是PPP参与企业还是专业平台类公司的发展。

对上述问题认识不足，在我国供水的市场化中，甚至还出现了地方政府将此类资产作为"经营性资产"高溢价出售的错误导向的案例，客观上造成了特许经营改革在供水领域的多年停滞的现象。

在央地财权、事权分配中，原则上这类准公共产品均属于地方事权范畴（只不过中央也曾经有转移支付资金扶持落后地区建设基础设施，保障基本公共服务水平的情况，这是中央高度集权国家的特点），由地方政府负责从地方税收分配和土地收入中提供财政补贴结合价费收入来支撑公共服务的投入和运转。由于价格机制已经初步建立，在做好公益性补偿工作的基础上逐步提高居民的承担比例，是未来该领域公共服务价格机制调整的方向。

在PPP的类型中，俱乐部产品类项目通常适合笔者所归类的A类政府监管类特许经营项目，鉴于其公益性特征，其中可以设计适当的价格补贴政策。但是当前PPP中为了实现融资落地，有一些地方将这类项目设计成了政府担保使用量甚至用可用性付费模式回购的项目，扭曲了项目本身的特征。

3. 公共池塘产品（竞争性、非排他性）。另一类准公共产品是公共池塘类的产品（也称为"鱼塘产品"），理解上比俱乐部产品略微复杂。这类准公共产品分两种，有收费类和无收费类。前者是高速公路、公共交通、公共停车场、名胜古迹等，而后者是市政道路、国道等。公园、博物馆则是既有收费的也有免费的。

此处产生了一些争议，按说非排他性即不收费，实际上这两类准公共产品在正常状态下原本都应属于同一性质，即具有很容易达到拥挤的特征（竞争性）和原则上本应该免费的属性。这一点会让很多人费解，而原因有如下若干：

首先，不少收费的池塘产品其实原本是免费存在的，只是为了避免太容易触发拥挤的竞争性特征而收取少量费用（对比西方，中国不合理的高价名胜古迹甚至收费博物馆其实是公共服务体系不尽科学的表现，而这本不是这类产品应该有的样子）。

其次，有些收费是基于基本服务可以被提供的基础上而存在。以高速公路为例，其收费机制首先是建立在存在一个免费的国道保证替代通行的基础上（公共服务非排他性的基本要求）；而一些国家（如美国），高速公路直接作为免费存在，也就没有了"国道"的需求。

再次，这类准公共产品即便收费，本不应高到绝大部分居民放弃使用的地步（说明与居民实际选择其它方式的替代成本而言它的收费依然很低），所以很容易造成拥挤。

最后，这种收费也导致这种产品的性质变得不够完美，比如高速公路如果出现拥堵，理论上会带来用户对这种产品的不满。

由于两类公共池塘项目的存在，再加上这类项目收费机制本身存在的一些问题，这类项目的价费机制设计变得相对复杂。同时，正如前文所说，必须要考虑免费或者收费所带来的社会整体的正负外部性的问题，而不仅仅是考虑地方财政补充的需求。作为在一个发展中国家常见的现象，仅仅因为通过收费提升便利程度（或降低拥挤、拥堵），导致我国的地方政府常常由于经济压力在本应该免费提供的产品上选择了收费，或者反之。那么,为了融资成功、减少政府支付和保证社会资本的利益,PPP 的引进往往反而会加剧前者而导致社会综合效益受到损害。

对于没有收费模式的毫无疑问要依托于财政支付,在 PPP 模式上可以选择 C 类 PFI 模式,在当前的 PPP 项目中,PFI 模式有被滥用的风险。笔者认为如果没有长期运营绩效的考核和提升的实质性压力,C 类项目采用 PPP 模式往往不如传统公建公营项目效果更好。而在最终经费来源上,这一类没有收费模式的,也是类似纯公共产品,需要依赖财政支付,分摊到税收和地价。

存在一些过度使用会产生负外部性的公共池塘产品,虽然长期免费,但是为了减少拥挤现象,以及保护环境资源而尝试开始收费的类型,一些新的信息技术手段也会促进这种收费制度的建立。比如新加坡利用高速识别来建立对私家车的收费制度,有效提升公共交通效率、发挥绿色交通的作用,这种收费制度就是一种为负外部性转化为用户成本以制约用户使用量的补充措施(类似下文的环保类产品)。

对于具有收费可能的,在地方政府之前的做法里,往往为了弥补建设或运营成本,很多都开始启动了收费,但其实未必合理,因为某些产品的使用上存在正外部性。因此,为了避免过度使用造成拥挤,少量收费也是合理的,但这类具有正外部性的产品,如博物馆、名胜景点,如果走向全成本或者甚至成为牟利工具,则严重影响居民福祉和人文环境的建设;高速公路收费其实也带来了经济成本,影响本地产品竞争力,公共交通全成本更是会导致私人小企业在市政道路上的拥挤现象和污染排放。由于可以直接向使用者收费,这类项目可以采用 A 类监管型特许经营模式,但是值得提醒的是,这些项目采用 PPP 模式时,要特别当心局部经济效益的提高带来的对地方整体收益的损害。本质上而言,正如前面所说,这类有收费模式违背非排他性原则的池塘类产品存在内在的缺陷。公共池塘产品基本上是地方政府事权范围,除了高速公路会是共同事权。我们可以观察到,由于更有支付能力,以及更有管理水平,相对富裕发达的城市在正外部性公共池塘产品的提供上更愿意采用低价甚至免费的模式因此不愿在这个领域采用使用者付费的 PPP 模式。

4. 关于环保。环保类的公共产品其实很特殊,本质上属于一种可转换的公共池塘产品,竞争性拥挤特征具体表现为环境容量的不足,为了维护城市环境的质量,就需要建立"污染者付费"的制度来制约排放者的行为。"污染者付费"制度的建立,本身就是将"拥挤"成本,或者说环境成本的外部内部化,将其转变成为污染者自身背负的成本。但是作为非排他性的特点,环保的收费通道其实是不佳的,首先,它无法建立直接的受益者付费模式,这个区别于之前其他所有类型的公共服务,污染者付费则需要法律的强制,但价格到位却不但类似供水受到公益性偏见的影响,而且交费者作为非直接受益者也是很不情愿的。其次,不少环保类公共产品根本连污染主体都无法定位,因此也找不到付费通道,只能采用财政买单的方式,比如垃圾清扫、黑臭水体和海绵城市,性质上也更类似纯公共服务类型。

尽管如此，从为了保护环境的角度出发，类似前面所述的供水价格，国际上的总体趋势是在可以建立收费制度的环保领域逐步建立全成本收费模式。2015年1月26日，发改委、财政部、住建部三部委联合下发《关于制定和调整污水处理收费标准等有关问题的通知》，开始强制要求提供收费比例和价格，虽然这个价格依然远远不能满足全成本的要求。2017年3月18日国务院发布的《生活垃圾分类制度实施方案中》（国发办〔2017〕26号），提出完善垃圾收费制度。

对于污水处理，目前其实是在借用作为俱乐部产品的供水服务收费通道来代收，解决了污水处理本身不具备"排他性"特质而无法收费的现状。此外，其本身容易实现污染者付费的逻辑要求。然而垃圾处理的收费机制却面临无法与污染者付费完全挂钩的困难。垃圾处理主要依赖财政补贴的情况，在对环境保护有正外部性，却进一步增加政府财政负担的垃圾分类被强制推出的情况下，变得更加严重。但同时垃圾分类的推出为垃圾收费制度找到了"污染者付费"的逻辑。在世界银行的资金支持下，E20研究院在浙江宁波正在开展的基于其已利用世行资金成功开展多年的垃圾分类后的垃圾收费制度研究，可以比之前的收费的模式更加体现污染者付费的公平性原则，在当前国家大力推进垃圾分类的背景下具有一定的积极意义，也符合国办发〔2017〕26号文的要求。

对于污水处理和垃圾处理的单元厂的PPP模式，这类项目通常会采用B类政府购买型特许经营方式来进行PPP，如果涉及到收集部分的PPP，包括管网和转运设施，则收集部分实际上执行的是C类PFI类项目模式。对于不能收费的环保项目，需要基础设施投入执行的是C类PFI类项目，比如黑臭水体和海绵城市，这类项目采用PPP的必要性是其具有的技术集成难度和长期运营绩效压力能否在PPP实施中被充分考虑。而对于不需要基础设施投入的，则适合D类非PPP的政府购买服务，比如环境监测和垃圾清扫（见图7）。

值得注意的是，国发49号文中提到"要逐步将义务教育、高等教育、科技研发、公共文化、基本养老保险、基本医疗和公共卫生、城乡居民基本医疗保险、就业、粮食安全、跨省（区、市）重大基础设施项目建设和环境保护与治理等体现中央战略意图、跨省（区、市）且具有地域管理信息优势的基本公共服务确定为中央与地方共同财政事权，并明确各承担主体的职责。"环境保护和治理被列入共同财政事权，值得环保产业界和PPP的相关人士所关注。这体现了中央对环保问题的高度重视，但并不意味着所有的环保事权可以由中央分担。笔者建议，此处的环境保护和治理的共同事权，应优先聚焦于非市政基础设施类的没有明显污染责任主体（也就没有可以通过价费机制补充地方财力的可能性）的地方治理任务，中央财政需要加大补助力度，并研究中央财政支付对PPP类项目补助的长期稳定模式，以利于以黑臭水体为主的环境治理任务的达成。当然，这部分中央支持事项，一定还包括大气治理这样的跨区域的环境治理问题。这部分目前看与PPP的关联度并不是很高。

基于上述建议，E20研究院绘制了结合公共服务价费体系和央地事权财权分配的二维图，以期为未来做出趋势性的判断提供依据（见图8）。

政府采购与 PPP 评论

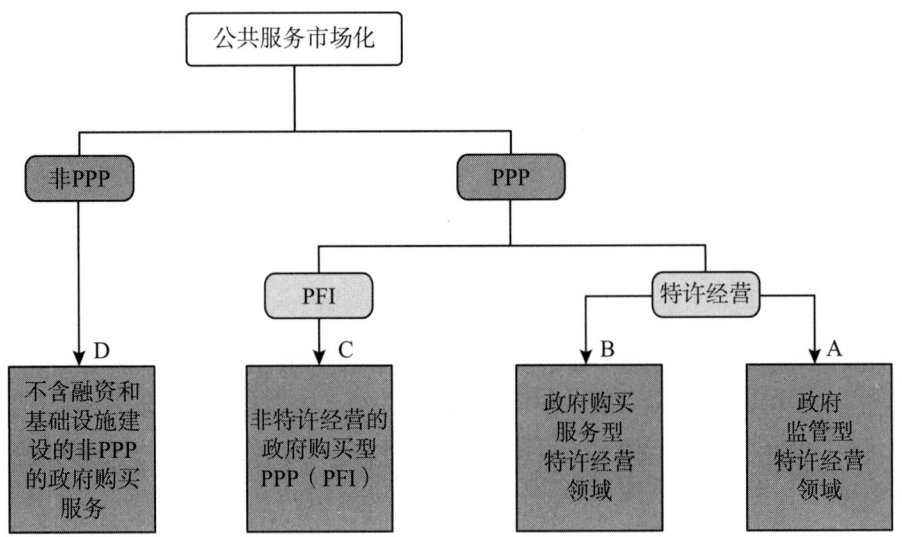

A：供水 PPP（股权合作为主，燃气、供热 PPP 性质很类似）、工业危废 BOT、地下管廊。
B：污水厂 BOT、垃圾焚烧厂 BOT、垃圾填埋厂 BOT、餐厨处理厂 BOT、污泥处理厂 BOT 等（上述项目可能打捆包含收集运输）。
C：管网融资建设、不含污水厂的黑臭水体治理和海绵城市、土壤修复、农村污水或垃圾治理等。
D：垃圾清扫或收运（不含收运站融资建设）、城市水体维护、环境监测服务、基础设施的委托运营服务。

图 7　E20 市政环保领域 PPP 分类格局

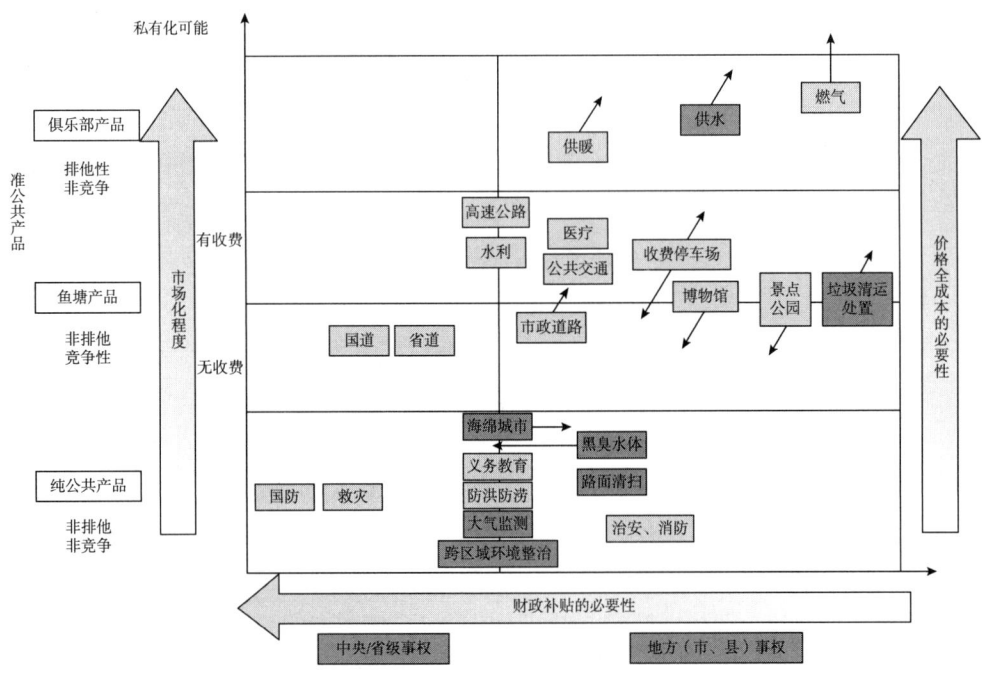

图 8　E20 公共价费矩阵

注：关于价和费之间的差别，比如宁波等十个城市在世行 20 世纪 90 年代推动的市场化改革中采用的是污水处理价模式，由地方水务集团直接向居民等收费并归入本公司营收，而其他大部分城市则采用的是污水处理费模式，并入财政专款专用。本文对此统一称为价费。

参考文献

1. 考希克·巴苏：《政策制定的艺术》，中信出版社 2016 年版。
2. 邱振华、傅涛：《供水服务的模式选择》，中国建筑工业出版社 2012 年版。
3. 胡祖铨：《关于我国中央与地方财权事权问题的思考》，载于国家信息中心网。
4. 均衡博弈研究院：《地方财政的困境与突围》。
5. 王强：《从阿大葱油饼看公共服务的顶层制度设计》，载于中国水网专栏。
6. 萨瓦斯：《民营化与公私部门的伙伴关系》，中国人民大学出版社 2002 年版。
7. 薛涛：《环保 PPP 年度盘点，薛涛谈分类后的顶层思考与产业变局》，载于中国水网专栏。
8. 薛涛：《中国特色三大关系决定 PPP 国情》，载于中国水网专栏。

基于资金方视角的PPP项目投资风险评估体系与防范措施研究

唐 川[*]

> **摘 要：** 随着我国PPP模式的快速推广与发展，行业整体工作重心已由项目包装向投融资工作推移，故而资金方也急需切实可用的PPP项目投资风险评估工具。本研究结合商业银行等PPP投资行业的先驱者对于PPP投资时的真实的风险关注点，基于政府信用、建设方与运营方履约风险，以及其他项目自身风险，以实证结合理论的方式，以资金方的立场对适用于当前市场环境的PPP项目投资风险评估体系进行全面研究与系统设计，并给出了相应的风险防范措施建议。
>
> **关键词：** PPP风险评估 风险防范 投融资 政府信用

一、引言

十八届三中全会之后，PPP就成为了我国发展基础设施建设和公共服务项目的重要投融资模式，其不仅得到了各级政府在政策与法规上的大力支持，也得到了市场上各类建设、运营企业，以及金融机构的大力响应及参与。时至今日，PPP已拥有入库项目12000余个，总投资金额已接近15万亿元（其总投资额已与我国一般公共预算收入总额接近）。故而从政府风险控制和市场客观需求的角度来看，PPP行业整体工作重心已由项目包装向投融资工作推移。但对于资金方而言，虽有巨大的项目量摆在眼前，可因为缺少了甄别客观风险等级的有效工具，所以对PPP项目的投资还是持有保守态度，这也在一定程度上造成了近年来PPP的推进工作一直是政府热、市场冷的局面。所以，为了更为有效地帮助市场资金进入PPP领域，本研究基于PPP投资行业的先驱者对于PPP投资时的真实的风险关注点，结合以往的基础设施建设和公共服务投资风险研究成果，以实证结合理论的方式，对PPP项目投资风险评估体系进行全面研究与系统设计，以期设计出适用于当前市场环境的PPP项目投资风险评估体系框架，切实帮助金融机构等资金方合理评估项目投资风险，并适时介入PPP领域投资。

---

[*] 唐川：北京奇步天下科技有限公司；地址：浦东新区浦东南路328号上海证券大厦2206室，邮编：200120。

二、资金方对于 PPP 项目投资的风险关注点

从市场现状来看，商业银行是目前参与 PPP 项目的各类主体中提供资金量最大的金融机构——因为 PPP 项目有着周期长、单体项目资金需求量大等特性，所以目前能够充分参与其中的机构仅有银行与保险，不过保险方面推进相对较慢，虽然在 2016 年 7 月 3 日保监会发布的《保险资金间接投资基础设施项目管理办法》也充分传达出了国家对于保险资金全面参与基础设施建设项目的鼓励态度，但因各项调整未落定，故而保险资金仍未大范围进入 PPP 领域。从商业银行本身的业务模式来看，其参与 PPP 项目的方式主要有两种：第一种就是通过信贷的方式支持 PPP 项目；第二种方式是借由理财产品募集个人投资者的资金，而后通过资管计划等渠道投资到 PPP 项目中（2013 年，国家陆续放开了商业银行业理财管理计划的直接融资，这给予了银行更多的方便）。从此，商业银行可以直接把资产端和资金端对接，形成更为多样化的投资组合。而"直接借贷"和"资管途径"这两种方式，也是目前各类市场资金方参与 PPP 项目的最基本模式。可以说，商业银行凭借最早参与及最多案例，最先为 PPP 投资设计出了相对合理、适用的风险评估框架。并且信托、基金等其他非银投资服务机构，因在辅助投资的时候需要充分保证资金的安全，故通常与银行、保险等资金方"共享"风控准则。所以此处我们主要参考银行在投资 PPP 项目时的风险控制策略，并将在此基础上深化、细化，以设计出更为完善的 PPP 项目投资风险评估体系。通过对多家银行的"PPP 项目授信指引"进行归纳、总结，笔者认为银行在 PPP 投资过程中主要遵循以下几项原则：

（一）区域策略

重点支持经济发展水平较高、政府负债水平低、信用履约记录良好、金融生态环境良好、市场发育程度高的地区。同时还需满足 PPP 项目所在县（县级市）、市辖区、国家级园区（有独立财政）政府上年度一般财政预算收入与 GDP 收入在一定金额以上的门槛（通常大型商业银行会要求政府上年度一般财政预算收入超过 20 亿元且 GDP 收入在 200 亿元以上）。

（二）项目策略

支持符合国家及地区发展战略、政府支持力度较大、补贴制度合理完善、市场化程度较高、需求长期稳定、收益回报较好、项目现金流充足，保证、抵质押等担保充足的国家级、省级经营性、准经营性 PPP 示范项目。重点支持纳入国家发改委重点领域重大工程建设清单的项目、纳入国务院推进的 172 项重大水利工程清单的项目、国家级及省

级示范项目。

（三）建设、运营方甄选策略

重点支持股东背景雄厚、资金实力较强、经营状况与财务指标良好、公司治理机制健康完善、信用履约记录良好、具有较高的相关行业建设开发资质、拥有独立开发、经营经验并成功运作过多个成熟项目、投资、建设、运营等综合实力较强的特大型、大型建设、开发和运营企业。

在以上定性总结的基础之上，本研究将继续基于资金方的视角，从政府信用、建设方与运营方履约风险及其他项目自身风险等内容入手，建立一套适用于当前市场的PPP项目投资风险评估体系，并给出相应的风险防范措施建议。

三、地区相对信用等级分析

从当前的基建和公共服务项目投融资的现状来看，区域无疑是银行最为关注的因素，尤其在部分地方政府收回财政函、违规举债等事件纷纷曝光之后，资金方对于地区的财政安全性有了更为强烈的关注度。然而，PPP亦不可与地方债共享地区信用评级，首先，根据财政部2015年12月23日发布的《关于对地方政府债务实行限额管理的实施意见》要求：地方政府债务总限额由国务院根据国家宏观经济形势等因素确定，并报全国人民代表大会批准。因而，可以说地方债的发行是经由国家最高"风控部门"论证并批准——所以，地方债的评级往往是AAA级；其次，因为目前我国地方债是以省为单位发行，而PPP项目往往落实于县、区、市，市间、省间项目极少，所以即使债券评级可用，也无法直接等同视为项目所在地的评级。当然，要为全国472个地市州和2838个区县做详细的信用等级评定，相对工作量也会非常大。故而，此处我们首先给出31个省、市、直辖市的相对信用等级，在进行地区PPP项目投资实践时可参考本文的分析方法，在了解省级信用情况的大背景下自主评估地区相对信用等级。

整体来看，行业通常认为针对基础设施建设和公共服务项目融资工作而言，地方信用等级的影响因素主要是地方经济、地方财政、地方债务负担情况。地方经济状况是决定基建与公共服务项目发展前景的关键因素；地方财政情况决定了地方政府财政承担新建项目的实力，并且与当地经济发展水平和产业结构高度相关；地方政府性债务负担反映了地方政府运作的杠杆水平及地区生产总值对政府性债务投入的依赖度。此外，考查项目投资时还需要考虑基础设施与公共服务的适度发展与过度发展问题。本研究将基于以上几个框架对我国各省、直辖市、自治区进行地区间差异分析，以初步判定全国范围内各大地区合理的信用等级梯度。

（一）地区经济状况

地方经济状况反映了地方经济的发展质量和结构优化程度。中国各地区经济发展水平分化，结构特征明显。如图 1 所示，2015 年，广东、江苏、山东、浙江的 GDP 总量全国排名前四，增长率高于全国平均水平。从各省 2012~2015 年 GDP 复合年增长率来看，我国经济增速持续下滑亦具有结构性特征。辽宁、山西、黑龙江、吉林等依赖资源优势产业和重工业化省份，持续的产能去化造成较大下行压力，使得经济增长缓慢；以重庆、贵州、西藏为代表的部分西部省份，经济增速排名全国前列，但 GDP 总量较小，故迄今为止仍属于欠发达地区行列。

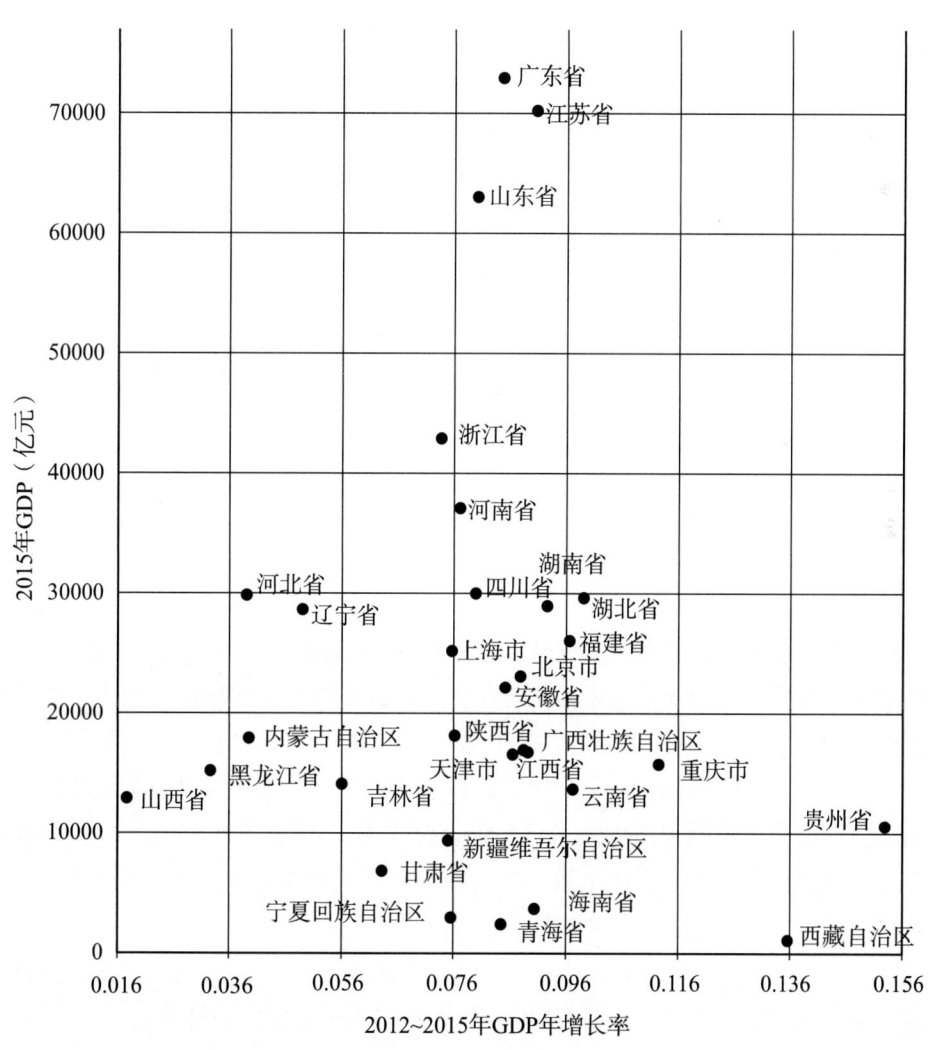

图 1　2015 年各地 GDP 及 GDP 增长速度

资料来源：国家统计局。

从图 2 可知，2015 年全国第一、二、三产业增加值占 GDP 的比重分别为 9%、40.5% 和 50.5%，服务业已取代工业，成为我国经济最重要的支撑力量。从对 GDP 的增长贡献率来看，2015 年工业和服务业的增长贡献率分别为 37.5% 和 57.4%，服务业贡献率显著超过工业，成为推动我国经济增长的支柱产业。

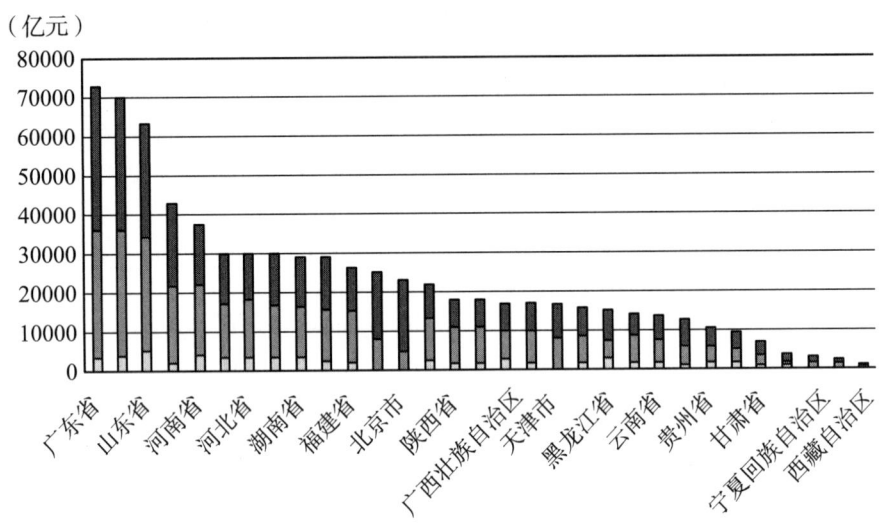

图 2　2015 年各地区产业增加值

资料来源：国家统计局。

2015 年，全国有 23 个省市第二产业占比在 40% 均值水平以上；除西藏外，第三产业占比较高的省市主要有北京、上海、海南、天津、广东，其支柱产业为金融、贸易和旅游等，其中，北京和上海的服务业最为发达，服务业占 GDP 比重分别达 80% 和 68%；服务业占经济主导地位（服务业产值占 GDP 比重高于工业占比）的 15 个省份，主要集中在东部地区，而大多数中西部省份，工业经济仍占主导地位，其中，安徽、陕西、吉林、内蒙古、福建、江西 6 省工业产值超过 GDP 的一半。同时，除海南（23.1%）外，各省市农业占其 GDP 比重已普遍低于 20%，农业大省主要集中在西部欠发达地区，上海、北京、天津农业占比最低，分别为 0.4%、0.6%、1.3%。海南省虽然农业占比全国最高，但其农业侧重于发展符合国际进口标准的有机农业和绿色农业，产业附加值高，其服务业占比排名也靠前，全国排名第四。

此外，全国各省 GDP 总量与人均 GDP 水平表现不一（图 3），处于高收入群体门槛附近的广东、江苏、山东、浙江是 GDP 总量最大、经济最强的省份，而人均 GDP 最高的天津、北京和上海受制于人口、面积等因素，GDP 总量并不突出。

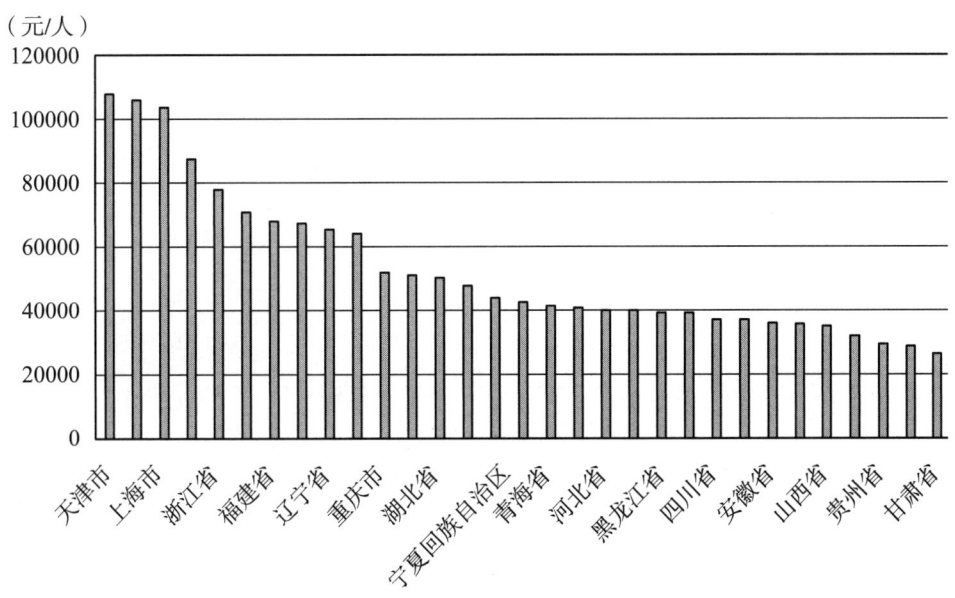

图3　2015年人均地区生产总值

资料来源：Wind。

根据世界银行发布的2015年人均国民总收入分组标准，人均收入4036～12475美元为中等偏上收入国家水平，12475美元以上为高收入国家水平。2015年中国人均GDP超过4.9万元，约7600～8000美元，整体已进入中等偏上收入国家行列。从地区来看，2015年我国31个省份人均GDP超过中等偏上收入水平门槛，天津、北京、上海、江苏4个东部省份率先步入高收入地区；浙江、福建、广东、山东等东部省份处于高收入地区的门槛附近；湖北、湖南、河南等中部省份处于中等偏上收入地区中的中等行列；甘肃、云南、贵州、西藏等西部省份处于中等偏上收入地区中较低行列。

从2012～2015年固定资产投资增速来看（图4），中部最高，西部其次，东部最缓，中部比东部平均增速高15个百分点左右；2010～2014年间，中部投资增速回落，东部增速仍然最低，同时区域间增速差距缩窄，中西部比东部增速平均高出5个百分点左右；2015年，受产能过剩等因素影响，西部投资增速出现下滑，环比增速为9%，内蒙古增速下滑最明显。从2012～2015年固定资产投资复合年均增长率来看，辽宁、黑龙江、内蒙古固定资产投资额增速最小，其中辽宁为负增长。贵州固定资产投资增速最高（这与该地区政府近年来大胆加杠杆发展地方产业与城镇化密不可分）。

从固定资产投资占GDP比重来看，东部省份占比最低，为64%，中部省份占比97%，西部地区最高，达104%（此处东部、中部、西部地带依据国家统计局的划分标准划分）。青海、甘肃、宁夏固定资产投资占GDP比重最高，经济增长对投资依赖最明显。上海、北京、广东的固定资产投资比重最低，东部地区已率先摆脱投资的束缚，转向新消费、新金融等新型增长方式。

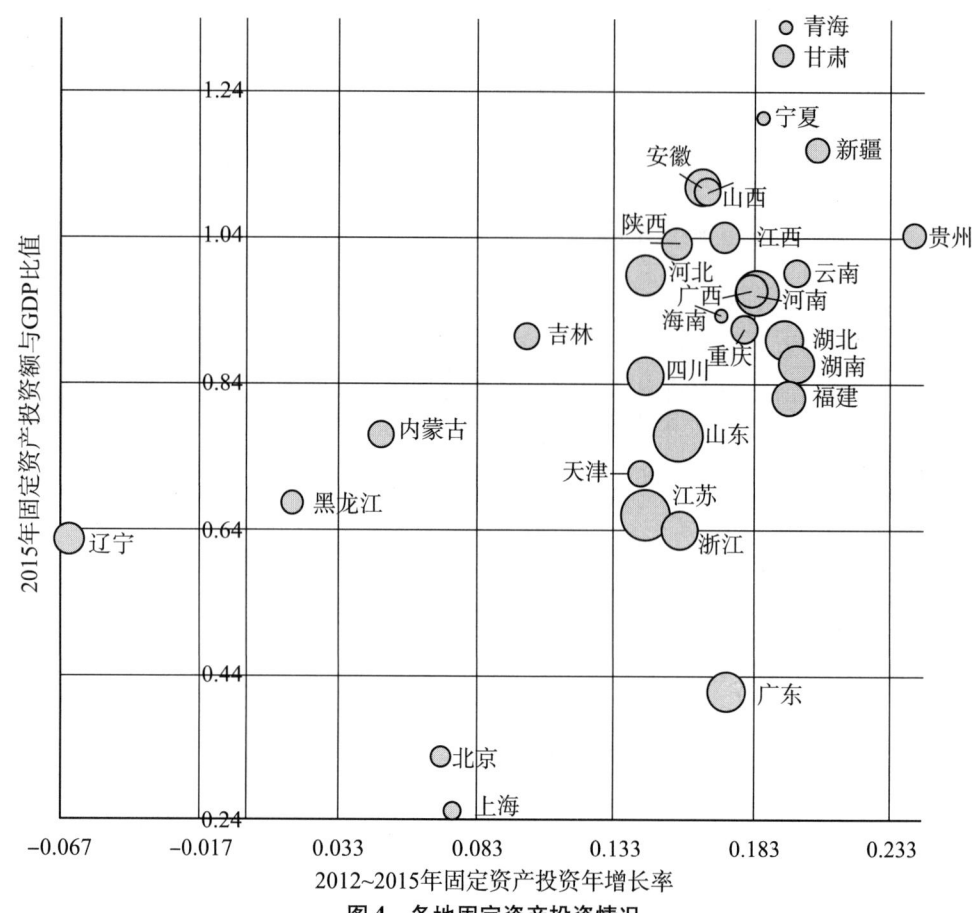

图4 各地固定资产投资情况

资料来源：国家统计局，Wind。

（二）地区财政情况

地方财政情况决定了地方政府对基础设施建设和公共服务投资的能力，需要从预算收入、预算支出及预算结构方面综合考虑。

经统计（见图5），2015年全国财政收入增速从2014年的8.6%放缓至2015年的8.4%，收入总量为152269.23亿元，其中中央财政收入（为本级收入）为69267.19亿元，地方财政收入（为本级收入）为83002.04亿元。

2015年全国财政支出从2014年的8.2%扩张至2015年的15.8%，支出总量达175877.77亿元，其中中央财政支出（为本级支出）为25542.15亿元，地方财政支出（为本级支出）为150335.62亿元。2015年，全国财政收支赤字超过2.3万亿元。同时，受到房地产市场下滑和土地出让金剧减的影响，全国政府性基金下跌21.8%，进一步加剧财政窘境。

各地方财政收入分化严重，2015年，辽宁、黑龙江、山西三省财政收入下滑幅度最剧烈，分别为-33%、-10%和-10%，与GDP下滑一致。财政收入增长较快的省份主要有上海、北京、湖北、浙江，收入增速分别为20%、17.3%、17%、16.7%。

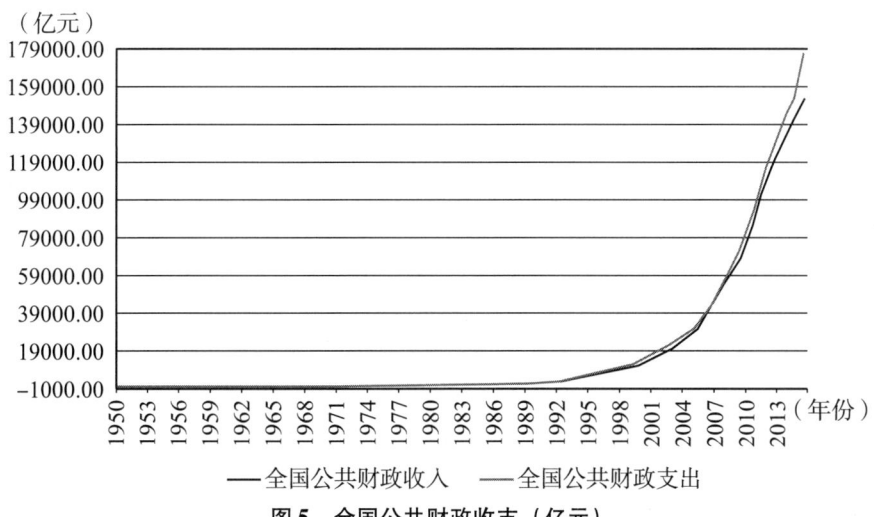

图5 全国公共财政收支（亿元）

注：全国财政收入（即全国一般公共收入）是中央本级财政收入（即中央一般公共预算本级收入）与地方本级财政收入（即地方一般公共预算本级收入）之和，全国财政支出（即全国一般公共预算支出）是中央财政支出（即中央一般公共预算本级支出）与地方本级财政支出（即地方一般公共预算本级支出）之和；中国统计年鉴中的中央与地方财政收入与支出均为本级收入与支出。

资料来源：国家统计局。

从图6、图7可知，各地一般公共预算收入中，广东是全国财政收入最高的省份，2015年达9366亿元，其次为江苏8028亿元、山东5529亿元、上海5519亿元、浙江4809亿元，财政收入在1000亿元以下的省份有5个，主要集中在西部地区，包括西藏137亿元、青海267亿元、宁夏373亿元、海南627亿元和甘肃743亿元。

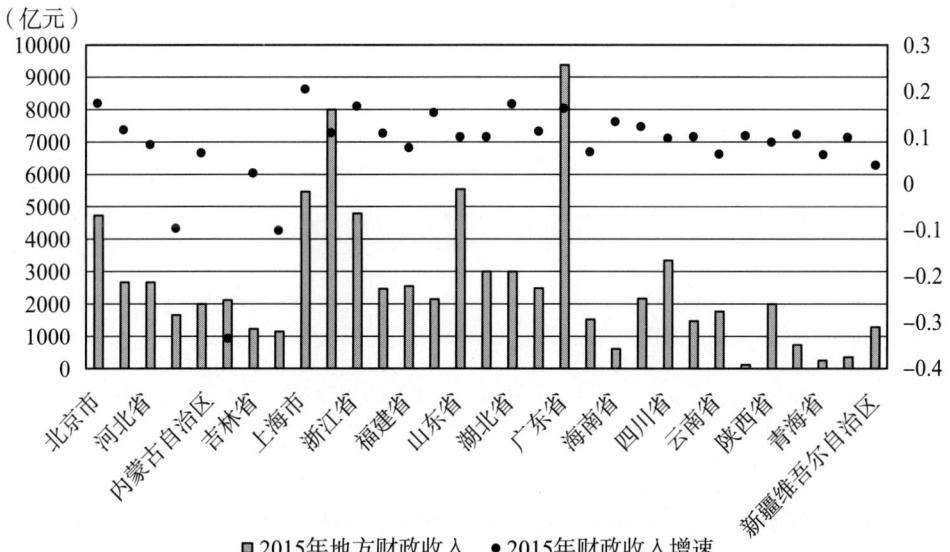

图6 2015年地方财政收入情况

注：此处地方财政收入均为本级收入，不包括国内外债务收入。

资料来源：国家统计局。

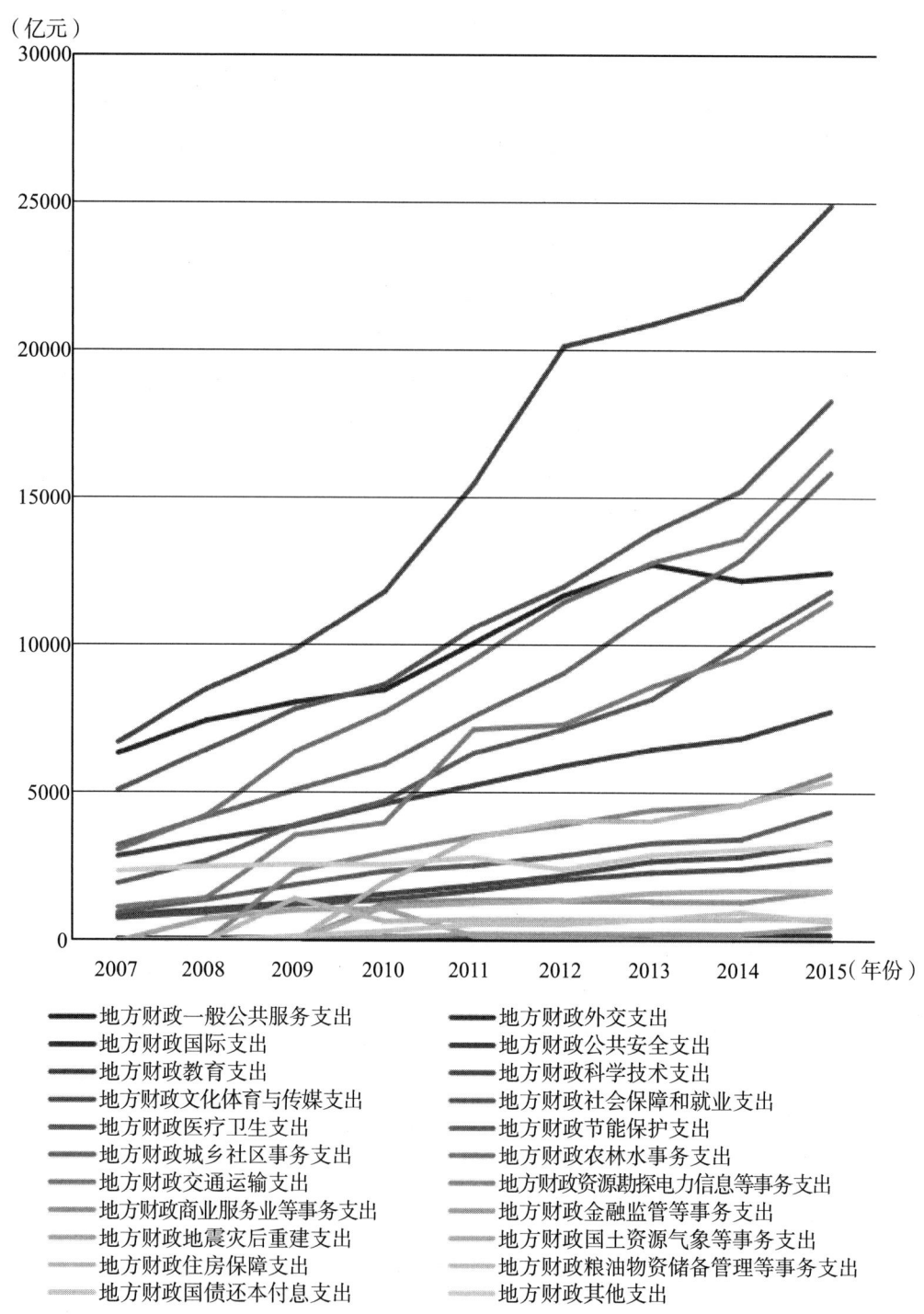

图7 历年地方财政一般公共预算支出

资料来源:国家统计局。

地方财政支出均为本级支出，主要由一般公共服务支出、公共安全支出、科教文卫支出、交通运输支出、住房保障支出等构成。从图 8 我们可知，目前全国范围内地方财政支出排名前十的（由高到低）分别为：教育支出、社会保障与就业支出、农林水事物支出、城乡社区事物支出、一般公共服务支出、医疗卫生支出、交通运输支出、公共安全支出、资源勘探电力信息支出和住房保障支出。由此可见，国家现阶段仍是以提升国民整体素质、为国民创造基本生活保障为工作重心。

通过图 8 我们可以看到：我国各省、直辖市、自治区地方财政支出皆呈现稳步扩大的态势。2015 年，一般公共预算支出前三名分别为广东、江苏、山东，最少的地区为宁夏、海南。

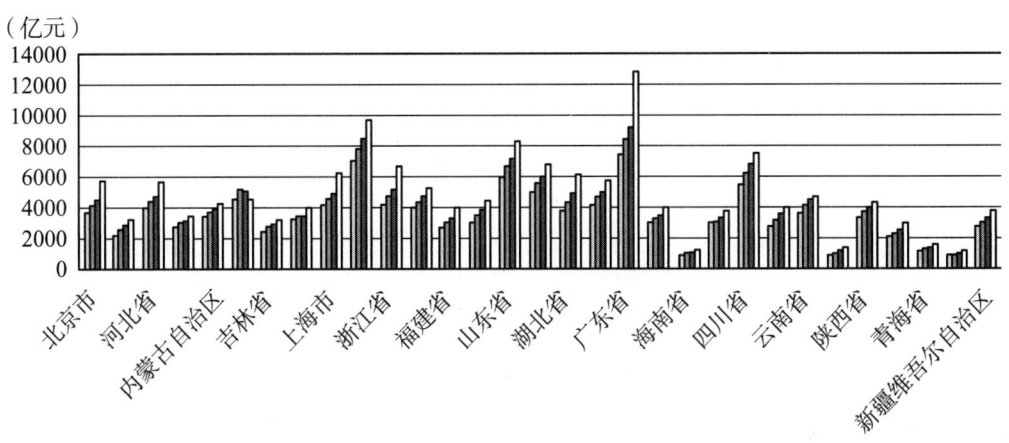

图 8　各地区一般公共预算支出情况

注：此处地方一般公共预算支出均为本级支出。
资料来源：国家统计局。

当然，对于地方政府财政的评价不能简单根据地方政府的各项预算收入和支出规模进行比较，还需要评价各地区预算的稳定性、平衡性、支出刚性、对上级转移收入的依赖性等结构方面差异。

财政收入的稳定性，可以通过税收占一般公共预算收入的比重衡量，一般认为占比越高稳定性越高。财政收支的平衡性，也称财政自给率，是指地方财政一般公共预算收入与地方财政一般公共预算支出的比值，经济发展程度较高地区自给率较高。目前我国各省、直辖市、自治区的财政稳定性与财政自给率如图 9 所示。

此外，还可以通过刚性支出占一般公共预算本级支出的比重衡量财政灵活性。刚性支出 = 一般公共服务支出 + 公共安全支出 + 教育支出 + 社会保障与就业支出 + 医疗卫生与计划生育支出，刚性支出占比越低，地方政府的财政支出可调节性越大。而财政收入对上级转移收入的依赖性，用转移收入占一般公共预算本级收入和转移收入之和的比重衡量，上级转移收入＝返还性收入＋一般性转移支付收入＋专项转移支付收入，对上级转移收入依赖性越高，意味着地区自身经济发展程度越低。2015年，我国各地区财政刚性支出占比以及上级转移收入的情况如图10和图11所示。

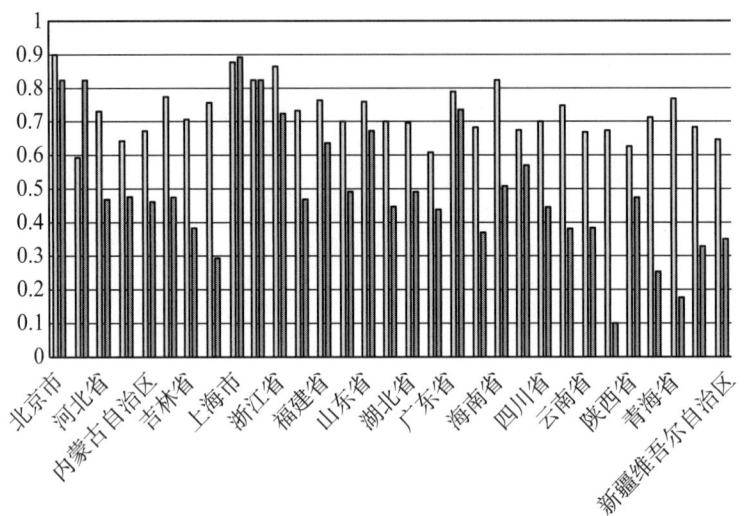

图9　2015年各地财政稳定性、财政自给率

注：一般公共预算收入为本级收入，一般公共预算支出为本级支出。
资料来源：国家统计局。

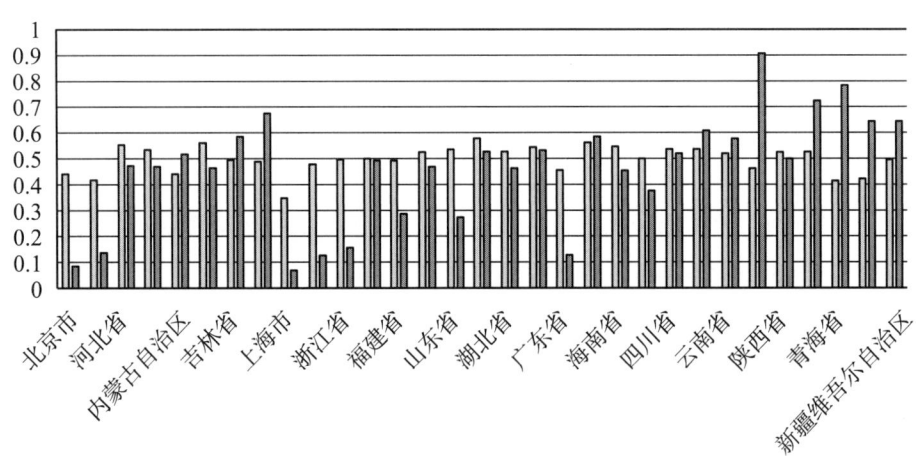

图10　2015年各地财政支出刚性和对上级转移收入的依赖度

注：此处一般预算收入为一般公共预算本级收入，一般预算支出为一般公共预算本级收入。
资料来源：财政部，国家统计局。

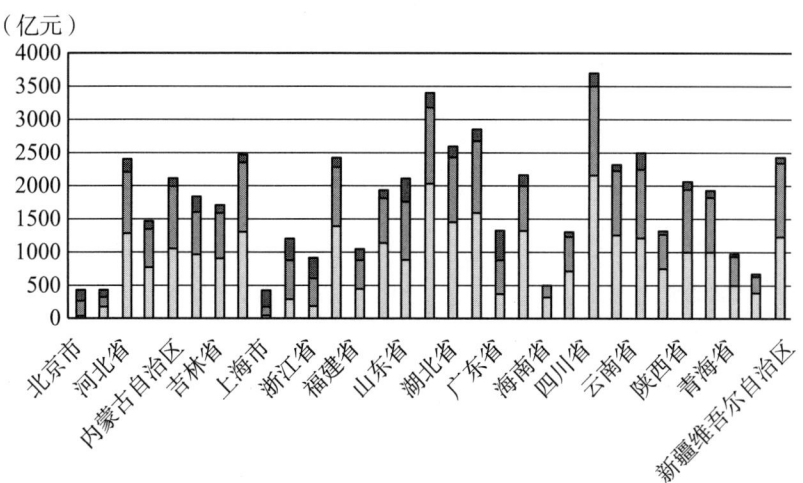

□ 中央对地方一般性转移支付　■ 中央对地方专项转移支付　■ 中央对地方税收返还

图 11　2015 年中央对地方转移收入情况

资料来源：财政部。

结合历史数据来看，各省、直辖市、自治区的本级财政收入与本级财政支出比值之变化也给出了地区经济情况和财政稳定性的重要参考依据，我们对各省收入与支出比进行全面分析后，得出情况如表 1 所示。

表 1　　　　　　　　　　全国各地区财政稳定性情况

财政收入与财政支出比值区间	地区	2015 年财政收入与财政支出之比（%）	趋势
80%～100%	北京市	82	基本稳定
	天津市	83	具有缓步上升趋势
	上海市	89	波动明显，高位震荡
	江苏省	83	完全平稳
60%～80%	浙江省	72	此前稳定于上一区间
	福建省	64	基本稳定于此区间
	山东省	67	波动明显，有下行趋势
	广东省	73	2015 年相对跌幅过大
40%～60%	河北省	47	基本稳定于此区间
	山西省	48	2015 年相对跌幅过大
	内蒙古自治区	46	基本稳定于此区间
	辽宁省	47	持续下行趋势明显
	安徽省	47	基本稳定于此区间

续表

财政收入与财政支出比值区间	地区	2015年财政收入与财政支出之比（%）	趋势
40%~60%	江西省	49	稳中有缓步上升趋势
	河南省	44	基本稳定于此区间
	湖北省	49	稳中有缓步上升趋势
	湖南省	44	完全平稳
	海南省	51	稳中有缓步上升趋势
	重庆市	57	基本稳定于此区间
	四川省	45	完全平稳
	陕西省	47	完全平稳
20%~40%	吉林省	38	此前稳定于上一区间
	黑龙江省	29	持续下行趋势明显
	广西壮族自治区	37	基本稳定于此区间
	贵州省	38	完全平稳
	云南省	38	完全平稳
	甘肃省	25	完全平稳
	宁夏回族自治区	33	稳中有缓步上升趋势
	新疆维吾尔自治区	35	基本稳定于此区间
10%~20%	西藏自治区	10	具有明显上升趋势
	青海省	18	基本稳定于此区间

资料来源：国家统计局。

为配合国家高速发展的需要，财政收入低于财政支出是必然现象。不过，目前我国发达地区的财政收入除了本级财政收入以外，未纳入国家统计局统计口径财政预算收入的还有地方政府各项投资收入、地方政府性基金收入等，所以对财政收入与财政支出的差额具有较好的原生性手段加以弥补；而欠发达地区，则需要借由中央财政转移支付来应对收支差额的部分。虽然全国范围内各省的财政策略已基本达到平衡（经我们测算，我国各省、直辖市、自治区历年本级财政收入与本级财政支出的相关性皆达到0.98以上）。但是地区间的发展速率差异却日渐显著，发达地区经济发展手段愈显多样化，而欠发达地区仅能从发达地区的高速发展中按比例获取一定额度的财政转移支付补贴，且如果一旦出现经济明显下行，发达地区将会把有限的经济活动收益更多地投放于本区域的产业内以维持经济稳定，中央在财政资金调配的过程中自然会遇到些许障碍，欠发达地区不免会出现难以应对基本财政支出的处境，故而要实现真正的财政稳定，欠发达地区还需迅速调整经济发展结构，以更快地提升自身造血能力。

（三）地区债务情况

地方政府性债务在地区经济和社会发展、加快基础设施建设和改善民生等方面发挥了重要作用，但是过重的债务负担将制约地区未来发展，并带来各种风险。

政府性债务包括政府负有偿还责任的债务，以及债务人出现债务偿还困难时，政府需履行担保责任的债务和债务人出现债务偿还困难时，政府可能承担一定救助责任的债务。政府负有偿还责任的债务是指需由财政资金偿还的债务，属政府债务；政府负有担保责任的债务是指由政府提供担保，当某个被担保人无力偿还时，政府需承担连带责任的债务；政府可能承担一定救助责任的债务是指政府不负有法律偿还责任，但当债务人出现偿债困难时，政府可能需给予一定救助的债务。后两类债务均应由债务人以自身收入偿还，正常情况下无须政府承担偿债责任，属政府或有债务。下文统计政府债务余额数据均为政府负有偿还责任的债务的余额（见图12）。

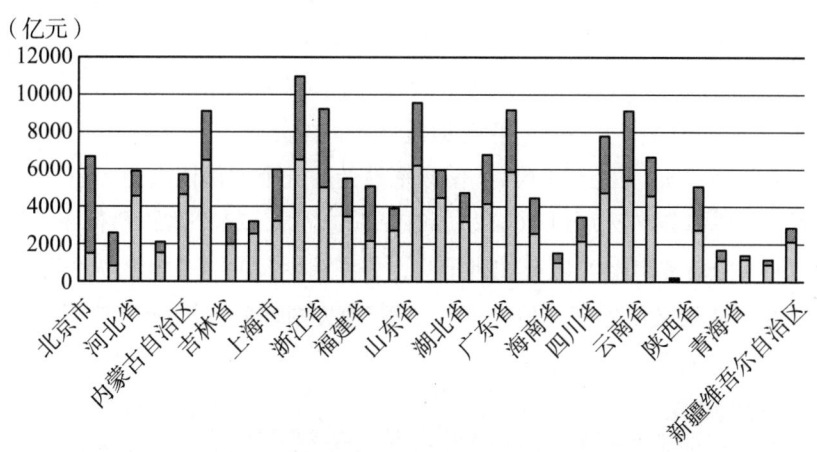

图 12　2015 年地方政府债务限额

资料来源：财政部。

根据财政部《2015 年全国财政决算》，2015 年末地方政府一般债务余额为 99272.40 亿元，其中，地方政府一般债券余额为 38515.90 亿元，其他地方政府一般债务（地方政府一般债务中银行贷款等非政府债券形式的债务）余额为 60756.50 亿元；2015 年末地方政府专项债务余额为 60801.90 亿元，其中，地方政府专项债券余额为 9743.40 亿元，其他地方政府专项债务（地方政府专项债务中银行贷款等非政府债券形式的债务）余额为 51058.5 亿元。故 2015 年地方政府债务余额总计约为 16 万亿元（见图 13）。

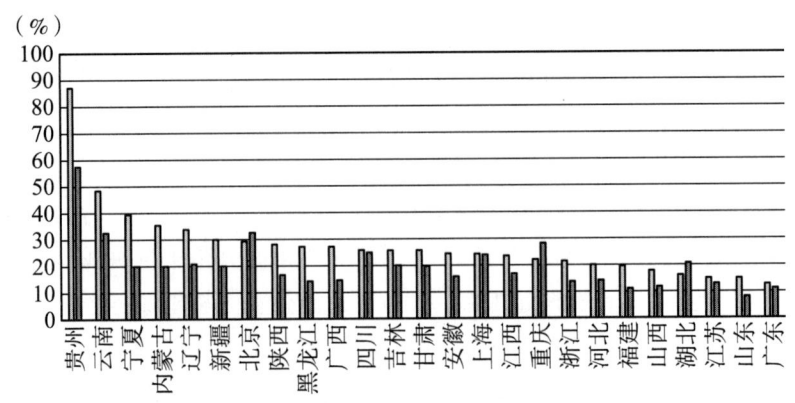

图 13　各地地方政府的债务负担率

注：政府债务余额为政府负有偿还责任的债务余额。
资料来源：Wind。

截至 2012 年底，全国政府负有偿还责任的债务余额与当年 GDP 的比率为 36.74%。截至 2015 年末，纳入预算管理的中央政府债务达到 10.66 万亿元，地方政府债务 16 万亿元，合计政府债务 26.66 万亿元，占 GDP 比重为 39.4%。

从 2015 年政府负有偿还责任的债务余额与当年 GDP 的比例（即负债率）来看，贵州负债率最高，达到 87%，比 2013 年增加近 30 个百分点，其次为云南 48.3%、宁夏 39.1%、内蒙古 35.2%、辽宁 33.6%。债务率最低的五个省份依次为广东、山东、江苏、湖北和山西，平均债务率仅为 14.70%。从负债率变动看，28 个省市负债率上升，仅有重庆、湖北和北京的债务率比 2013 年出现下降，分别减少 6.3、4.9 和 3.7 个百分点。

而后，我们从狭义债务率（地方债务余额/地方财政收入）和广义债务率（地方债务余额/(地方公共财政收入 + 中央对地方返还及补助 + 政府性基金收入)）来衡量地方偿债能力（见图 14）。

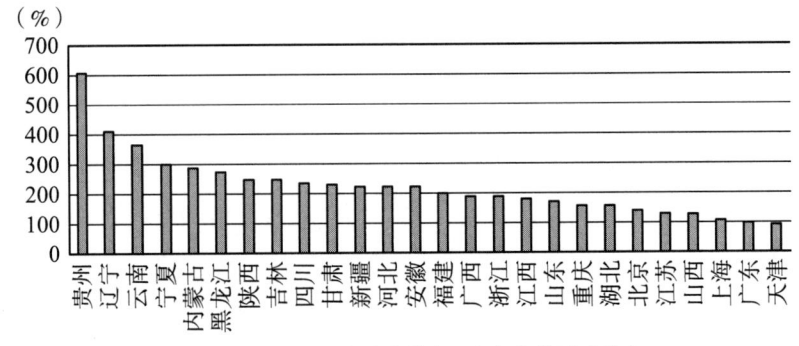

图 14　2015 年地方政府债务/地方公共财政收入

资料来源：Wind，地方财政收入即一般公共预算本级收入。

从地方债务余额/地方财政收入来看，2015 年比例前五名分别为贵州 608%、辽宁 410%、云南 367%、宁夏 305%、内蒙古 289%，贵州省债务负担率远超其他省市；债务承担率最低的五个省市为天津 97%、广东 98%、上海 109%、山西 129% 和江苏 131%，平均债务率仅为 113%。

从地方债务余额/（地方公共财政收入 + 中央对地方返还及补助 + 政府性基金收入）看，2015 年，贵州（202%）、云南（183%）、辽宁（154%）、内蒙古（131%）、陕西（129%）债务率最高；债务率最低的五个省市依次为重庆 59%、山西 62%、广东 63%、北京 66%、甘肃 68%（见图 15）。

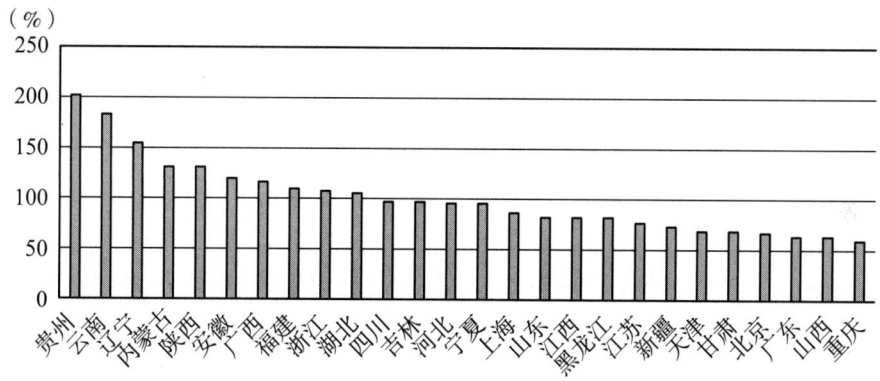

图 15　2015 年地方政府债务余额/（财政收入 + 中央转移 + 政府性基金）
资料来源：Wind。

（四）地区相对风险等级与风险防范措施建议

在此前有关银行参与 PPP 模式的报告中我们曾总结道：银行参与 PPP 项目重点支持经济发展水平较高、政府负债水平低、信用履约记录良好、金融生态环境良好、市场发育程度高的地区。同时还需满足 PPP 项目所在县（县级市）、市辖区、国家级园区（有独立财政）政府上年度一般财政预算收入与 GDP 收入在一定金额以上的门槛（通常大型商业银行会要求政府上年度一般财政预算收入超过 20 亿元且 GDP 收入在 200 亿元以上）。所以，在评价一个地区合理的相对风险等级时需要将客观数据和主观层面，对该地区的经济、产业、金融、市场发展认同度结合起来，即现实判断和趋势判断相结合。

基于本研究所提出的地区经济状况、地区财政情况、地区债务情况三大评价因素，以及相应的各项指标，经过与诸位行业专家深入讨论及将各地区实际情况进行总结对比（表 2），我们认为我国各地区的信用等级可基本按以下梯度划分。

表 2   地方融资成本主要影响因素以及具体指标汇总

因素	具体指标
地区经济状况	GDP 总量、GDP 增长速度、各行业增加值、人均生产总值、固定资产投资情况等
地区财政情况	预算收入、预算支出、预算稳定性等
地区债务情况	政府债务余额、负债率、债务率等

1. 信用级别最高地区（A）。GDP 与人均 GDP 综合位于高位，地方高附加值服务业占比最高，且财政收入与财政支出比高位稳定，地方债务位于合理区间的地区。

这类地区经济表现优越且人民生活较为富裕；已发展出了高附加值的服务业为主导的经济模式，且各行业经济增长对于固定资产投资依赖度较低；地方财政收入表现突出，并且本级财政收入相对本级财政支出占比较高；地方债务位于全国均值区间，且预计省级政府不会出现政府债务违约。目前，我国符合该条件的地区主要是北京市、天津市、上海市、江苏省、浙江省、广东省。

2. 信用级别较高地区（B）。GDP 与人均 GDP 综合位于高位，地方服务业占比较高，但工业依然是重要支柱，财政收入与财政支出比中高位稳定，地方债务位于合理区间的地区。

从全国范围来看，这类地区的 GDP 与人均 GDP 综合表现位于前列，且地区服务业发展态势良好；财政收入与财政支出之比较高；地区内有极大的产业机遇将进一步提升地方经济与财政收入；地方债务位于全国均值区间，且预计省级政府不会出现政府债务违约。

3. 信用级别中等地区（C）。GDP 与人均 GDP 综合位于中等区间，地区区位优势明显，财政收入与财政支出之比位于平均区间，地方债务位于全国均值区间，且预计不易出现政府债务违约。

这类地区可能经济整体表现不算突出，但通常位于国内与全球市场重要战略发展位置，以中部地区居多；财政收入与财政支出之比处于全国平均水平；地方债务位于全国平均区间，且预计省级地方政府不会轻易违约。

4. 信用级别一般地区（D）。GDP 与人均 GDP 综合表现不突出，地区位于国家下一阶段重点发展区域周边，区域内仍以重工业为主要支柱产业，财政收入与财政支出之比位于平均区间或略低，有政府债务违约可能性。

这类地区经济整体情况位于全国中等区间，但是与国家重要经济区域（京津冀）相邻，财政收入与财政支出之比处于全国平均水平；地方债务位于全国平均区间，但因国家产业调整，可能会出现省级政府地方债务违约的可能性。

5. 较高信用风险地区（E）。GDP 与人均 GDP 综合表现偏差，地方无经济热点，区域内仍以粗放型重工业或农业为主要支柱产业，财政收入与财政支出之比位于全国平均线以下，政府债务违约可能性较高，地方政务管理模式相对落后或存在各类不实现象。

这类地区经济整体情况明显落后于国家平均水平，且缺乏新环境所需的经济基础，财政收入与财政支出之比低于40%；地方债务问题严重；区域内债务违约风险较高，在经济下行的大环境下极易出现资金链断裂。此外，这些地区往往存在财政数据与经济数据不实的现象，所以投资方应尽量选择省会、地级市市区进入。

6. 极高风险地区（F）。GDP与人均GDP综合表现极差，地方无经济热点，区域内以农业与农业服务业为主要支柱产业，财政收入与财政支出之比位于全国最低水平，部分地区区域内已出现政府违约现象。地区发展完全依赖于中央财政转移支付。

这类地区经济整体情况极差，除省会城市外，地区内基本没有经济活跃地区，财政收入与财政支出之比低于30%，或地方债务问题极其严重；区域内债务违约风险极高，或已出现恶意违约；部分地区在经济环境走差时或将会成为引发金融风险的导火索。投资方介入此类地区以参与国家级、省级（同级）大型项目为主，不建议参与与地方支柱产业无关的项目。

以上六个梯度，信用等级越高，基础设施建设和公共服务项目的相对融资成本就越低，而较高风险的地区自然则需要提高风险补偿额度。当然本研究主要针对省级地区进行分析，具体在操作项目时还是需要针对地方财政与经济情况确定风险与相应投融资成本——风险等级越大的地区，投资方应要求更高的风险补偿，即提升投资回报率。且须知，地区相对信用等级越高对应的违约成本就越高，即信用等级高的地区为稳固自身在大区域内的相对竞争力，不会轻易对外来投资者进行违约，进而在该地区投资的安全性也会较好。

此外，基础设施建设和公共服务项目的投资还需要充分考虑地区"适度发展"与"过度发展"问题——这是针对地方政府主观意愿所做的风险判断，即如果地方政府意在设立容量远超于地区产业发展和城市生活需求的基建与公共服务项目，那便是犯了过度发展的错误。我国在发展过程中，一直存在地方政府之间的经济增长指标竞争导致对公用基础设施过度投资的现象。根据历史经验来看，基础设施和公共服务项目的建设投资乘数效应强，对经济增长具有较强的拉动作用，特别是在经济低迷时，是用于刺激经济增长的重要方式。世界银行（1994）曾经指出，基础设施存量每增加1%，GDP就会增长1%，故而基础设施和公共服务投资对GDP增长和城镇化水平具有显著推动作用。但诸多学术研究表明，我国基础设施和公共服务存在一定的投资过剩且投资效率下降，目前多省已出现固定资产投资额超过GDP，即固定资产投资和资产形成总额出现巨大落差的现象。由于基础设施建设具有建设周期长、投资需求大且收益不可预测等特点，大规模的过度超前建设会导致地方政府财政危机。所以在投资的过程中，也需要密切关注地方政府是否有过度发展的倾向，若有，则需要提高项目融资成本，以补偿地方或将出现的因资金周转问题而导致的还款延期。

四、PPP 项目投资风险分析

如前文所述，金融机构等资金方投资基础设施建设与公共服务项目，首先关注地区信用，其次便是项目本身的风险和建设方、运营方本身的风险，整体而言，这三个体系构成了风控调研的全部工作。但从项目风险控制的角度看，因政府信用所产生的风险以及建设方、运营方本身的风险实际上为项目风险的一部分。不过，此处将以金融机构的评价视角，首先通过理论结合实践的方式对 PPP 项目风险进行分析，而后将通过风险发生机制以及风险应对策略的预计执行效力综合评估各风险对投资方的影响。

（一）PPP 项目的投资风险

通过文献研究，我们可以看到目前针对 PPP 项目风险的研究，在工程管理、项目管理、项目投融资研究领域已有了许多成果，但当前看来，研究界已趋向于将 PPP 项目风险和 PPP 项目投资风险分别对待——前者主要从项目管理角度出发，针对于 PPP 项目全生命周期的项目风险进行全面研究；后者主要从基建与公共服务项目投融资的角度出发，以实证研究为主，总结出适合于项目投融资风险评价体系的风险因素。针对 PPP 项目投资风险，目前行业内的一般共识是：PPP 投资需关注前期风险、政治风险、金融风险、不可抗力风险、信用风险、完工风险、运营风险、技术风险、市场风险、环保风险等；且项目整体风险发生概率呈现建设期由低到高，试运营期由高到低，到正式运营期相对平稳的走势——如图 16 所示。

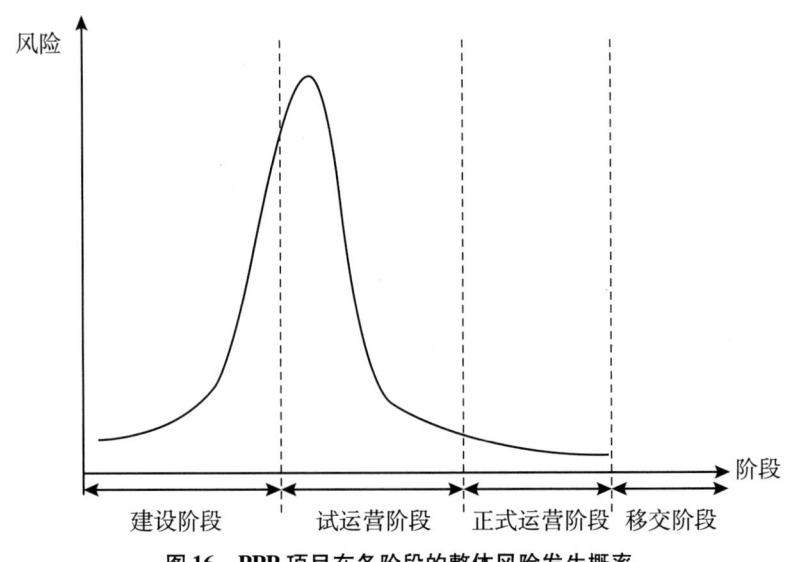

图 16　PPP 项目在各阶段的整体风险发生概率

我们将市场内主要观点进行总结，结合银行等机构在风控工作中的侧重点，综合归纳了 PPP 项目投资风险，如表 3 所示。

表 3　　　　　　　　　　　PPP 项目投资风险因素汇总

系统性风险	政治风险	政策风险
		法律风险
		国际关系变化
	金融风险	利率风险
		汇率风险
		通货膨胀风险
	不可抗力风险	地震、台风等自然灾害
		地区战争
非系统性风险	信用风险	政府信用风险
		建设方、运营方信用风险
		其他相关方信用风险
	前期风险	土地获得风险
		地方居民对项目的反对
		与政府不能达成一致意见
	完工风险	延迟完工
		成本超支
		建设绩效考核不达标
		停工
	运营风险	政府超预期干预
		运营成本上升
		维修成本上升
		运营绩效考核不达标
		提前终止
	技术风险	各参与方技术标准不匹配
		人员的技术能力与项目不匹配
		技术更新
	市场风险	市场需求变化
		市场同类竞争者增加
		预期价格与实际价格出现偏差

续表

		施工阶段的废气、扬尘、噪声污染
非系统性风险	环保风险	植物破坏
		大气污染
		污水污染
		土壤污染

此处，系统性风险主要包含政治风险、金融风险与不可抗力风险。针对国内 PPP 项目，政治风险主要包括政策、法律的变更所带来的风险，部分涉及到"一带一路"或是其他国际化进程的项目，或许会因国际关系的变化而产生风险；金融风险包括利率风险、汇率风险、通货膨胀风险以及经济下行风险，因 PPP 项目周期较长，所以当前签订的投资合同中的回报率与未来市场的匹配程度必然存在不确定性，这其中利率风险和通货膨胀风险对国内项目的影响存在必然性，而外资投资项目也需考虑到汇率风险；不可抗力风险一般包括自然灾害类风险和人为灾害类风险，在基本稳定的亚洲局势下，与项目有关的自然灾害是资金方需要重点关注的不可抗力风险。

非系统性风险方面，信用风险被资金方放在了首位，其中，之前充分展开的政府信用风险，和下一节重点讨论的建设方、运营方信用风险是银行等金融机构重点评估的风险要素，这两项风险的匹配度，也是银行介入基建和公共服务项目的前提条件；前期风险是经实践总结出来的重要风险因素，因 PPP 项目涉及参与方较多，所以在项目 PPP 合同签订前，各种不确定因素也较多，如土地的获取问题、项目所在地居民反对问题、社会资本方所提出的条件政府接受与否问题，甚至是拆迁安排问题都可能影响未来项目正常落地，所以资金方也将此作为前期调研的重点工作；完工风险的基本关注点在于建设方在各方因素影响下是否可以在约定成本下，按约定交付标准按时完工，如果建设方不能按时交付合格项目，将会影响绩效评价结果，进而使政府补贴不足额；相比建设方的完工风险，运营方在项目运营期间需要考虑的风险因素会更多，因为运营期限较长，所以除了要按 PPP 合同中的要求达到政府对于项目的运营考核外，还需要考虑运营成本与维护成本上升，以及政府超预期干预等因素；此外，凡是涉及客户使用终端的公共服务项目一般都需要充分考虑技术风险，同时随着计算机技术的日新月异，技术风险发生的概率也在呈放大趋势，十余年的 PPP 项目运营期会经历许多重要技术变革，因此而产生的各相关方硬件技术、软件技术、技术标准的不匹配以及工作人员技能的不匹配都是项目组需要充分考虑并及时解决的问题；在市场风险方面，以往的基础设施建设和公共服务项目往往会对此有所忽略，这也是刺桐大桥、山东中华发电厂等多个 PPP 项目失败的主要原因，但随着经济下行压力的加剧，资金方会将项目运营期间的关注度更多地放在市场中使用者需求的变化，市场上的竞争项目，以及预期价格与实际价格出现偏差，尤其是针对使用者付费和政府补贴的项目；最后，随着我国政府对于绿色发展问题关注度的持续提升，环境风险方面也成为了投资方需要全面警惕的风险要素，需要在施工阶段以及全生命周期其他阶段让建设方、运营方做到严格控制植被、水、大气、土壤以及噪音方面的破坏与污染，以防止不必要的罚款与市场声誉破坏。

从实践角度来看，在系统性风险方面，金融机构在国内项目投资的过程中通常最为关注金融政策和行业政策变化所带来的风险，以及利率预期变化对投资与回款的金额、周期的匹配度；而在非系统性风险方面，金融机构对各个风险因素皆极为关注。之后，我们将基于现有的金融机构的风控策略，探讨PPP项目的主要风险控制策略。

（二）建设方与运营方风险

对建设方与运营方进行履约能力评估是延续银行传统信贷业务的风控方式，在PPP项目中，因为建设方、运营方是项目运转的最重要因素，所以对其风险的合理把握也是降低其他相关项目风险发生概率的重要手段。

首先，除了基本的企业信用风险以外，完工风险和运营风险基本取决于建设方的资质、经验和当前企业健康状况，即企业如果具备与项目建设、运营要求匹配的综合资质，有行业领域内充分的建设、运营经验，懂得如何解决常见风险并有能力应对重要风险事件，同时企业运营状况良好，没有过多的财务问题或是诉讼，可以正常地将合理的资源、人力分配到该项目上，该项目只要不受重大外力干扰，便可以预见项目保质保量正常完工，以及中长期的正常运营。

同时，资质、经验更好的企业对于与政府方及其他各相关方的项目谈判更有经验与筹码，可以最大限度避免项目前期风险的发生。此外，在技术风险和市场风险的处理方面，更有资质和经验的企业也懂得如何快速调用资源并有足够的能力找到前沿的专家去快速解决创新型问题，并且也可以在环保风险等与政府行政管理部门或将产生冲突的风险发生时第一时间调用资源缓释风险的负面效应……故而，可以说，建设方、运营方风险是综合概念，对于资金方而言，投资了对的建设方和运营方，很多风险都可以规避。

（三）PPP项目风险的应对建议

目前，PPP项目投资主要集中在PPP项目合同签订前后并在PPP项目正式施工之前，所以基于市场经验对项目风险进行预判并提出合理的防范措施必不可少。而在项目投资领域，系统性风险的预判主要基于宏观经济的认识程度，而非系统性风险的预判主要基于对行业工作的理解。所以资金方要在前期充分联合宏观经济相关专家以及行业专家以及确定的建设、运营方共同进行项目风险的论证。本研究即按照此模式，在充分研读各研究成果的基础上，结合了经济学界、行业研究界观点和本人的研究，结合市场中实践成果，为PPP项目风险给出了如下防范措施，并基于风险应对策略的预计执行效力综合评估了各风险对投资方的影响。

1. 政治风险。在国内项目中，政治风险往往是较难应对的一项风险，因为PPP项目目前尚无基本法保护，而PPP项目存续期又比较长，政策与法律的变更往往会对运营中的项目，甚至是还停留在建设期中的项目产生影响，故而只能尽力将政治风险通过合同条款转嫁给付费方，即通过设置指数化的条款，让政治风险所产生的项目收益差额通过政府增加补贴或是提高使用者单次付费金额来满足项目公司的正常收益。但是因为目前国内PPP法的详细内容还有着诸多的不确定性，故而风险防范措施的效力较难评估，投资方需要更多地将工作重心放在政治风险发生后的及时应对上。

2. 金融风险。虽然在动荡的金融环境下，金融风险预期的发生概率较大，但是金融机构在该风险的应对方面也具有明显行业特征的方法。如在汇率风险方面，除基于宏观汇率分析选择合适的兑换时机外，境外投资方也会采用远期外汇和外汇期权这两项风险规避工具，且还会与融资方约定"汇率固定"条款，将汇率风险转嫁到融资方身上；而在利率风险方面，利率交换、利率期货套期保值、利率期权交易，以及浮动利率贷款等策略也得到了广泛的应用。不过，整体而言，虽然基于金融工具的金融风险防范措施已有一定的应用经验，但是因存在操作风险，故而还是需要尽量将风险转嫁给项目的付费方，即在合同中以量化的模式约定当金融风险超出一定数值，将上调政府补贴额度或是提高使用者单次付费金额，以充分转移各项金融风险。当然，这涉及到社会资本方与政府的谈判，其是否能如愿达成一致也存在一定不确定性。

3. 不可抗力风险。通常不可抗力风险事件往往较难准确预期何时发生，但是一旦发生往往会令项目损失惨重，以造成建设、运营方因补救需要追加项目的建设、运营成本。目前，该风险的应对措施有项目保险，即有形损坏和收入损失保险（主要缓解措施）；此外，政府方还可以通过降低绩效评价标准，以帮助建设、运营方缓释资金压力；在不可抗力事件影响减少社会资本方收入的时候，政府方也可以在特许经营费等方面对项目公司进行减免。从实际情况来看，各参与方对于不可抗力风险的归因和理解都趋于一致，同时各项目风险应对措施的操作模式相对简单，这也使得不可抗力风险的解决可以比较高效。但是也需要注意谈判策略，才能使风险应对措施的效力合理发挥。

4. 信用风险。信用风险主要是政府信用风险和建设、运营方信用风险，其分析方式在之前已有详细介绍。策略上看，信用风险以规避为主，即不参与投资信用明显低于自身风险容忍度的地区和企业。目前基于信用的投资评估体系已趋于成熟，只要按市场通行方式正常实施避险策略，则资金方的利益便可得到保障。

5. 前期风险。因各项前期风险是项目进入实施阶段的先决条件，所以资金方需要在其他社会资本方提供调研材料的基础上，独立对各风险因素进行细致调研，以避免社会资本方为推进项目隐瞒风险而对资金方造成损失。策略上还是需要强制要求社会资本方与政府方先给出预期的结果，而后再评估是否参与项目，以全面杜绝因前期准备不到位导致项目夭折而带来的时间与资源的损失。

6. 完工风险。完工风险的发生通常主要归因于建设公司项目管理的失职,当然对项目影响严重的政策风险、不可抗力风险也会导致完工风险的发生。所以参与投资有经验的社会资本方中标的 PPP 项目是最大程度保证完工风险不对资金回款产生影响的前提。同时,资金方也需要明确设计、建设过程中的定期进度、质量检查的期限和流程,以适时对建设过程进行监督管理,并应该明确延误事件发生后的应对方案。当然,除此之外,还可以通过一定的法律技术手段,建立多层次完工风险防御体系,比如确保项目合同中为所有关键阶段制定充分的浮动期,或是通过采购合同中的时间节点的强制约定将风险分配给适合的分包商,以缓解风险,并充分保证完工风险发生时避免对绩效评价或是造成其他直接损失。

7. 运营风险。运营风险的影响因素相对较为复杂,除了运营方的能力以外,政府对市场的超预期干预以及市场需求和技术要求的变化都会直接导致运营风险的发生。运营风险最终会以运营成本超支体现出来,对于资金方而言,其有效解决方式在 PPP 合同中以量化的模式约定当使用者下降超出一定数值,或是技术更新费用超出一定数额,或是其他运营影响因素超出一定安全阈值,将上调政府补贴额度或是提高使用者单次付费金额,以充分转移风险给付费方。同时,因运营期时间更长,故相比建设期而言,运营期具有更高的提前终止的风险,但若非市场因素导致,而是因政府要求而意外终止,则资金方需要在 PPP 合同制定阶段就明确要求该情况下应由政府方补偿投资损失。不过旷日持久的运营期必然无法避免所有负面影响因素,所以具有综合属性的运营风险,或许是 PPP 投资风险中发生概率最高的。

8. 技术风险。技术风险的发生通常一是因为市场技术更新得太快而导致了项目技术落后,二是因为建设、运营方本身对于标准统一、人员培训做的不到位而导致的技术能力不对称。无论发生在建设期还是运营期,技术风险发生后势必需要追加投入以进行"纠偏"。当然,技术风险可以通过在 PPP 合同中以量化的模式约定当技术更新费用超出一定数额,将上调政府补贴额度或是提高使用者单次付费金额,以充分转移风险给付费方。但如果技术风险不是市场行为导致而是因为建设、运营方本身的疏漏,那付费方对其承担的意愿也会较差。所以技术风险有效规避的前提依然是和具有良好资质和项目经验的社会资本方进行合作。

9. 市场风险。因为当前国内的 PPP 项目不太注重商业模式的设计,所以除了具有垄断性经营属性的 PPP 项目,其他类型项目市场风险的发生无疑有着必然性。目前因经济环境变化、市场同类竞争者增加而导致的市场需求变化,以及市场真实价格接受度不及预期等原因而导致的项目收入不足,都毋庸置疑地会而给资方带来伤害。长期来看,随着 PPP 项目信息披露机制的完善以及国家对地方城镇化考核标准的提升,地方在提供项目就需要做好更为全面的论证以及更为成熟的商业模式设计,以做到真正的物有所值,进而避免市场风险的"随意发生"。但短期来看,市场风险的规避似乎没有较好的策略。仅能在PPP合同中以量化的模式约定当使用者下降超出一定数值，将上调政府补贴额度或是提高使用者单次付费金额，以充分转移风险给付费方，但在这过程中与各管理部门的协商会存在不确定性。

10. 环保风险。随着我国绿色发展战略的全面实行，环保风险的发生概率也随之加大，因触发环境风险将会引起道德风险，故而一般建议应对环境风险的方法还是要强制要求建设、运营相关单位严格依据当地环保标准执行建设、运营期的相关工作。对于因建设、运营方工作失职造成环保问题所遭受或产生的损害、费用、损失需由建设方、运营方完全承担；不可抗力之下产生的环保风险将依据不可抗力的防范措施解决。目前环保风险的处理方式各方已有基本共识，风险整体发生概率正在逐步减小。

当然，以上所述的各项风险防范措施的执行都需要投资方说服建设方、运营方与政府方深入沟通，并达成一致结果，因而建设、运营方与地方政府的关系以及自身的"筹码"也是资金方预判各项风险最终发生概率和影响的前置条件。这再一次说明了，金融机构将建设、运营方作为风控重点是基于众多项目操作经验的结果，且有着极为关键的现实意义。

五、总结

综上所述，基于投资方视角的PPP项目风险评估体系主要有三大部分构成，即地方政府信用风险、建设方与运营方风险，以及其他项目风险。其中，因地方政府信用风险短期改变的可能性最小，且在现行政策法规框架下基本没有辅助增信措施，故而，若资金方评估得出地方政府信用等级低于资金方风险容忍度，则最好不要参与该地区PPP项目。而应对其他风险则可以通过要求以联合体的形式提升建设方、运营方的综合能力，或是寻求法律专家的帮助在PPP合同中植入相应的风险缓释条款以帮助资金方可以顺利获得足额回款。

针对行业特定风险，可寻找财政部、发改委PPP专家库中的行业专家，以及其他行业管理部门的专家予以全程支持，在投融资、金融工具等金融事务方面，也可咨询相应金融专家的意见。在资金回款操作方面，金融机构可通过设立监管账户来控制回款资金流向，让项目公司在获得政府补贴后优先偿还资金方的投资。以整体提升资金方投资的安全性。

最后，还需要说明的是，针对PPP项目综合性最强的风险——运营风险，仅能通过商业模式的创新设计并开启PPP项目市场化闸门才能最大程度唤起社会资本方解决问题的积极性，进而才能从根本上解决风险责任归属的问题。当然，对于资金方而言，也需有先见之明，与行业专家多多探讨PPP项目商业化模型，在项目市场化推进的过程中慧眼识珠，以找到真正有投资价值和社会价值的PPP项目。

参考文献

1. 财政部政府和社会资本合作中心：《PPP 模式融资问题研究》，经济科学出版社 2017 年版。

2. 柯永建、王守清：《特许经营项目融资（PPP）——风险分担管理》，清华大学出版社 2011 年版。

3. 卢赓：《高速公路 BOT 建设项目风险分析与评价研究》，北京工业大学硕士学位论文，2009 年。

4. 全球基础设施中心：《政府和社会资本合作合同风险分配》，经济科学出版社 2016 年版。

5. 亓霞、柯永建、王守清：《基于案例的中国 PPP 项目的主要风险因素分析》，载于《项目管理》，2009 年第 5 期。

6. 王盼盼：《基础设施 PPP 项目风险控制机制设计》，南京财经大学硕士学位论文，2011 年。

7. 中华人民共和国国家统计局：《中国统计年鉴 2015》，中国统计出版社 2016 年版。

PPP 项目社会资本选择若干问题再议

叶继涛*

> **摘　要:** 如何公平、公正、公开地选择社会资本,是政府和社会资本合作的重要环节,对促进社会资本公平竞争、政企长期平等履约、公众有序参与监督、降低投资建设成本和提高公共产品供给质量,都具有十分重要的意义。近年来,国内 PPP 热兴起,从中央到地方都高度重视,PPP 项目的储备与落地数量前所未有。然而,这其中也出现了一些新情况、新问题,特别是在社会资本选择及是否需要招标上,有着不少争议,也存在不少问题亟待规范。为此,本文从分析社会资本选择的法律依据、选择方式等问题入手,着重论述了社会资本与施工企业选择"两标并一标"、"两标变0标"存在的问题,并从依法行政、规范操作的角度,提出了对策建议。
>
> **关键词:** 政府和社会资本合作　特许经营　招标投标　政府采购

2014 年以来,国内 PPP 突飞猛进,地方政府推出了海量的 PPP 项目。据估计,仅财政部、发改委两库的 PPP 项目的投资总需求就超过了 20 万亿元,这还不包括各地未进入国家 PPP 项目库的项目。财政部 PPP 中心的统计季报显示,2 年多来,PPP 已签约落地项目 1729 个,投资额 2.9 万亿元,覆盖除天津、西藏以外的 29 个省(自治区、直辖市)及新疆兵团和 19 个领域,落地率 34.5%。应该说,国内新一轮 PPP 成效非常显著,但与此同时,也存在一些问题亟待规范,主要是社会资本的选择方式与后续施工是否需要招标的问题,没有明确的说法,各地的做法也不一样,容易引起混乱,不利于 PPP 项目的顺利实施。

一、社会资本选择的法律依据问题

国内 PPP 还没有一部专门的法律来规范。2004 年住建部出台的《市政公用事业特许经营管理办法》、2015 年 6 部委印发的《基础设施和公用事业特许经营管理办法》(25 号令)均未提及其制定的上位法依据。国家发改委 2014 年 2724 号文《关于开展政

---

* 叶继涛:上海弘鲲商务咨询有限公司;地址:上海市普陀区宁夏路 201 号 17 楼 B 座;邮编:200061。

府和社会资本合作的指导意见》明确社会资本选择的法律依据为《招标投标法》、《政府采购法》。财政部出台的PPP相关文件,包括《政府和社会资本合作项目政府采购管理办法》(财库〔2014〕215号)、《政府和社会资本合作模式操作指南》(财金〔2014〕113号),均明确其上位法依据为《政府采购法》等。那么,社会资本选择到底适用于哪一部法律,是《招标投标法》还是《政府采购法》,还得从两部法律的适用范围说起。

(一)《招标投标法》的适用范围

《招标投标法》第三条规定,在中华人民共和国境内进行下列工程建设项目包括项目的勘察、设计、施工、监理以及与工程建设有关的重要设备、材料等的采购,必须进行招标,包括:(1)大型基础设施、公用事业等关系社会公共利益、公众安全的项目;(2)全部或者部分使用国有资金投资或者国家融资的项目;(3)使用国际组织或者外国政府贷款、援助资金的项目。同时还明确《招标投标法》第三条所称工程建设项目,是指工程以及与工程建设有关的货物、服务。《工程建设项目招标范围和规模标准规定》,对须进行招标的工程建设项目的具体范围和规模标准做出了规定。

(二)《政府采购法》的适用范围

《政府采购法》第二条明确,政府采购是指各级国家机关、事业单位和团体组织,使用财政性资金采购依法制定的集中采购目录以内的或者采购限额标准以上的货物、工程和服务的行为。《政府采购法实施条例》明确,政府采购法第二条所称财政性资金是指纳入预算管理的资金,以财政性资金作为还款来源的借贷资金,视同财政性资金。同时还明确,政府采购工程以及与工程建设有关的货物、服务,采用招标方式采购的,适用《招标投标法》及其实施条例;采用其他方式采购的,适用政府采购法及其实施条例。

(三)两部法规适用范围比较

从上述两部法律的适用范围看,《招标投标法》及其实施条例主要是适用于与工程相关的勘察、设计、施工、监理以及与工程建设有关的重要设备、材料等的采购,既包括使用财政性资金、国有资金建设的工程(货物和服务),还包括民营企业建设的工程(例商品住宅、经济适用住房等)。而《政府采购法》及其实施条例则主要适用于国家机关、事业单位和团体组织,使用财政性资金(包括财政性资金作为还款来源的借贷资金)采购工程、货物或服务。因此,在工程领域及其相关的货物、服务,招标投标法的适用范围更大一些;而在非工程领域及其相关的货物、服务的选择,使用财政性资金的,则适用于政府采购法。

（四）社会资本选择的法律依据再议

说到社会资本选择的法律依据首先要看它具有哪些特性。第一，社会资本选择不是招商。过去很多地方以招商的方式来选择基础设施特许经营者，这种做法有很多不良后果，包括政府优惠、承诺过多而没法兑现，社会资本获得暴利等。实际上二者有着本质区别，前者是强调相互选择，共担风险，后者则是强调政策优惠。第二，社会资本选择既不是选择工程施工，也不是选择与工程相关的货物或服务，更不是政府采购。而是政府选择一个投资运营主体为合作伙伴，承担原本由政府或政府平台公司负责的基础设施和公共服务的投资、建设和运营。第三，社会资本选择不是简单的融资方案选择，也不是用财政性资金还款的资金借贷。PPP不仅要解决基础设施融资问题，也是公共服务和产品供给侧改革的重要内容。因此，即使是政府付费的PPP，也不能将其看作财政性资金作为还款来源的资金借贷关系。综上所述，不管社会资本的投资回报是否为政府付费，很显然社会资本的选择不在《招标投标法》的适用范围内，也不在《政府采购法》的适用范围内。

不过，在没有上位法明确的情况下，政府部门规章也可以明确社会资本的选择方式。比如2015年6部委的25号令可以明确，即可以通过招标、竞争性谈判等竞争方式选择社会资本（特许经营者）。

二、社会资本的选择方式问题

2015年6部委25号令明确通过招标、竞争性谈判等竞争方式选择特许经营者。国家发改委2014年2724号文明确，通过公开招标、邀请招标、竞争性谈判等多种方式，公平择优选择具有相应管理经验、专业能力、融资实力以及信用状况良好的社会资本作为合作伙伴。财政部2014年113号文明确社会资本的选择方式包括公开招标、竞争性谈判、邀请招标、竞争性磋商和单一来源采购等。尽管相关文件对社会资本选择方式的规定有所不同，但总结起来无非是两种，一种是招标方式，另一种是非招标方式。

为什么要将社会资本的选择方式分为招标和非招标两种呢？这与下文的"两标并一标"问题密切相关。那么，哪些属于招标方式，哪些属于非招标方式。《招标投标法》明确招标包括公开招标和邀请招标两种方式。财政部2013年74号令《政府采购非招标采购方式管理办法》规定，非招标采购方式主要是指竞争性谈判、单一来源采购和询价采购方式。因此按照上面两部法律和规章，公开招标、邀请招标属于招标方式；竞争性谈判、竞争性磋商、询价采购和单一来源采购等，则属于非招标方式。

三、如何理解招标投标法实施条例"两标并一标"规定

《招标投标法实施条例》第九条规定，除《招标投标法》第六十六条规定的可以不进行招标的特殊情况外，已通过招标方式选定的特许经营项目投资人依法能够自行建设、生产或者提供的，可以不进行招标（俗称"两标并一标"）。如何理解这条规定，还得从《招标投标法》的立法本意说起。招标投标是指在货物、工程和服务的采购行为中，招标人通过事先公布的采购和要求，吸引众多的投标人按照同等条件进行平等竞争，按照规定程序并组织技术、经济和法律等方面专家对众多的投标人进行综合评审，从中择优选定项目的中标人的行为过程，这也是国际惯例。制定招标投标法的目的是为了公平、充分竞争，规范相关方的行为，降低工程造价，提高工程质量，最终是为了以较低的价格获得最优的货物、工程和服务。

《招标投标法》是1999年公布的，那时候基础设施特许经营还在探索中，因此该法中没有关于特许经营的规定。而《招标投标法实施条例》是2011年公布的，此时特许经营已在基础设施中得到了广泛应用。笔者理解，该条例中关于特许经营中"两标并一标"的规定，是为了简化特许经营项目的实施流程，提高实施的效率。但《招标投标实施条例》的"两标并一标"的适用还有几个前提：

一是要通过招标方式选择特许经营者。言外之意，通过非招标方式的则不适用于《招标投标实施条例》第九条的规定，比如通过竞争性谈判、竞争性磋商、询价采购、单一来源采购等，属于非招标方式，如果前期是通过这些方式选择社会资本的，显然不符合该条例的规定。

二是投资人必须是依法能够自行建设、生产或者提供。也就是说，投资者具备相应的施工资质、设计资质或材料（设备）生产资质，且直接投资和建设（即为特许经营项目的业主）。

三是以项目公司作为业主进行投资建设，后续与工程相关的设计、施工和货物采购不能免除招标。如果特许经营者被选中后成立项目公司，由项目公司负责项目的投资建设，笔者认为不管项目公司的母公司是否是通过招标方式选择，也不管它是否具有相应的设计、施工和产品资质，后续的招标均不应该被免除，除非符合《招标投标法》免除招标的其他条件。因为新成立的项目公司，在那么短的时间内不可能具有相应的设计、勘察、施工等资质，因而也不可能具备自行建设、生产或者提供产品的能力，也就是不符合条例第九条规定的要求。

也有专家认为，项目公司的母公司有相应资质和能力，且项目公司的核心团队是母公司选派的，项目公司就有相应的能力。笔者认为，项目公司和其母公司是通过资本控制联系在一起的，但在法律上还是两个公司，母公司具有的资质，子公司不一定就有。

四、社会资本与施工企业选择"两标并一标"、"两标变0标"问题刍议

(一) 当前PPP"两标并一标"、"两标变0标"问题提出

如何选择社会资本,近年来不少地方的做法是,前期通过竞争性磋商等非招标方式选择社会资本,且只要社会资本联合体中有企业具备相应的设计、施工资质,则直接由该施工企业负责施工,不再进行招标。而国家文件对此的规定也不一致。国家发改委2016年2231号文《传统基础设施领域实施政府和社会资本合作项目工作导则》(以下简称2231号文)明确,拟由社会资本方自行承担工程项目勘察、设计、施工、监理以及与工程建设有关的重要设备、材料等采购的,必须按照《招标投标法》的规定,通过招标方式选择社会资本方。财政部2016年90号文《关于在公共服务领域深入推进政府和社会资本合作工作的通知》(以下简称90号文)明确,对于涉及工程建设、设备采购或服务外包的PPP项目,已经依据《政府采购法》选定社会资本合作方的,合作方依法能够自行建设、生产或者提供服务的,按照《招标投标法实施条例》第九条规定,合作方可以不再进行招标。90号文成为地方政府实施"两标并一标"、"两标变0标"的政策依据。

实际上,2231号文拟由社会资本方承担工程项目勘察、设计、施工、监理以及与工程建设有关的重要设备、材料等采购的,在社会资本选择上也可以采用非招标方式,只不过在后续的勘察、设计、施工、监理选择上,需要通过招标方式再选择有资质的企业来承担,包括社会资本自己如果有相关资质,也可以再来参与投标。90号文规定,通过《政府采购法》选定社会资本合作方,并有相应资质和能力的,就可以不再进行招标。实际上《政府采购法》的采购方式包括公开招标、邀请招标等招标方式,也包括竞争性谈判、竞争性磋商、询价采购、单一来源采购等非招标方式。如果通过非招标方式选定社会资本合作方,显然不符合条例第九条的规定。

也就是说,现在很多地方政府通过竞争性磋商(非招标方式)选择社会资本,后续在施工环节也不招标,这实际上是"两标变0标"。如果前面通过公开招标的方式选择社会资本,后续在施工环节不招标,则可以属于"两标并一标"。

(二) PPP"两标并一标"的合理性及存在的问题

从简化PPP实施程序、提高项目落地效率看,PPP"两标并一标"、"两标变0标"的确具有一定的合理性。但从实践看、从依法行政的角度看,PPP"两标并一标"、"两标变0标"还是存在不少问题。

一是刻意规避招投标程序,违背了项目基本建设程序。项目管理及工程建设在国内已经形成了比较好的做法,有些地方觉得PPP社会资本选择本来时间就比较长,后续如

果在施工环节还要再进行招标，会进一步影响项目建设进度。因此有些地方政府认为，只要社会资本本身或其联合体具备相应的施工资质，社会资本获得合作资格后，就不需要再进行招标。但这种做法显然与《招标投标法》相违背，详见前述《招标投标法》的适用范围。

二是造成了社会资本走形式的联合投标。有些社会资本为满足政府的"两标并一标"要求，找一个具有相应施工资质的企业来联合投标，但施工企业实际上在项目公司中不占股份。如果后续项目公司的总包方不是这个联合投标体中的施工企业，则这是明显的资质挂靠，是违规的，如果后续出现了施工事故，追查起来可能就不是小问题。

从《招标投标法实施条例》第九条规定本意看，从依法行政的角度看，各地PPP那些先磋商免除再招标的做法，不是"两标并一标"的，而是连一标都没有，即"两标变0标"。这显然违反了《招标投标法》的有关规定，也违背了PPP所倡导的合法、守法精神，同时还有可能因为竞争不充分而导致PPP项目建设成本偏高、滋生腐败等问题，必须尽快予以纠正。

（三）PPP如何"两标并一标"才合规

PPP的"两标并一标"与《招标投标法实施条例》的"两标并一标"是不是一回事，业界还没有统一认识，因为《招标投标法实施条例》中的"两标并一标"是针对基础设施和公用事业特许经营提出的。这就要明确特许经营跟PPP是什么关系，如果二者不是一回事，那么PPP"两标并一标"就不符合《招标投标法实施条例》的有关规定。

因此，要明确特许经营与PPP的关系，且为直接投资建设。《条例》第九条规定的是特许经营，而没有说PPP。PPP项目要"两标并一标"，必须要有规章文件明确特许经营与PPP是同一事物，且社会资本要直接承担投资建设，而不是成立项目公司。如果是成立新的项目公司负责投资建设，则不论前面是否招标，后面的勘察、设计和施工等均应再进行招标。

五、有关对策建议

实际上，各地的做法也不一致。对《招标投标法实施条例》执行的比较好的地方，无论前面社会资本是否是通过公开招标方式，也不管自身或联合是否具有施工资质，如果是成立项目公司来负责投资和建设的，则在施工环节都以公开招标方式来选择施工企业；如果不成立项目公司，而是直接投资建设的，则施工环节招标免除，这才是真正的"两标并一标"。对《招标投标法实施条例》执行一般的地方，前面社会资本通过公开招标方式确定，只要社会资本或其联合体具备相应的施工资质，组成项目公司后，续施工环节的招标免除。不执行对《招标投标法实施条例》的地方，前面社会资本选择环节不招标，后续施工环节也不招标，实际上是"两标变0标"。

鉴于目前PPP社会资本选择缺乏法律依据，PPP"两标并一标"应用混乱。为规范操作，笔者提出如下建议，供业内参考。

一是建议尽快制定出台PPP领域高阶位法律法规。为PPP社会资本选择及规范操作提供法律依据。

二是建议严格执行《招标投标法实施条例》第九条规定。在该条例没有修改前，政府还是应依法行政。建议要明确特许经营与PPP是同一事物，通过招标方式选定社会资本合作伙伴，社会资本具有相应的资质和能力，且直接投资建设（而不是成立项目公司）的情况下。只有具备这些条件，才具备符合《招标投标法实施条例》第九条规定，才可以实施"两标并一标"。如果不具备这些条件，不管投标联合体是否具有相应的施工资质，则后续设计、施工环节，项目公司作为业主单位，应通过公开招投标选择具有相应资质的企业来承担。

三是建议尽快对相关法律法规的有关内容进行修改。招标投标法及其实施条例、政府采购法及其实施条例的有关内容，有些已不适应PPP发展需要。比如，先磋商再免标的做法尽管不合法，但也有其部分合理性。因此，非常有必要结合各地的新做法、新诉求，对上述法律法规的相关内容进行修改完善，以更好地促进PPP发展。

参考文献

1. 全国PPP综合信息平台项目库第6期季报，财政部PPP中心网站：http://www.cpppc.org/zh/pppjb/5031.jhtml.

2. 《基础设施和公用事业特许经营管理办法》，http://www.ndrc.gov.cn/zcfb/zcfbl/201504/t20150427_689396.html.

3. 《中华人民共和国招标投标法》，http://www.sdjs.gov.cn/art/2013/11/28/art_16_14403.html.

4. 《中华人民共和国政府采购法（2014年修订）》，http://www.sccnt.gov.cn/zcfg/flzcfg/201411/t20141107_16220.html.

5. 《中华人民共和国招标投标法实施条例》，http://www.gov.cn/zwgk/2011-12/29/content_2033184.htm.

6. 《中华人民共和国政府采购法实施条例》，http://www.ccgp.gov.cn/zcfg/mof/201502/t20150227_5029424.htm.

7. 《传统基础设施领域实施政府和社会资本合作项目工作导则》，http://www.ndrc.gov.cn/zcfb/zcfbtz/201610/t20161027_824138.html.

8. 《关于在公共服务领域深入推进政府和社会资本合作工作的通知》，http://jrs.mof.gov.cn/zhengwuxinxi/zhengcefabu/201610/t20161012_2433695.html.

PPP"物有所值"评估体系的国际经验[*]

裴俊巍 黄佳曼[**]

> **摘 要**：物有所值评估在 PPP 项目中至关重要，科学合理的评估方法有助于 PPP 模式的选择以及项目良好推进。然而，我国目前 PPP 物有所值评估体系尚属初创，在理论框架和实践操作上都存在一定问题，仍需得到改进。本文主要介绍英国 PFI 物有所值评估体系以及法国、德国、荷兰等其他国家的制度经验，为我国进一步完善 PPP 项目物有所值评估体系提供借鉴。
>
> **关键词**：PPP 物有所值 英国 国际经验

一、导言

自 2014 年下半年起，中央开始在全国范围内力推"政府与社会资本合作模式"（Public–Private–Partnership，简称 PPP），PPP 项目数量迅速增加[①]。为了规范 PPP 项目选取，中央要求各地政府对上报的 PPP 项目进行物有所值（Value for Money，简称 VFM）评估，以此作为选择 PPP 模式的基本前提。2015 年末，财政部专门出台《PPP 物有所值评估指引（试行）》（财金〔2015〕167 号），提出了进行 PPP 物有所值评估的定性及定量标准。其中，定性评价指标主要包含"全生命周期整合程度、风险识别与分配、绩效导向与鼓励创新、潜在竞争程度、政府机构能力、可融资性"等六项指标，由专家进行打分；定量评价将 PPP 项目全生命周期内政府方净成本现值（PPP 值）与公共部门比较值（PSC 值）进行比较，以此判断 PPP 模式能否降低项目全生命周期成本。

然而，经过一年多的实践，当前 PPP 物有所值评估方法已暴露出诸多问题。首先，根据《政府和社会资本合作模式操作指南（试行）》（财金〔2014〕113 号）的规定，财政部门需要分别在项目识别阶段和准备阶段进行物有所值评估，然而在实践中为了加

---

[*] 本文得到中国国家留学基金资助。
[**] 裴俊巍：清华大学公共管理学院博士生，哈佛大学联合培养博士生；黄佳曼：英国杜伦大学法学院硕士研究生。
[①] 截至 2017 年 3 月 31 日，财政部综合信息平台入库项目数达 12287 个，入库项目金额超过 14 万亿元。

快项目进度、节省准备时间,经常将两者合二为一,只在项目准备阶段之前编制一份物有所值评估报告;此外,这两阶段中的具体参数均有可能在采购阶段进行调准,导致物有所值测算欠缺准确性,只能作为阶段性参考,而不具备项目决策参考价值。其次,财政部和国家发展改革委之间对物有所值评估存在较大分歧。财政部一直力推并主导PPP项目进行物有所值评估,而发改委系统专家对此却并不看好,物有所值定性评价被批"操作性差、主观性大",定量评价被认为"变数太多,无法量化",因此被要求"尽快取消",合并至项目可行性研究报告当中。再次,物有所值评估在实践中经常变成"0或1"的僵化思维,一旦没有通过,便被认为不能采用PPP模式。而且,目前的物有所值评估大多没有考虑社会利益,导致大量项目所做的物有所值评估都沦为"浪费纳税人财产、流于形式、没有实质意义的文字游戏"。

物有所值评估作为PPP项目中的重要组成部分和关键要素,直接影响PPP项目的采纳与否,因此构建一个科学合理的评价体系至关重要。我国当前PPP物有所值评估实践中的诸多问题直接影响了PPP项目的推进和PPP市场的发展。《PPP物有所值评估指引(试行)》在出台时就曾因备受争议而导致难产,至今仍需不断完善。我国PPP物有所值评估体系原本就借鉴了国外经验,因此本文主要通过分析英国物有所值评估体系,并结合其他国家相对成熟的制度经验,为我国PPP物有所值评估体系的完善提供相应的政策意见。

二、英国VFM评估的发展与体系

(一)英国PFI物有所值评估的发展历程

英国是世界上最早提倡在PFI(PPP在英国的一种具体形式)项目中开展物有所值评估的国家,其模式也在其他国家中(其中也包含中国)得到了推广。在近二十年中,英国PFI项目物有所值评估体系和方法一直都在经历不断变化和完善。

1996年,英国路政署发布"物有所值手册"(Value for Money Manual),阐述了物有所值的概念:以全生命周期最低成本(whole life cycle cost,LCC)提供所需的服务。但在2004年之前,各部门主要根据"绿皮书:中央政府评估"(The Green Book: Appraisal and Evaluation in Central Government)以及"财政部工作组技术说明 No. 5"(Treasury Taskforce Technical Note. 5)进行项目评估。虽然评估方案屡遭修改,但定量评估方法基本未变:与传统融资方案相比,计算私人融资的成本现值、风险调整以及现金流。2003年,英国对"绿皮书"进行修改,提出了对投资进行评估的新方法,要求政府对项目进行经济、社会、环境等各方面的综合评估,并提高评估过程的一致性和透明度;同年七月,财政部发布"PFI:迎接投资的挑战"(PFI: Meeting the Investment Challenge),指出"政府在选取PFI模式时主要应取决于其在公共投资中的物有所值性","物有所值是采购的核心",因此"政府将会出台一份新的物有所值评估标准","修改原有的公共部门比较值(PSC)计算方法",并在项目采购阶段"对项目的竞争性进行最终评估",以确保政府能选择采购的最佳模式。

在此背景下,英国于2004年发布了"物有所值评估指南"(Value for Money Assessment Guidance)。2006年,英国对该指南进行了修订和完善。2012年,财政部开始着手对"绿皮书"进行新一轮修订,并推出了PF2计划。在PF2计划中,英国财政部撤回了物有所值的定量评价模型,并表示正在制定一套新的模型来提供指导。① 目前,"物有所值评估指南"及其定性分析仍然适用,采购部门需要结合"绿皮书"中的指导进行项目物有所值评估。

(二)英国PFI物有所值评估体系

在"物有所值评估指南"中,物有所值被定义为"满足用户需求的全生命周期成本和质量的最佳组合",同时,"物有所值不是进行最低报价选择",而是成本、质量和风险的最优组合。该指南是英国首次运用定性和定量双重方法,分别在计划、准备和采购三个阶段,对PFI项目进行综合评估。

定性评估围绕项目的可行性(Viability)、可取性(Desirability)和可实现性(Achievability)展开。可行性评估涉及项目的效率性(efficiency)、问责性(accountability)和公平性(equity)问题,主要考虑项目预期变化和操作灵活性水平是否与长期PPP合同结构相兼容,以及服务要求能够被明确界定和衡量的程度;可取性衡量PPP选项的收益是否高于成本;可实现性主要考虑私人部门对PPP模式的预期兴趣水平(如私人部门的技术实力、对风险的偏好程度、融资能力等),以及政府管理PPP合同的能力。以上三点作为定性分析的核心内容,贯穿于项目的计划和准备阶段,主要考量的是采用PPP模式的非价值(non-valued benefits)利益。政府需要对以上三点进行全面评估(每一方面都没有固定权重),以便给出综合的评价。

除定性评估外,"物有所值评估指南"首次引入了一个标准化、简单化的物有所值定量评价模型。在此之前,英国国家审计署(National Audit Office)和公共账户委员会(Committee of Public Accounts)曾批评PFI项目所采用的定量评价模型既复杂又昂贵。为此,英国财政部专门为PFI项目设计出一套简单、实用的定量评价模型,而且只能适用于PFI项目。在该模型中,主要涉及风险调整后的现金流比较。采购部门将PSC值与PPP值进行比较,并根据"乐观偏差"(optimism bias)② 进行调整。定性评估不需要与公共部门比较值(PSC)相比较,其重点在于确认PFI模式是否适用于特定项目。

---

① 根据笔者的多方查证,都未能找到英国对物有所值分析的更新版本,推测目前该版本还未出台。
② 乐观偏差是指:在项目评估过程中,通常会采取一种带有倾向性的乐观偏见。为了纠正这种乐观倾向,应当对项目成本、收益等进行调整。调整方法可以依据以往项目经验或者具体项目的独特特征以及更详细的数据。详见HM Treasury, 2013: Supplementary Green Book guidance: Optimism bias。

然而在实践中,定性分析受重视程度往往不足,定量分析通常成为 PFI 决策的决定性因素。

英国物有所值评估在项目全生命周期的三个阶段中都能得到持续更新。第一阶段为"计划阶段"(Programme Stage),主要是对项目进行初步物有所值评估,包含定性分析和定量分析。定性分析主要比较 PPP 采购的可行性、可取性和可实现性;定量评估对各种采购模式的成本收益进行计算。由于处于初始阶段,因此物有所值评估具有高度不确定性。第二阶段为"项目阶段"(Project Stage),主要在于验证"计划阶段"物有所值评估初步结论的准确性,评估方法同样包含定性和定量两个部分。定性分析遵循 PPP 采购的可行性、可取性和可实现性三个方面,但更加重视细节和精确性;定量分析则开始精确到于具体项目数据的估算,并会参考原先 PPP 项目的采购经验。第三阶段为"采购阶段"(Procurement Stage),该阶段中物有所值评估的侧重点为项目竞争程度,采购当局需要在采购之前对市场进行全面调查,了解投标人之间的竞争潜力。与其他国家不同,英国在采购阶段进行的物有所值评估完全基于定性方法。如果第三步的实际成本大大高于预期成本,则需要重新对第二步的物有所值评估进行审核。

需要指出,物有所值评估方案主要适用于英格兰(England)中央和地方政府,而苏格兰、威尔士等区域性(regional)政府则有义务自行制定物有所值评估方案。例如,苏格兰的 PPP 项目在"非营利分配模型"(Non-Profit Distributing Model,NPD)框架内进行,以此替代 PFI 模式。其中,物有所值评估只进行定性分析,而不做定量分析。定性分析方法原则上遵从英国财政部的规定,从项目可行性、可取性和可实现性三方面着手,同时也考虑项目的资本密集度、剩余价值以前原先 PPP 采购经验等因素。

三、其他国家物有所值评估体系介绍

英国物有所值评估体系得到了其他国家的广泛学习借鉴,并在各国发展出不同的模式。例如,法国强制性要求对"伙伴关系合同"(contrat de partenariat,简称 CP)类 PPP 项目进行物有所值评估,而荷兰对 PPP 项目物有所值评估却没有硬性要求;又如,法国、德国的物有所值评估以定量方法为主,而英国则综合包含定性和定量评价体系,二者重要性不分轻重;再如,英国将物有所值评估结果作为是否采用 PPP 模式的衡量标准,而比利时却将其置于次要位置,即便没有通过评估也并不绝对影响 PPP 模式的选择;还如,法国、德国的物有所值评估重视效率价值(efficiency gain),强调 PPP 模式比传统采购模式增加的经济效率,而荷兰、比利时则更加强调其"保险价值"(insurance benefit),主要关注 PPP 模式能否减少项目交付时间和成本的不确定性。下文结合法国、德国以及荷兰经验进行介绍。

（一）法国模式

法国 PPP 模式主要分为"伙伴关系合同及类似合同"（CPE）和"委托公共服务合同"（DSP）。前者包含所有政府付费类 PPP 项目，后者则由使用者付费类项目构成。伙伴关系合同在 2004 年以法律形式确定下来，并逐渐成为法国最为主要的 PPP 模式之一。在伙伴关系合同中，法律强制要求进行"初步项目评估"，以作为判断是否采纳该模式的标准。其中，物有所值评估作为"初步项目评估"的主体部分，旨在比较项目的成本收益（在"初步项目评估"中，除需进行物有所值评估以外，还需考虑项目在融资、技术、法律等方面的复杂性以及基础设施需要的急迫性等因素）。值得注意的是，"初步项目评估"贯穿于项目准备和采购阶段，进行同步更新，以便帮助公共部门更好地进行 PPP 项目准备和谈判。

从方法选择而言，法国物有所值评估侧重于定量分析，重在比较项目各种采购模式的全生命周期成本（whole-life costs）。定量评估主要由两个步骤构成。首先，估算各种采购模式的现金流。主要成本和收入包含：设计和施工费用、运营和维护费用、税收、融资成本、管理和监督费用、资产收入以及政府补贴。其次是对项目风险进行评估，以此来调整第一步中预估的项目现金流。风险评估在法国被视为物有所值评估的核心，这是因为在传统采购模式中，风险因素往往难以确定；而在 PPP 项目中，公私部门之间风险的合理分配通常能够创造更多的额外的价值。

除定量分析以外，法国物有所值评估中还包含定性分析。定性分析主要针对项目中的非财务因素，如服务是否能被提前使用、服务质量能否提高、环境绩效是否能够实现以及其他一些可持续发展性问题。最终的物有所值评估报告将综合定量和定性分析，对每种可能的采购模型进行比较，以确定物有所值程度最高的采购模式。

（二）德国模式

同法国相似，德国物有所值评估也以定量分析为主，定性分析为辅，并贯穿于项目各个阶段。在项目识别阶段，需要使用定性方法，进行"PPP 适格性测试"（PPP suitability test）。政府部门根据定性评估结果来决定是否需要进一步开展定量分析。定性分析主要是为了确定项目在一般性上是否适合采用 PPP 模式。国家没有对定性分析制定必须加以考虑的标准性清单，而是建议政府部门根据每个项目的特性进行具体分析，如特定行业标准、具体项目情况等。这些评估没有利用具体估值方式进行，而主要考虑项目的非财务因素。

在项目准备阶段，主要采用定量方法，对项目 PSC 值和 PPP 值进行比较。在定量方法中，主要考察项目全生命周期的成本和收入，具体包含：设计和施工费用、运营和维护费用、融资成本、行政费用、风险成本、项目收费、资产生命周期结束时的处置费用，等等（此部分由于无法获得可靠数据，因此不计入项目当中）。在项目采购阶段，对收到的每个投标都分别进行PPP物有所值定量分析,以此确定是否采纳PPP模式,并选取最为物有所值的投标。可以看出,德国PPP物有所值评估注重动态性,以确保项目全过程都能获得最为真实的物有所值评估。

(三) 荷兰模式

荷兰PPP物有所值评估分为两个阶段:项目识别阶段和项目准备阶段,且都主要基于对项目全生命周期成本的定量分析。在项目识别阶段中会进行第一次物有所值评估,被称为"公私部门比较值"(Public – Private Comparator)评估。主管部门需要通过分析项目的利益相关者、范围边界、非财务利益等因素,编制"启动报告"(Initiation report),并通过定性和定量分析完成"最终报告"(final report)。在项目采购阶段,会基于更为周密的财务模型,将PPP模式与传统政府采购模式进行更为详细的物有所值评估,被称为"公共部门比较值"(Public – Sector Comparator)评估[1]。

虽然荷兰物有所值评估主要基于定量分析,但在项目识别阶段的物有所值评估中也进行了定性分析。这些定性评估先于现金流估算,主要考虑:不同方案下提供服务的灵活性、长期合作过程中政府预算的灵活性、服务是否是政府的核心活动以及私人部门提供服务过程中的创新潜力等(见表1)。

表1　　　　　　　　四国PPP物有所值评估体系比较

评估体系 \ 国家	法国	德国	荷兰	英国
评估范围	定量为主,定性为辅	定量为主,定性为辅	定量为主,定性为辅	定性、定量综合评估
识别阶段	—	*	*	*
准备阶段	*	*	—	*
采购阶段	*	*	*	*

资料来源:European PPP Expertise Centre, 2015。

四、小结与建议

本文立足于我国当前PPP项目物有所值评估中的主要问题,基于对英国、法国、德国、荷兰等国PPP物有所值评估体系的系统性介绍,提出以下三点政策建议:

第一,强调建立全生命周期的物有所值评估体系。一方面,PPP项目参数在各阶段都可能发生变化,保持物有所值评估的实时更新有助于及时掌握最新、最真实的数据以

---

[1] 荷兰同样出台了一份评估方法,具体详见:PPP Knowledge Centrer, 2002;Public Sector Comparator。

帮助正确决策。另一方面，各阶段的物有所值评估侧重不同：准备阶段的物有所值评估如同"守门员"，决定是否采纳 PPP 模式；采购阶段的物有所值评估好比"谈判工具"，能够帮助政府挑选最具有竞争力的私人投标者；项目实施期间/之后的物有所值评估就像"审核器"，检验 PPP 模式的预期优势是否得到实现。我国在开展 PPP 项目时，不能将物有所值评估流于形式，更不能仅仅为了满足项目合法性而聘请咨询公司编制一套毫无实际价值的物有所值报告。物有所值报告需要做到真实、及时、可靠，才能确保 PPP 项目能够真正实现物有所值。

第二，重视物有所值的"非财务利益"（non-financial benefits，简称 NFB），正确评估 PPP 实际价值。可以发现，英国、法国、德国、荷兰等国的 PPP 物有所值定性评估中都包含对环境影响、可持续性发展、潜在创新性等非经济价值的评估。"非财务利益"不同于计算现金流的"财务利益"（financial benefit）分析，而是强调对社会经济利益（social-economic benefit）的关注，例如，PPP 模式有可能带来项目的提前交付和服务质量的提高，使得消费者能更早地享受到更好的公共服务。"非财务利益"可以用金钱衡量（valued），如新建基础设施使得周边房价上涨；也可以被量化（quantified），如改善学校设施使得学生成绩提高；还可以被识别（identified），如修缮监狱使得犯人生存质量提高。私人融资由于信用成本高、具有逐利性等特征往往导致项目投资成本高于公建公营模式，如果物有所值评估主要基于财务测算，则无法合理判断是否采纳 PPP 模式。然而现实中，一些项目却具有极高的正外部性，这些价值在我国实践中通常被忽略，导致 PPP 物有所值的真实价值往往被低估，因此需要提供更具可操作性的方案对这些因素都加以考量。

第三，加强监管部门管理，明确相关部门责任。"物有所值是管出来的，不是算出来的"，无论物有所值评估模型设计得如何精美，都需要落实到实践当中。而且无论何时，制度设计都不能达到最完美的结果。因此政府部门的监管至关重要。目前 PPP 项目物有所值评估实践中的诸多问题正是因为缺乏监管造成的，导致物有所值评估流于形式，成为浪费纳税人钱的"花瓶"。因此，政府监管体系仍需加强，尤其需要加强部门之间的联合评审机制，突出责任部门的主导地位，不能让 PPP 项目评审会变成"专家论证会"。

参考文献

1. 苑红、王宁、任兵：《PPP 物有所值论证（VFM）的可行性思考》，载于《中国工程咨询》，2015 年第 5 期。

2. 赵超霖：《操作性差、主观性大或致 PPP"物有所值"评价流于形式》，载于《中国经济导报》，2015 年第 11 期。

3. 吴亚平 a.：《现在不必评价 PPP 物有所值》，载于《中国投资》，2016 年第 10 期。

4. 吴亚平 b.：《PPP 项目物有所值如何炼成》，载于《中国投资》，2016 年第 7 期。

5. [20] 吴亚平 c.：《PPP 物有所值是管出来的，不是算出来的》，载于《中国经济导报》，2016 年第 5 期。

6. 裴俊巍、王洁：《法国 PPP 中的伙伴关系合同》，载于《中国政府采购》，2016 年第 7 期。

7. Grimsey, D, Lewis, M K. Are Public Private Partnerships Value for Money?: Evaluating alternative approaches and comparing academic and practitioner views Accounting Forum, 2005, Vol. 29, No. 4.

8. D Heald. Value for money test and accounting treatment in PFI schemes, Accounting, Auditing and Accountability Journal. 2003, Vol. 16 No. 3.

9. E Cheung, A P C, Chan and S Kajewski. Enhancing value for money in public private partnership projects: Findings from a survey conducted in Hong Kong and Australia compared from previous research in the UK, Journal of Financial Management of Property and Construction. 2010, Vol. 14. No. 1.

10. Hu, Z, Chen, S. & Zhang, X. Value for money and its influential factors: An empirical study of PPP projects in Japan. 2014, Vol. 4, No. 2.

11. HM Treasury, 2003: The Green Book: Appraisal and Evaluation in Central Government.

12. HM Treasury, 2003: PFI: meeting the investment challenge.

13. HM Treasury, 2004: Value for Money Assessment Guidance (updated 2006).

14. National Audit Office, 2013: Review of the VFM—assessment process for PFI.

15. HM Treasury, 2012: A new approach to public private partnerships.

16. European PPP Expertise Centre, 2015: Value for Money Assessment—Review of approaches and key concepts.

17. The Ministry of Finance, 2013: Public – Private Comparator Manual.

18. Annalisa Aschieri, 2014: Non – Financial Benefits: Another Reason to Foster the Promotion of PPPs as a Viable Alternative for Public Service Delivery. European Public Private Partnership Law Review, Vol. 4.

19. European PPP Expertise Centre, 2011: The Non – Financial Benefits of PPPs: A Review of Concepts and Methodology.

我国基础设施建设领域推广 PPP 模式研究

曾维涛 李 仪[*]

摘 要：随着我国新型城镇化建设逐步推进，原有的基础设施已无法适应社会经济的发展，加强基础设施建设显得迫在眉睫。然而，近年来我国财政收入增速缓慢，再加上地方政府性债务规模不断扩大，这使得以往由政府包干基础设施建设的传统模式难以为继。同时，在传统模式下公共产品和公共服务供给的高成本、低效率、低水平等问题逐渐暴露出来，引起了社会公众的高度关注。为此，如何推动我国基础设施建设已成为社会各界人士所热议的话题。本文旨在进一步推动我国基础设施建设，为全面建成社会主义小康社会提供一些理论上的思考。

关键词：基础设施 PPP 模式 政府失灵

一、问题的提出

当前基础设施已成为制约我国新型城镇规划建设的关键因素之一。众所周知，基础设施建设具有投资大、风险高、周期长、成本高等特点，且具有一定的公共性以及垄断性，因此，大多数时期基础设施是由政府负责经营管理。但是，随着基础设施建设的任务越来越重，许多国家和地区开始意识到了单靠政府进行经营管理，会给政府的财政造成巨大的压力，最终影响到基础设施建设。

近年来，我国经济发展迅速，随之而来的是基础设施建设所需资金大量增加，以政府为主导的融资模式已经无法满足基础设施建设的资金需求。在党的十八届三中全会中明确指出，要处理好政府与市场的关系，加快转变政府职能，让市场在资源配置中起决定性作用，深化投融资体制改革，允许社会资本通过特许经营等方式参与城市基础设施投资和运营，建立现代财政制度。因此，研究在基础设施建设中政府与社会资本合作具有鲜明的时代价值。

---

[*] 曾维涛：江西财经大学财税与公共管理学院教授，主要从事行政管理和社会保障专业的教学与研究；李仪：江西财经大学财税与公共管理学院在读研究生；地址：江西省南昌市青山湖区江西财经大学财税与公共管理学院。

PPP 模式在我国的发展始于 1995 年，经过二十年的发展，PPP 的项目无论是在数量上还是在规模上，都有明显的增加与扩大，如北京鸟巢、水立方、北京地铁四号线等。为了进一步规范 PPP 项目，政府部门建立起了相关的配套制度，并制定了一系列的政策以推动 PPP 模式在我国的推广。尽管目前 PPP 模式在我国取得了一定的成功，但是总体来看，PPP 模式在实际的运作过程中还存在着许多问题，如利益分配不均、风险分担不明确、政府监管缺失等等，这些问题的存在制约了 PPP 模式在我国的进一步发展。

因为 PPP 模式在我国的发展尚处于初始阶段，仍存在许多问题。但不可否认，PPP 模式对于推动我国基础设施建设有着重要的作用，大力推广 PPP 模式能够有力推动产业结构升级，实现经济发展模式全面转型；能够加快政府职能转变，提升国家治理能力；是进一步深化财税体制改革的必然要求，同时也是现代财税制度的重要内容之一。

二、我国基础设施建设中 PPP 模式的特征

当前我国正处于新型城镇化建设的关键时期，基础设施建设所需资金量庞大，PPP 模式逐步得到我国政府的高度重视，同时也将 PPP 模式的制度化建设提上议程。随着政府部门对于 PPP 模式顶层设计的逐步完善，我国也初步建立起了包括法律法规、操作指引、标准化管理、专业培训机构等在内的相对完整的 PPP 政策框架。党在十八届三中全会中提到，允许社会资本通过特许经营等方式参与城市基础设施投资和运营。2014 年 5 月，国家财政部成立了政府与社会资本工作领导小组，同年 12 月，国家财政部批注成立了政府和社会资本中心，并下发了首批 30 个 PPP 合作示范项目名单和操作指南，国家发改委也同期下发了关于开展政府和社会资本合作的指导意见和通用合同指南。目前，我国基础设施建设中 PPP 模式的发展主要呈现出以下几点特征：

第一，PPP 项目地域集中度较高，投资资金数额较大。贵州、山东（含青岛）、新疆、四川、内蒙古居前五位，分别为 1725 个、1062 个、816 个、797 个、748 个，合计占入库项目总数的 49.2%。按入库项目投资额排序，贵州、山东（含青岛）、云南、河南、四川、河北居前六位，分别为 1.5 万亿元、1.2 万亿元、9178 亿元、8717 亿元、8555 亿元、6675 亿元，合计占入库项目总投资额的 48.3%。河北、江苏、安徽和江西新增项目数较多，分别为 106 个、105 个、95 个和 72 个，占全国新增项目数的 31.9%。新增项目投资额较大的为江苏、甘肃、贵州、河北、云南，新增投资额分别为 1700 亿元、1617 亿元、1507 亿元、1355 亿元和 1300 亿元（参见图 1）。

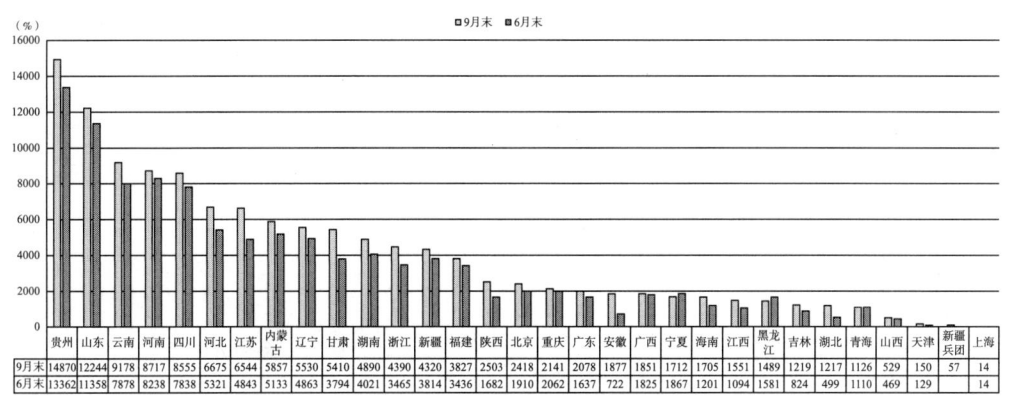

图 1　PPP 项目数地域分布情况

资料来源：财政部政府与社会资本合作中心。

第二，在 PPP 推介的基础设施建设项目中，大多数项目都是市政工程以及交通设施建设（参见图 2）。据有关数据统计显示，江苏、安徽、湖南、福建、河南、黑龙江六省在 PPP 项目上计划投资 4343 亿元，项目总数位 143 个。其中，投资在交通领域的资金达到了计划投资总金额的 72.02%，为 3128 亿元。

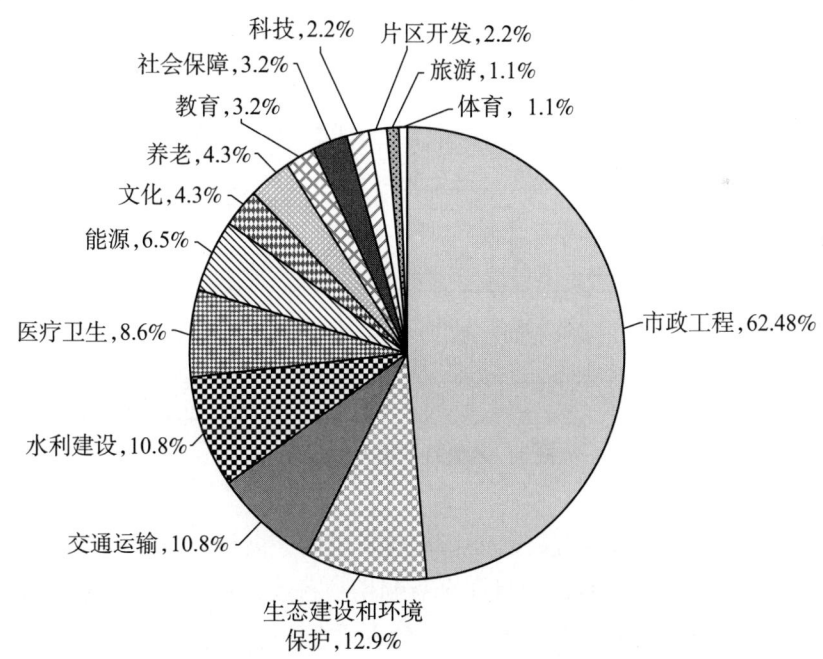

图 2　2016 年 9 月我国 PPP 项目行业分布

第三，PPP 项目周期性较长，且投资金额数目较大。典型的 PPP 项目周期如图 3 所示。为此，PPP 项目对于那些大规模低成本的长期限资金有着较大的需求，但是这类资金并不愿意投入到 PPP 项目中。为了解决这一困境，政府部门采取了一系列措施引导社

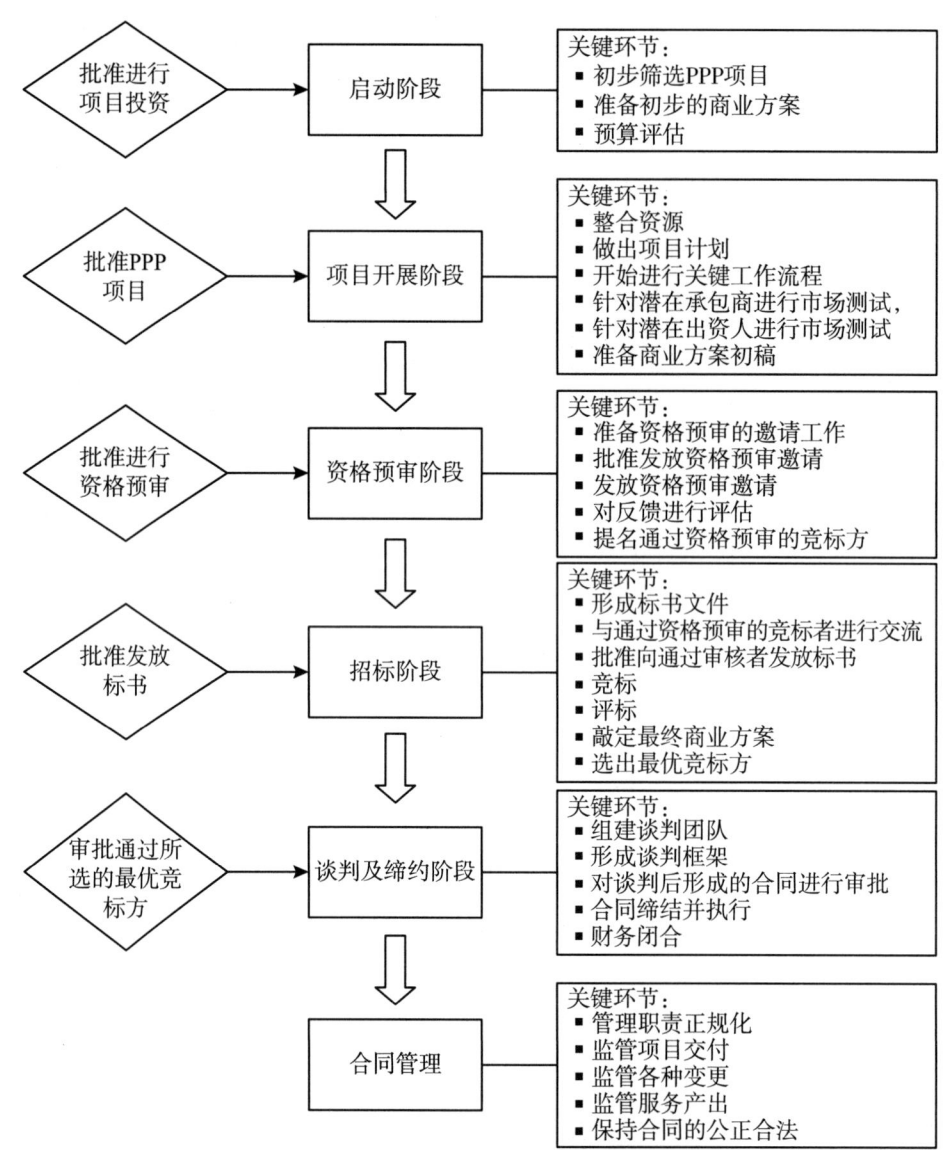

图 3 典型的 PPP 项目周期

会资本涌入 PPP 项目,如国务院鼓励创新投融资机制;央行对《应收账款质押登记办法》进行重新修改,意味着 PPP 项目在今后利用项目收益权进行质押融资将会变得更加便利;对于 PPP 项目中的付费支持以合同的方式进行规定,逐步走向规范化管理。在未来的 PPP 模式中,政府部门可以通过政府付费的方式进行支持,但是这种支持仅仅限于注资、补贴等,不可以用于直接替项目公司进行债务上的偿还。2014 年 12 月,国家发改委在下发的《国家发展改革委关于开展政府和社会资本合作的指导意见》中提到"如政府为合作项目提供投资补助、资金注资、担保补贴、贷款贴息等支持,应明确具体方式及必要条件"。这表明 PPP 项目在今后的实际运营过程中,无论是获得注资、补助,还是担保、贴息等政府的支持措施,都可以根据合同进行必要分析,这无益于为科学判断与分析项目运营后期的现金流提供了便利。

三、PPP模式在基础设施建设中存在的问题

(一)法律法规不健全,缺乏制度保障

PPP模式的前提是法治政府。目前没有一部专门关于政府和社会资本合作模式的法律法规。虽然近年来中央政府和地方政府针对基础设施建设制订了一些管理办法,如建设部出台的《市政公共基础设施特许经营管理办法》,这些规定对政府与社会资本合作模式的推广起到积极作用。但是,总的来看,在法律法规方面我国仍有许多地方亟待完善。

一方面,现行法律规范法律地位较低、效力不强、内容较少,存在立法空白。我国引进政府与社会资本合作模式的时间不长,运用的范围还比较狭窄,因此在法律条文方面,大都以地方政策和部门规章为主,法律地位较低,效力不强,且内容较笼统,不够详细,缺乏可操作性。因为立法层次较低,政出多门,部门规章、地方政府规章和地方性法规有不协调、不配套,甚至相冲突的地方。一届政府任期只有五年,但是PPP项目往往长达二三十年。政策的稳定性得不到保障,增加了社会资本对于政府信用的担忧。

另一方面,现行法规的一些内容在实际运行中阻碍了政府的扶持和民间资本的参与,不利于该模式的推广。政府的扶持是政府与社会资本合作中的关键因素,其中政府提供的借贷、外汇兑换率及最低经营收入担保更能有效鼓励社会资本的加入,增加融资额度。国外法律对政府扶持的鼓励和支持力度更大,而我国现行法律则对政府扶持限制较多。虽然近些年多个地方政府下发通知、意见对政府扶持作出鼓励,但其力度仍不够大,法律效力较低。我国支持民间资本的法律规范大都针对国外资本,关于国内民间资本的法律规范处于空白状态,虽然情况在21世纪有所好转,但现有的法律规范对民间资本投入的吸引力仍不足,特别是在政策和政府观念方面面临较大阻力,这些都需要完善相关法律来解决。

例如,北京鸟巢的PPP项目,其形式是在大型体育馆场建设、运营上首次应用,按照合同规定中信集团联合体和北京市政府组建国家体育场有限公司负责"鸟巢"的融资、建设、管理等工作,在资金份额上,中信集团联合体出资42%,拥有赛后30年的特许经营权,运营期间自负盈亏;北京市政府通过北京市国有资产经营有限责任公司出资58%,30年合约期满后北京市政府收回项目。但在2009年8月项目合同双方重新签署的《关于进一步加强国家体育场运营维护管理协议》中中信联合体将30年特许经营权转变成了股权获得永久股东身份,这意味着这种模式运用的失败。因此,国内PPP专

家、大岳咨询总经理金永祥认为 PPP 项目运作重在健全制度。

（二）政府职能不明确，主体权责不清

目前社会对 PPP 模式的认知存在明显的误区，不论是社会资本、专家学者，还是一部分政府部门等，都把 PPP 单纯地诠释为一种新的城乡基建融资模式。特别是在经济持续回落势头未有效扭转时，PPP 模式更被误导为了一种投资刺激工具和政策安排。政府在 PPP 模式中，依然是大包大揽，既充当运动员又充当裁判员。政府还没有学会利用合同条款与私人部门进行协调合作，依然习惯性地利用行政权力对 PPP 模式进行过度干预。政府不仅监管产品的价格，也对项目的经营权进行干预。另外，地方政府还经常以换届、财政资金困难、规划调整等理由，擅自终止合作关系。

当前推广 PPP 模式，本质上是推动一场新的公共产品和服务变革。除了非排他性、非竞争性和自然垄断领域，那些可以市场化的领域，应该通过市场定价来解决，避免集运动员与裁判员于一身的角色错位。倘若政府在 PPP 合作模式中既充当裁判员，又扮演运动员，那么政府一旦发生失约或者违约行为，将会给基础设施项目带来无法估计的损失，更不利于后续合作项目的展开。尽管政府与社会资本在合作时会签订相关合同，但在项目实际运作过程中，政府大部分时候都是出于强势或者优势地位，政府一旦出现失信违约行为，将会造成投资人巨大的经济损失，同时不利于项目的顺利开展。

比如，1997 年廉江自来水公司与中法水务投资有限公司签订《合作经营廉江中法供水有限公司合同》，在合同中规定合营期为 30 年。项目建成后廉江自来水公司认为这个项目的合同是有失公允的，拒绝按照合同约定的数量与价格购买中法水务生产的自来水。因此这一项目由 1999 年开始闲置，并开始诉讼程序，2009 年 11 月 26 日塘山水厂被廉江自来水公司正式收购。此收购案件带来了双输的后果，廉江市政府成了"不诚信"和"破坏投资环境"的代表，中法水务由于项目限制遭受了巨额投资损失，中法水务 PPP 项目至少水厂花费了 8000 万元以上的投资和开销费用。招商引资是地方政府工作的主要考核指标之一，在指标压力下地方政府通过各种形式来加大招商引资力度，比如增加招商引资活动的规模和频率，设立招商引资奖励资金、全员招商管理办法等，在此例中引进此项目的廉江市自来水公司总经理获取了 473826.65 元引资奖金。在考核压力和利益驱动下，盲目、低水平、重复引进项目时有发生。

（三）融资渠道不畅通，定价机制缺乏

良好的融资渠道是整合社会资本的关键，融资渠道不畅将使社会资本不能最大限度地参与到建设项目中。首先，某些基础设施建设领域中存在一些进入壁垒，尤其是重要的建设领域，从设计、实施到经营管理，大都由政府企事业单位利益集团承担，社会民营资本很难进入基础设施建设中，且与之相对应的配套政策也严重缺乏，为融资过程带来许多阻碍。2003 年由青岛市排水管理局、法国威立雅水务集团、中国光大国际共同签约的投资额4280万美元、合作年限为25年的污水处理项目，项目主要用于麦岛污水处理厂扩建及海泊河污水处理厂。项目签订后当地政府认为价格不公平又单方面要求重新谈判来降低承诺价格。在2007年出现了威立雅负责运营的青岛麦岛污水处理厂污染自来水事件，污水处理厂的回用水管道被直接接回到自来水主管道上，回用水污染了自来水的水质，对居民生活造成损害。此事被曝光后，在青岛市民中引起了震动。

其次，民间资本虽然投资潜力巨大，但也常常受到歧视性限制。国有银行对民间资本的贷款条件苛刻，贷款审核方面抱有"宁国勿民"的思想，为民营资本借贷设立多项复杂的申请审批程序，订立苛刻的条件，致使融资金额远达不到实际需求量。再加上担保公司能力有限，无法满足民间资本的需要，甚至无法为承担城市基础设施建设的民间资本提供担保。在"财政新常态下的政府与社会资本合作"分论坛上，华夏新供给经济学研究院院长贾康表示，政府部门要通过"阳光化的程序"来选择民间资本。

最后，我国PPP项目融资手段较为单一，通过股票上市、私募基金、发行债券等方式进行融资的比例很低。这主要是因为目前我国金融市场发育还不是很成熟，加上金融管制比较严格，资产运作水平不高等，造成目前我国PPP项目权益性融资比较困难，项目的风险也大多是集中在银行。

（四）风险管控不完善，监督机制弱化

尽管企业家对国家所制定的鼓励社会资本参与基础设施建设的政策比较有信心，但是在实际操作中却有着一定程度上的"担忧"，主要表现在以下三个方面：一是担心政府失信违约，很多地方政府在换届之后，新一届领导班子不承认合约内容，加大了兑现风险、换届风险、随意性风险等，这些都是社会资本在参与基础设施建设时所考虑的重要因素。二是担心在项目建设中缺乏一定的话语权，当前我国PPP模式发展还不成熟，社会资本尽管拥有一定数量的股权，但是大多数情况下都是"小股东"，在项目决策、项目管理上基本上都是政府方面说了算，缺少话语权。三是担心利益分配不均，基础设施建设周期长，利润转化时间长，利润低，很多PPP项目的建设期都要二三十年，甚至更长，基于上述情况，很多企业家都比较在意地方政府是否有着足够的诚意进行"共赢"合作，而从我国各地实践情况上看，有的地方就已经出现了在桥梁、高速公路、污水处理厂等建成之后，地方政府单方面改变游戏规则，致使项目陷入困境。

在完善的PPP合作模式中，对于风险的控制，必须要由更有实力的一方来承担风险。项目启动前，需要请专家学者以及咨询公司等，对PPP项目可能存在的风险进行罗列，并加以分析，然后在根据企业与政府自身的实际情况，决定风险的分担方式。另外，目前我国PPP项目审批流程较为烦琐，决策周期长，灵活性低，无法及时根据市场的变化做出相应的调整，而一些地方政府为了加快当地基础设施建设，在与企业签订合同时，往往会附加一些脱离当地实际的条款，以此来吸引民间资本参与到基础设施建设中，在项目建成之后，这些条款基本上是难以实现的，也就直接损害了合作方的利益。

福建泉州刺桐大桥是国内第一个由民营资本参与的 BOT 项目，由民企"泉州名流实业股份有限公司"和政府授权的"泉州市路桥开发总公司"分别出资 60% 和 40% 成立项目公司负责大桥的建设和运营。项目招标过程中，曾有 5 家外商参与，但因其提出的条件苛刻，谈判均未成功，最终政府以一纸红头文件将项目授予名流实业。项目提前半年完成建设，但运营期纠纷不断。

（五）缺乏专业化组织机构和管理人才

当前我国政府部门在机构设置上，并未设置专门的部门对 PPP 项目进行统计分析、政策制定等，对于 PPP 项目的决策通常情况下都是采取一事一议的状态，缺乏从长远考虑以及总体规划。而在运作的模式上，采用的是项目特许经营权的方式，这需要完善的法律法规以及专业的金融财务知识提供保障。如何策划 PPP 项目采购前的实施方案、如何预先制定采购文件中的各类合同草案等，都需要具有既懂工程又懂法律、既懂金融又懂运营管理的复合型人才或团队来完成。我国目前能够熟练掌握和驾驭 PPP 模式运作的人才非常匮乏，2014 年 9 月以来，福建、重庆、青海、湖南、黑龙江等十个省级行政单位和南昌、昆明两个省会城市已完成了首批项目筛选，开始进行项目推介。一大批项目上马，人才更加匮乏。

四、完善 PPP 模式在我国基础设施建设中应用的几点建议

（一）完善相关法律法规制度，强化政策支持

法治是 PPP 模式健康发展的前提条件，从项目签约到最后的实施，都需要健全的法律法规加以支撑。尤其是社会资本相对于政府来说，处于劣势地位，这就更加需要通过法律的形式对社会资本的权益加以保障，从而消除社会资本的担忧。笔者认为，建立健全法律体系应从以下几点出发：

立法机关应当迅速建立起基础设施建设相关领域的法制体系，为 PPP 模式提供稳定的法律环境。当前 PPP 项目的投资周期大多跨越一任官员任期，这意味着用全国人大立法的方式规范 PPP 市场秩序，要比单纯基于政策更有利于消除社会对政策"朝令夕改"的担忧。在立法机关立法制定 PPP 市场秩序时，应明确规定 PPP 模式的基本理念是政府搭台、市场唱戏，政府与社会资本基于权责对称行使各自职责，尽可能避免在规则制定上把政府放置在不容挑战的主导地位，如若政府在发起的各种特定 PPP 项目公司（SPC）中占据主导地位，社会资本更多为项目配资，那么 PPP 将被社会资本误解为单纯的政府融资工具，进而削弱社会资本的参与热情，不利于 PPP 的健康发展。过度强调政府主导，甚至即便在设立有助于破产隔离的 SPV 中，依然置入政府主导项目的条款，将很容易混淆参与各方的权责，使 SPV 无法有效隔离风险，导致政府等事实上承担了

隐性或无限的风险连带责任,并给政府带来不必要的声誉风险。

(二) 转变政府职能角色,增强合同契约意识

在过去的基础设施建设中,政府直接充当了投资、建设、经营的多重角色。这样的后果是导致基础设施建设投资成本高、运营效率低下。PPP模式是政府与社会资本的合作,这就要求政府转变职能,政府不需要再包揽投资、建设、运营和管理等所有事务,而是应该在公共基础设施的总体规划、政策引导、法制环境和监管等方面发挥主导和推动作用。

政府是基础设施总体规划的制定者。我国基础设施建设总体滞后,其中一个重要原因是缺乏资金,因此需要引进社会资本和国外资本参与基础设施建设的投资。基础设施建设往往关系到国计民生,而且投入大、建设和运营周期长,市场难以调节,需要政府进行规划以保障公共利益的实现。在PPP项目中,政府要发挥服务型作用,制定城市公共基础设施建设的总体规划,并制定相应的政策以防止因领导的变动而产生政策的随意性。

政府是项目资金补贴的提供者。基础设施很多是属于公共物品或者准公共物品,如道路、桥梁、公园、污水处理设施等。这些设施建成之后,有些无法向使用者收费,有些虽然可以收费但是难以回收成本。参与投资运营的社会资本是以盈利为目的的,只有稳定的收益预期才能吸引社会资本参与合作建设。这就需要政府对项目提供资金补贴,补贴的方式包括项目贴息、税收返还等形式。

政府是企业和公众利益的协调者。参与PPP项目的社会资本是以营利为目的的,追求投资回报。基础设施的服务对象是社会公众。设施建设质量是否符合公众预期,收费是否合理都关系到公众的切身利益,也关系到企业的利益。政府为双方协调的关键是如何完善公共基础设施产品和服务的定价机制,为市场化运作奠定良好的基础。

(三) 拓宽项目融资渠道,设计产品定价机制

进一步深化政府投融资管理体制改革,拓宽基础设施建设中PPP项目的融资渠道。大部分基础设施建设都需要政府部门的参与,而政府受财政的约束,无法独立承担基础设施建设,为此他们将会采取与社会资本进行合作的方式进行基础设施建设。这就要求政府部门必须要对现有的投融资管理体制进行革新,以此吸引更多的社会资本参与到基础设施建设中。同时,只有当社会资本的合法权益得到充分保障时,他们也才会乐意对基础设施项目进行投资,在我国有一批国有企业以及民营企业,已经具备了一定的规模,在投资领域的选择上,也倾向于投资在收益相对稳定的基础设施建设上。另外,国有银行还应积极转变观念,简化审批程序,为基础实施建设贷款提供便利;加快建立为社会资本提供贷款的地方商业性银行;进一步完善风险资本市场,支持符合条件的投资者通过发行股票、债券等方式进行融资。

除了拓宽项目融资渠道以外，还应制定产品的定价机制。在 PPP 项目中，政府会给予项目公司特许建设以及经营权，同时对产品的价格以及服务进行监管，但是一般情况下，政府部门不会保证投资者的投资收益，这也是目前社会资本在投资基础设施建设时所担心的重要因素之一。因此，政府在制定定价机制时，应确保社会资本在项目建成之后将会获得的利益，同时也应确保公共利益不被损害。PPP 模式的主要参与方主要有三个，分别是政府、企业以及社会公众，他们在 PPP 项目中的目标各有不同。政府部门的主要目标是吸引社会资本参与基础设施建设，解决财政紧缺问题，以此推动基础设施建设。企业的重要目标则是通过参与基础设施建设盈利，以及获得一定的减税优惠等。社会公众的主要目标则是为社会提供更多的服务，以此满足社会公众对于公共基础设施的需求。虽然三者的目标不同，但是也有着一定的联系，只不过他们对于同一目标的重视程度不一样。为此，必须要寻求一种能够同时满足三方目标的状态，通过系统动力学的相关理论，深入研究了关键项目目标之间的联系，找到了 PPP 模式下三方利益的内生反馈循环。最后基于项目目标体系和目标反馈机制，设计了调价机制，以期为政府、私营企业、公众的利益分配实现"三赢"提供帮助。

（四）完善风险分担机制，构建全面监管体系

PPP 项目面临着政策风险、汇率风险、技术风险、财务风险、营运风险等诸多类型的风险。政府和社会主体在面对各种风险时的风险控制能力、风险承受能力、风险承受意愿有很大差异。进一步发挥 PPP 模式的潜力，需要完善风险分担机制，构建全面监管体系。

一是风险分担要发挥禀赋优势。在 PPP 项目中，参与方掌握的资源各不相同，对不同类型的风险的应对能力也不相同。PPP 模式要发挥政府和社会主体各自的优势，其中就包括要发挥政府和社会主体各自应对不同风险的比较优势。例如，涉及国际合作的互联互通，其中的政治风险、政策风险、法律风险，私人部门和其他社会主体都无力承担，而政府在这些领域有一定优势，这些类型的风险就应该主要由政府承担。在项目的建设和运营过程中，直接参与建设和运营的企业掌握了更加充分的信息和专业的知识，风险应对能力要比其他主体更强。项目建设和经营管理的风险就应该分别由项目建设承包商和运营企业主要承担。

二是风险分担要与收益相匹配。项目各参与主体在承担风险的同时应当获得相应的回报，在获得收益的同时有责任承担相应的风险。收益和风险的分配要体现公平合理的原则，这样才能够真正促进政府和社会资本的合作，才能使各参与方保持理性和谨慎的行为，使各参与主体在项目建设中形成利益共同体。公平合理的风险分配可以减少参与方在项目中的道德风险，减少风险管理的成本和风险发生时造成的损失。

三是要加快建立投资决策和风险监管机制。PPP 模式的健康发展需要一个完善的监管机制加以保障，PPP 模式的应用其目的在于使得政府能够从多重角色中脱离出来，积

极履行其监管职能,保证企业的合法权益,同时也确保社会公众的公共利益不被侵害。在PPP项目的实际运作中,财政部门以及审计部门等应参与其中,依托国家PPP综合服务平台,对PPP项目运作的整个过程进行监管,同时还可委托专业性的中介机构进行监管,加强绩效考评,逐步建立起完善的退出机制以及风险管控机制。

(五)组建专业政府与社会资本合作管理机构,加强人才培养

当前我国PPP模式大部分是采用特许经营的方式,进行结构融资,所要求的专业性较高,如法律知识、金融知识、财务知识等。采用PPP模式,需要对项目进行长时间的评估,进行复杂的合同谈判,同时对风险进行合理分担,并对项目进行有效监管。这是一项系统且复杂的工作,要求政府应设置专门的机构,负责PPP项目的审批以及监管,推动PPP模式的发展。笔者认为应在财政部设立专门的管理部门,负责公私合作项目的相关工作,并在该管理部门下设PPP项目采购、合同管理指导的经济咨询机构,利用现有行业部委下属的具有专业知识的技术咨询机构,满足各行业对PPP模式的应用需求。

目前世界上大多数国家在PPP项目上都是采用招标方式进行,在此过程中,PPP项目涉及了投资估算、融资、法律、税务等各方面的信息。这要求我们需要重点培养懂经济、法律、合同管理、财务等的专业性人才,积极培养开拓型人才、复合型人才,从而为PPP项目的顺利实施提供人才保障。各地应在国家PPP综合服务平台基础上,引入权威的第三方机构科学设计PPP项目方案,可引导高校、科研机构分行业和领域,组建PPP项目规划编制队伍。

参考文献

1. 柯永建、王守清、陈炳泉:《私营资本参与基础设施PPP项目的政府激励措施》,载于《清华大学学报(自然科学版)》,2009年第9期。

2. 李公祥、尹贻林:《城市基础设施项目PPP模式的运作方式选择研究》,载于《北京理工大学学报(社会科学版)》,2011年第1期。

3. 刘薇:《PPP模式理论阐释及其现实例证》,载于《改革》,2015年第1期。

4. 宋小宁、陈斌、吴明琴:《基础设施供给模式选择研究——基于公私合作(PPP)和政府采购的比较》,载于《厦门大学学报(哲学社会科学版)》,2014年第3期。

5. 宋小宁、陈斌、吴明琴:《基础设施供给模式选择研究——基于公私合作(PPP)和政府采购的比较》,载于《厦门大学学报(哲学社会科学版)》,2014年第3期。

6. 孙学工、刘国艳、杜飞轮、杨娟:《我国PPP模式发展的现状、问题与对策》,载于《宏观经济管理》,2015年第2期。

7. 姚东旻、刘思旋、李军林:《基于行业比较的PPP模式探究》,载于《山东大学学报(哲学社会科学版)》,2015年第4期。

8. 杨超：《对 PPP 模式功能与项目风险的思考》，载于《中国财政》，2015 年第 9 期。

9. 袁义淞、李腾：《政府风险规避视角下的 PPP 模式模型研究》，载于《昆明理工大学学报（自然科学版）》，2015 年第 1 期。

10. 周龙：《PPP 模式在公共基础设施建设中的应用》，载于《河南师范大学学报（哲学社会科学版）》，2010 年第 2 期。

城市新区开发基础设施 PPP + EPC 模式浅析[*]

任志涛　张　赛　李海平　郭林林[**]

摘　要：以往在城市新区中大多是碎片化的 PPP 项目,并没有形成新区开发基础设施建设的整体规模。基于 PPP + EPC 模式的广泛运用和两标并一标政策的出台,构想将 PPP + EPC 模式引入到新区开发基础设施领域。通过文献研究和案例分析,针对政府主导的传统新区开发基础设施建设模式存在的非市场性和供需不平衡性的困境及问题,以及 PPP + EPC 模式的内涵和结构特征,说明新区开发基础设施建设 PPP + EPC 模式的优势所在,并提出 PPP + EPC 在新区开发基础设施建设的实施路径。最后期望为未来雄安新区基础设施 PPP + EPC 模式提供参考。

关键词：新区开发　基础设施建设　PPP + EPC 模式

一、引言

近年来我国对于新区开发的热度持续高涨,2017 年 4 月 1 日,中央关于雄安新区的成立更是将我国新区建设推向新一轮高潮。自 2014 年以来国家大力推广基础设施领域 PPP 模式的运用,通过 PPP 模式引入社会资本,能够有效解决现阶段以地方政府为主要业主方的财政能力不足、项目建设及管理效率低下等现状,提高新区开发中基础设施供给质量与效率。而随着我国新区开发日趋大型化、复杂化和集成化,政府为业主方倾向于采用工程总承包模式（Engineer Procure Construct,EPC）,由一家承包商承担新区开发的规划设计、设备材料采购和项目施工等全部工作。在当前 EPC 模式和 PPP 模式不断深入运用的背景下,在工程建设领域出现了"PPP + EPC"的建设模式。一方面,在政策环境上,"两标并一标"政府采购的出台,体现了国家层面的不断鼓励使得 PPP + EPC 模式有了广阔发展的空间;另外我国 EPC 模式的运用相对成熟,EPC 总承包商参与 PPP 项目能够取得经济效益,满足自身的发展需要。多年来,PPP + EPC 模式应用领

---

[*] 基金项目：教育部人文社会科学研究项目（11YJA630090）；天津市哲学社会科学规划项目（TJGL15 - 022）。
[**] 任志涛：天津城建大学经济与管理学院博士,教授,硕士生导师,公私伙伴关系研究方向；张赛：硕士研究生,项目管理方向；李海平：硕士研究生,项目管理方向；郭林林：硕士研究生,项目管理方向。

域十分广泛。例如，2016 年甘肃省兰州市中通道高速工程，广西北流市印塘圭江大桥及引道工程，浙江省杭州市大江东产业集聚区工程等，其均采用的是 PPP + EPC 模式。PPP + EPC 模式以发挥彼此在工程领域的优势，迎合了当前我国新区对于基础设施供给侧的需求。PPP 与 EPC 两种模式的对比分析如表 1 所示。

表 1　　　　　　　　　　　EPC 与 PPP 模式比较指标

比较指标	项目模式	
	EPC 模式	PPP 模式
应用范围	多数公共设施项目	公共设施项目
工程设计	总承包商负责全部工作	委托总承包商负责全部工作
项目管理	由业主进行项目管理，一般不会干预承包商，仅限于宏观方面	可成立社会化的专业项目公司进行全过程项目建设、运营、维护等
风险控制	承包商责任最大，还包括"外部自然力作用""业主的要求"等风险承担，但综合效益较高	政策风险，投资风险，运营风险等风险实施周期长而繁复；但经济、社会、环境效益提升幅度大
价格方式	固定总价，可调价（需有商定条款）	固定总价，可调价（需有商定条款）

资料来源：《EPC 项目总承包管理模板及操作实例》

国内外学者从不同方面对 PPP 模式和 EPC 模式进行了研究。张水波、阿桑等分析了国际 PPP 项目下 EPC 模式演变与合同安排优化；分析了基于 PPP 的 EPC + PPP 模式下工程建设企业面临的风险及防范。而对于新区开发基础设施 PPP + EPC 模式的研究较少。本文通过对传统政府主导的新区开发模式的困境以及 PPP + EPC 的内涵及特征进行了分析，说明新区开发 PPP + EPC 模式的优势，并提出相应的实施路径。

二、传统城市新区开发模式的困境及问题

外延式扩张，即新区开发是城市空间增长的方式之一，新区是城市发展到一定规模和阶段后，为缓解城市压力、拓展城市功能，对城市空间的延伸和资源的重构。城市新区不仅仅只是简单地完成在特定地区的开发任务，还有必须综合考虑城市新区容量的拓展和挖掘、开发资金的获取和利用、资源的优化配置、功能划分和协调、新区的容量拓展、开发时序的设定等多个方面，能够与中心城区相辅相成。尽管新区的 PPP + EPC 模式已有先例，但大多数都是碎片化的单个项目，没有在片区开发等领域形成整体性规模（我国新区 PPP 项目的部分文献梳理如表 2 所示）。因此，我国新区开发建设主要还是由政府进行主导，但这种传统的建设模式经常出现一些困境及问题。

表 2　　　　　　　　　　　新区 PPP 模式部分文献梳理

作者	文献年份	新区	研究内容
郑巧凤	2015	温州瓯江口新区	土地开发 PPP 模式研究
吕向公等	2015	西安西咸新区	基础设施 PPP 模式研究
李瑞	2012	天津滨海新区	滨海新区公私合营模式研究
孙洁	2005	郑州郑东新区	PPP 投融资模式研究
王斌	2015	上海浦东新区	机关事务保障 PPP 模式研究
黄贤金等	2015	南京江北新区	PPP 模式土地储备的效益研究
申明	2015	沈阳浑南新区	国资公司发展战略研究

1. 非市场性。根据交易成本理论和公共品理论，以政府为业主方对开发项目进行招标采购，通过政府转移支付方式完成整个项目的建设资金。这种单一的建设方式不仅效率低下，而且潜在的企业寻租等机会主义行为会对政府实施"利益捆绑"，大大增加了交易成本和项目沉没成本，最终导致项目的外部不经济性。与此同时传统新区开发模式具有一定的垄断性，其信息不对称性和市场准入原则加剧了新区建设的非市场性行为，使得社会资本市场会常常出现"政府工程是肥差，唯有关系好干活"的默许原则，加深了在招标采购阶段的政企不信任关系。

2. 供需不均衡。政府主导新区开发往往导致供需的不均衡性。根据供需理论，现有的新区开发多数是对原成熟市区的简单复制，而并非是在城镇化进程中缩小城乡差距，升级城市的产业结构，优化城市功能分区及布局等方面对新区和成熟市区做出的统一规划和管理。多数传统新区开发与解决大城市存在的一系列供需问题的首要任务的实现仍有较大差距。现实当中普遍存在的"政绩工程""鬼城"等现象，表明了当地政府对新区的功能定位缺乏深入的调研，新区开发资源错配。因此"胡乱上马"的新区供给方式并没有切实的满足市场需求。

三、PPP + EPC 模式内涵及结构特征

（一）模式内涵

PPP 项目本质上属于政府采购，结合文献研究与实际案例分析，提出 PPP 与 EPC 模式的组合方式。企业参与 PPP + EPC 项目可以"身兼两职"，PPP + EPC 模式下社会资本方不仅是作为 PPP 项目的合作伙伴，同时也是项目工程建设的总承包商，2016 年 10 月 12 日，财政部发布了《关于在公共服务领域深入推进政府和社会资本合作工作的通知》，在其中的第九条"简政放权释放市场主体潜力"中明确表示："对于涉

及工程建设、设备采购或服务外包的 PPP 项目,已经依据政府采购法选定社会资本合作方的,合作方依法能够自行建设、生产或者提供服务的,按照《招标投标法实施条例》第九条规定,合作方可以不再进行招标"。这也就是通常讲的 PPP 项目"两标并一标"。

PPP + EPC 项目之所以能采用"两标并一标"的方式,其关键因素就是社会资本参与此类项目可以降低交易成本,减少地方政府与项目公司之间的转移支付。PPP + EPC 项目从招标采购阶段开始,建设、运营维护到最后期满退出社会资本始终全过程参与,政府不再以传统"A + B 包"的方式对 EPC 总承包商进行二次招标;同时根据不完全契约理论和外部性理论,以两标并一标的方式签订的初始契约(即"大合同")是不完全契约,对于地方政府寻租、社会资本"敲竹杠"等机会主义行为的发生无法形成完全约束,这从根本上会直接影响到 PPP + EPC 项目外部性以及资源配置的效率。因此,对于此类项目社会资本往往要考虑 EPC 总承包商硬实力和 PPP 社会资本软实力两个方面。

从 EPC 总承包的角度来看。承包商参与的此类项目工程通常投资额巨大,建设期长。例如,社会资本需要具有足够的经济规模用以工程先期垫资;具备先进的工艺水平来解决工程技术上的难题;拥有对设计、施工、试运营建设全过程、承发包单位管理以及风险预控等各方面的硬实力;从 PPP 模式社会资本的角度来看,社会资本参与 PPP 项目的全生命周期,对于项目的外部性能起到决定性的作用。社会资本不仅要在项目启动阶段拥有资金规模和融资能力,同时更要在运营维护阶段体现出社会资本的商业传播、信誉水平、社会责任承担等各方面的软实力。

实际上诸如中铁、中建、中交、北京建工等建筑业企业,以及存在大量联合体的投标方式,其同时具备了上述对硬实力与软实力特征的要求,参与了大量的水务、交通等大型基础设施 PPP + EPC 模式的项目。

(二) 结构特征

政府部门与社会资本是 PPP + EPC 项目的两大主体,政府部门是项目的发起方,社会资本是参与方,双方合作成立项目公司进行项目的融资、建设与管理。其中,项目公司中的社会资本同时包含了 EPC 总承包商,负责项目的勘察设计、采购、施工、试运行的全过程管理。项目竣工后由项目公司负责在特许经营期内对项目运营维护,特许经营期满后由政府回购,社会资本有偿或无偿退出。

PPP + EPC 模式大致遵循以下结构:在项目的建设阶段,PPP 模式处于供应链上游,EPC 模式处于下游,基础设施项目正向传导,PPP 模式与 EPC 模式在项目中属于顺向结构方式;而在项目竣工交付阶段则与建设阶段相反,EPC 模式处于上游,而 PPP 模式则处于下游,此时 EPC 模式退出项目并交付项目公司,基础设施项目在 EPC 模式到 PPP 模式逆向传导;项目运营期满回购阶段,社会资本退出而政府持有,PPP 项目结束。以上便构成了 PPP + EPC 模式的全生命周期。在其周期内 EPC 项目交付与政府项目回购，体现出了基础设施 PPP + EPC 模式供应链的闭环结构。闭环供应链是 Guide 等提出的一种新物流概念，是指企业从采购到最终销售的完整供应链循环，包括了产品回收与生命周期支持的逆向物流。将 PPP 模式整合到 EPC 模式的全过程供应链管理中，其中项目公司为供应链的核心，PPP 模式的参与主体和 EPC 模式各阶段工程为供应链的节点。供应链结构如图 1 所示。

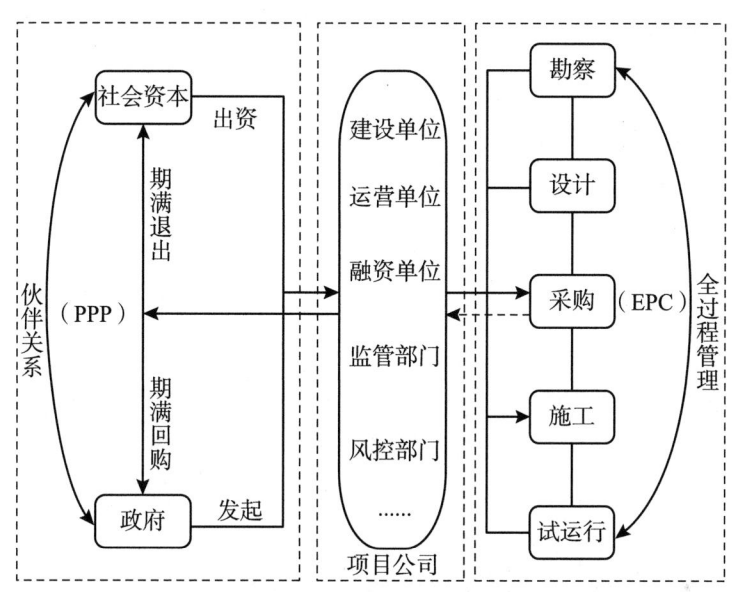

图 1　PPP + EPC 供应链结构

四、城市新区开发 PPP + EPC 模式优势

拓宽城市新区开发基础设施建设的投融资渠道，减轻新区政府的财政压力。PPP + EPC 模式引入具备建设能力的社会资本，通过项目公司建立起 PPP 模式与 EPC 模式有效沟通机制，借助 PPP + EPC 社会资本的商业开发拓展与项目管理和运营的能力实现城市新区开发的资本和管理多元化。在 2017 年 5 月 3 日，财政部联合发改委等五部门发布《关于进一步规范地方政府举债融资行为的通知》中，规定了地方政府对 PPP 项目不得承诺最低收益，对地方政府举债融资做出了规范，进一步保障了新区开发基础设施建设 PPP + EPC 模式融资渠道的可持续发展。

打破城市新区开发基础设施建设的垄断，提高新区基础设施的质量和效率。采用 PPP + EPC 模式将城市新区开发基础设施全过程统一打包，通过充分竞争的方式吸引社会资本参与，有利于引导社会资本从基础设施项目全生命周期的角度，统筹考虑建设和运营维护工作。一是社会资本竞争准入打破了新区开发基础设施"一潭死水"的局面；

二是企业出于长期成本考虑可以有效避免政府的短视行为,进而实现项目资源的开源节流。

实现新区主管政府的职能转变,多元合作化新区基础设施建设。在新区开发基础设施 PPP + EPC 模式中,政府同企业、公众、第三方等各主体间多元合作治理,在简政放权、优化资源配置方面充分发挥彼此优势,弥补自身不足。通过 PPP + EPC 模式,将政府的发展规划、市场监管、公共服务职能与社会资本的管理效率、技术创新动力有机结合,减少政府对投融资、项目管理和项目运营等微观层实务的过度参与。

五、城市新区开发 PPP + EPC 模式的实施路径

(一)实施原则

1. 市场竞争原则。通过社会资本之间的竞争可以达到降低项目的成本、提高供给效率的目标;降低社会资本参与 PPP + EPC 项目的准入条件,并且对公共物品与服务进行合理的定价以便于采用使用者付费方式时能有稳定的现金流。

2. 合理选择合作伙伴原则。在 PPP + EPC 项目中,政府可以采用两标并一标的方式选择社会资本,对于社会资本的适格性要同时考察 PPP 社会资本的软实力和 EPC 总承包的硬实力。并且做到公开、公平、公正,以吸引社会资本参与基础设施建设。

3. "双赢"的利益共享、风险分担原则。通过初始协议和定期的再谈判,使社会资本在契约和再谈判的约束下发挥资本运作和项目管理的优势,使得项目盈利能够控制在合理的范围之内,以及项目风险在政府与社会资本之间能够合理分担,保证新区基础设施供给质量与效率的同时使得社会资本能够获得正常盈利,达成"双赢"。

(二)实施路径

1. 完善监管体系机制设计。完善的监管体系有利于协调政府与企业之间的关系、规范政府与企业的行为。在城市新区开发基础设施 PPP + EPC 模式中建立和完善政府部门的监管体系,避免监管部门缺位,杜绝在操作基础设施建设过程中出现各类违规甚至违法现象。同时,也要规范政府透明运作,降低进入门槛,加强监管基础设施立项、环评、资格预审及评标等流程,避免在市场准入层面政府干预过多。

2. 加强投融资生态环境建设,吸引社会资本参与。新区可以设立专业的担保机构,支持担保机构合理设置 PPP + EPC 项目投融资的信用担保额;规范投融资公司和总承包商的商业行为,为城市新区基础设施 PPP + EPC 项目创造良好的投融资环境;构建社会资本服务平台,可以将一系列诸如保险业、银行业、咨询机构、融资担保平台、风险评估机构等纳入到服务平台中来,建立畅通有效的协调沟通合作的服务平台;根据国家和地方关于新区开发、PPP 模式和 EPC 模式的相关法律法规,合理保障社会资本投资建

设，同时有力的约束社会资本参与过程中的不正义行为，使得社会资本乐于且能够积极参与城市新区开发基础设施建设中来。

3. 建立新区 PPP + EPC 项目动态调价机制。PPP + EPC 项目符合 PPP 项目的一般特征，项目运营期较长，因此在 PPP + EPC 项目的运营期间不可避免的存在或然事件的发生，当项目出现负外部性时，若存在一方利益相关者受损失，其势必会导致项目价格与补贴的调整。建立动态调价机制，通过再谈判等方式处理由于定价问题导致的政府、企业、公众三方的损失，保证三方满意，构建基于政企民三方利益平衡的 PPP + EPC 模式正向调节循环机制和事后反馈负向循环机制。

六、结论与展望

本文浅析了城市新区开发基础设施 PPP + EPC 可以有效去"碎片化"，使得新区开发 PPP + EPC 模式形成整体性规模。根据两标并一标的招标采购程序简化政策以及新区开发等相关法律法规的引导，充分发挥 PPP 模式与 EPC 模式各自的优势，吸引社会资本参与城市新区开发的基础设施建设，进而使新区基础设施的供给更具质量和效率。其不足之处在于没有针对新区开发基础设施 PPP + EPC 模式的实际案例进行深入分析，这也是未来研究的方向。

2017 年 4 月 1 日，中共中央、国务院决定设立雄安新区，这是继深圳经济特区和上海浦东新区之后又一具有全国意义的新区。雄安新区的首要定位是疏解北京的非首都功能，习近平总书记强调，雄安新区现在还是一张白纸，受到各方面利益牵绊较少。与此同时"这张白纸"也凸显出了雄县、安新、容城三地经济基础相对落后，基础设施建设相对薄弱的现状，对于完全承担疏解首都功能任务的差距还很大。基于本文对城市新区开发基础设施 PPP + EPC 模式的论述，以期为 PPP + EPC 模式对于雄安新区快速、稳健的建设发展提供参考。

参考文献

1. 张水波、阿桑、麻佩：《国际 PPP 项目下 EPC 模式演变与合同安排优化》，载于《国际经济合作》，2017 年第 3 期。

2. 陈亮：《EPC + PPP 模式下工程建设企业面临的风险及防范》，载于《建筑》，2016 年第 21 期。

3. 胡旭辉、杜国平、孙立东、蒋再文：《基于 PPP 的 BOT + EPC 模式在重庆高速公路建设中的应用》，载于《公路交通技术》，2015 年第 3 期。

4. 朱孟珏、周春山：《国内外城市新区发展理论研究进展》，载于《热带地理》，2013 年第 3 期。

5. 郑巧凤：《温州市瓯江口新区土地开发 PPP 模式研究》，载于《国土与自然资源研究》，2015 年第 4 期。

6. 吕向公、鹿璐：《借助 PPP 模式推进西咸新区基础设施建设》，载于《西部金融》，2015 年第 8 期。

7. 李瑞：《公私合营模式（PPP）在滨海新区开发中的应用研究》，天津大学硕士学位论文，2012 年。

8. 孙洁：《郑东新区建设需要新的投融资模式——PPP》，载于《河南金融管理干部学院学报》，2005 年第 5 期。

9. 王斌：《打造机关事务保障 PPP 模式格局　全力服务浦东开发开放及"二次创业"》，载于《上海后勤》，2015 年第 3 期。

10. 黄贤金、曹大贵：《南京江北新区储备土地效益提升的政策建议》，载于《土地经济研究》，2015 年第 2 期。

11. 申明：《沈阳浑南新区国资公司发展战略研究》，吉林大学硕士学位论文，2015 年。

12. 李明哲：《公私合作是公共服务和政府采购的理想模式》，载于《建筑经济》，2013 年第 5 期。

13. 《关于在公共服务领域深入推进政府和社会资本合作工作的通知》，载于《中国政府采购》，2016 年第 10 期。

14. 任珑：《关于〈招标投标法实施条例〉的若干问题解析》，载于《宏观经济管理》，2012 年第 4 期。

15. 《关于在公共服务领域深入推进政府和社会资本合作工作的通知》，载于《中国政府采购》，2016 年第 10 期。

16. 胡九华：《〈中华人民共和国招标投标法实施条例〉解读》，载于《建筑经济》，2012 年第 3 期。

17. 赵展慧：《未来发展具有开创性》，载于《人民日报》，2017 年 4 月 5 日。

18. 张连起：《雄安：新发展理念示范之城》，载于《人民政协报》，2017 年 4 月 6 日。

19. Guide V D R, Harrison T P, Van Wassenhove L N. The Challenge of Closed – Loop Supply Chains ［M］. INFORMS，2003.

城市轨道交通 PPP 项目实施方案设计关键点的探讨

——基于郑州轨道 3 号线一期项目的实践总结

葛梦溪 李亚军 徐志刚 何 执*

摘 要：随着我国城市化水平的不断提高，国内各大城市的交通拥堵状况日趋严重，轨道交通具有运量大、速度快、准点运行的优势，发展城市轨道交通已成为解决城市拥堵状况的重要方式之一。轨道交通是城市重大基础设施项目，具有准公益性，多年来国内主要采用政府主导的建设模式。近年来，国家积极鼓励、推广 PPP 建设模式，引进专业运营者提高运营期的服务水平和运营效率，引入战略投资者提供建设期资金来源，国内轨道交通 PPP 项目模式从实践探索进入到了快速发展阶段。本文以郑州轨道交通 3 号线一期工程 PPP 项目的实施方案设计为基础，总结经验，提出了 PPP 模式下城市轨道交通项目运作的关键点。

关键词：城市轨道交通 PPP 模式 郑州轨道 3 号线一期

一、研究背景

随着我国经济的快速发展和城市化水平的不断提高，城市居民对便捷出行日益增长的需求与城市公共交通设施不足的矛盾日益突出。轨道交通作为公共交通的重要组成部分越来越受到各地政府部门的重视。目前，全国已经有 39 个城市建设或规划建设轨道交通，预计到 2020 年全国拥有轨道交通的城市将达到 50 个，建设总里程达到近 6000 公里，轨道交通建设投资将达到 4 万亿元。

轨道交通运量大、速度快、安全可靠，同时也具有建设周期长、资金投入巨大等特点。公共基础设施的建设直接影响着公共产品和服务的有效供给，有限的财政资金投入同快速增长的公共基础设施需求间的矛盾逐步显现，影响公共产品和服务提供的质量和效率。在此背景下，PPP 作为新形势下的一种项目运作模式，其高效、兼容的

---

* 葛梦溪、李亚军：郑州市轨道交通有限公司；地址：河南省郑州市郑东新区康宁街与中兴路交叉口郑州轨道调度中心；邮编：450000；徐志刚、何执：北京大岳咨询有限责任公司。

特点能够成为大型基础设施建设的一个新的选择，对于缓解公共基础设施建设资金不足、提升公共服务效率起到补缺和引导效应，是近几年来国家政策鼓励发展的方向，其发展前景十分广阔。在此背景下，可探索总结出一些符合政策立意、可复制推广的实践做法。

二、国内轨道交通 PPP 项目运作情况

据相关数据统计显示，2016 年，中国有北京、广州、深圳、重庆、武汉、西安、长沙等17座城市有轨道交通设施，新增27条运营线路，合计里程为554.00公里，车站370座，总投资额3222.30亿元。其中，多个轨道交通项目采用PPP模式，具体项目情况如表1所示。

表1　　　　　　　　2016 年国内城市轨道交通 PPP 项目汇总

序号	项目名称	运作模式	中标单位	运营性单位
1	芜湖地铁1号线、2号线	整体 BOT	中国中车股份有限公司、中新苏州工业园区市政公用工程建设有限公司、中国中铁股份有限公司、中铁四局集团有限公司、中铁电气化局集团有限公司、中车招银（天津）股权投资基金管理有限公司、中铁（上海）投资有限公司、中铁民通（北京）投资有限公司	无
2	西安地铁9号线	整体 BOT	中国中铁股份有限公司	无
3	乌鲁木齐2号线	整体 BOT	北京市基础设施投资有限公司（简称"京投公司"）、北京市轨道交通建设管理有限公司、中国铁建股份有限公司组建的联合体	有
4	乌鲁木齐3号线	整体 BOT，建设期5年，特许经营期30年	中国中铁股份有限公司	无
5	乌鲁木齐4号线	整体 BOT，建设期5年，运营期30年	中国交通建设股份有限公司	无
6	昆明地铁4号线	整体 BOT	北京城建设计发展集团股份有限公司、中铁电气化局集团有限公司	无
7	昆明地铁5号线	拆分成A、B两部分，分别 BOT	中国铁建股份有限公司、中铁四院集团投资有限公司	无

续表

序号	项目名称	运作模式	中标单位	运营性单位
8	昆明地铁9号线	整体BOT	中国中车股份有限公司、中铁二局工程有限公司、中新苏州工业园区市政公用工程建设有限公司	无
9	福州地铁2号线	整体BOT	中国电子科技集团公司第十四研究所、南京轨道交通系统工程有限公司、南京恩瑞特实业有限公司、中铁电气化局集团有限公司、南京地铁运营有限责任公司联合体	有
10	呼和浩特地铁1号线	B部分BOT	中国中铁股份有限公司和深圳市太平投资有限公司联合体	无
11	呼和浩特地铁2号线	B部分BOT	中国铁建股份有限公司	无
12	大连地铁5号线	整体BOT	中国中铁股份有限公司、中铁平安投资有限公司、重庆城市交通开发投资（集团）有限公司	有
13	合肥地铁2号线	B部分BOT	合肥建琪城市建设发展合伙企业（有限合伙）和合肥城市轨道交通有限公司联合体	有（本地）
14	亦庄新城有轨电车	整体BOT	北京公共交通控股（集团）有限公司	有（本地）
15	广州地铁11号线	整体BOT	中国中铁股份有限公司（主办方）、中铁平安投资有限公司、广州地铁设计研究院有限公司	无
16	徐州地铁3号线	网运分离，建设养护模块BLMT	中国建筑股份有限公司及子公司联合体	无
17	徐州地铁2号线	网运分离，建设养护模块BLMT	中国铁建股份有限公司、徐州市国盛投资控股有限公司联合体	无
18	重庆地铁9号线	整体BOT	中国建筑股份有限公司	无
19	青岛红岛—胶南城际轨道交通	采取股权合作+BOT运作方式，特许经营期暂定为25年	中国交通建设股份有限公司	无
20	青岛地铁1号线	整体BOT，特许经营期暂定为25年	招商财富资产管理有限公司和招商银行股份有限公司联合体	无
21	青岛地铁4号线	整体BOT	中国铁建股份有限公司	无

续表

序号	项目名称	运作模式	中标单位	运营性单位
22	贵阳地铁2号线	整体BOT	贵阳祥山绿色城市发展基金（有限合伙）和交银国际信托有限公司联合体	无
23	北京新机场轨道线	B部分BOT	中国铁建公司及公司下属中铁十二局集团有限公司、中铁十四局集团有限公司与北京市轨道交通建设管理有限公司、北京市轨道交通运营管理有限公司、北京城建集团有限责任公司、北京市政路桥股份有限公司、北京市政建设集团有限责任公司组成的联合体	有
24	南京地铁5号线	整体BOT	绿地集团及控股子公司上海绿地建设（集团）有限公司与上海隧道工程有限公司组成的联合体	无
25	三亚有轨电车	整体BOT	中国交通建设股份有限公司和广州有轨电车有限责任公司（联合体）	有

纵观上述轨道交通PPP项目，虽数量众多，但究其实质，大部分通过PPP模式，解决的是项目融资与建设的问题，甚至单纯以融资为目的。真正引入外来优秀的运营商提升当地轨道交通运营及管理水平，或者增强行业内竞争态势的情况并不多见。

三、郑州轨道3号线一期PPP项目运作模式

（一）项目运作模式概述

郑州轨道3号线一期工程全长25.488公里，全部为地下线，共设车站21座，总投资为206.08亿元，资本金比例为42%。将郑州地铁3号线一期工程全部建设内容划分为A、B两部分：A部分主要为土建及铺轨工程部分，静态总投资为136.29亿元；B部分主要包括车辆、信号、自动售检票系统等机电设备，总投资额约为58.88亿元。

3号线一期PPP项目正式启动后，政府层面就本项目成立了领导组，轨道公司内部也成立了相应的领导小组，上述机构的成立为项目实施过程中的具体工作提供了决策、解决渠道，有力保障了项目的顺利实施。郑州市政府授权郑州市轨道交通建设管理办公室（简称"轨道办"）作为项目实施机构，负责项目准备、采购、监管和移交等工作。项目参与方沟通、组织结构关系见图1，项目运作模式如图2所示。

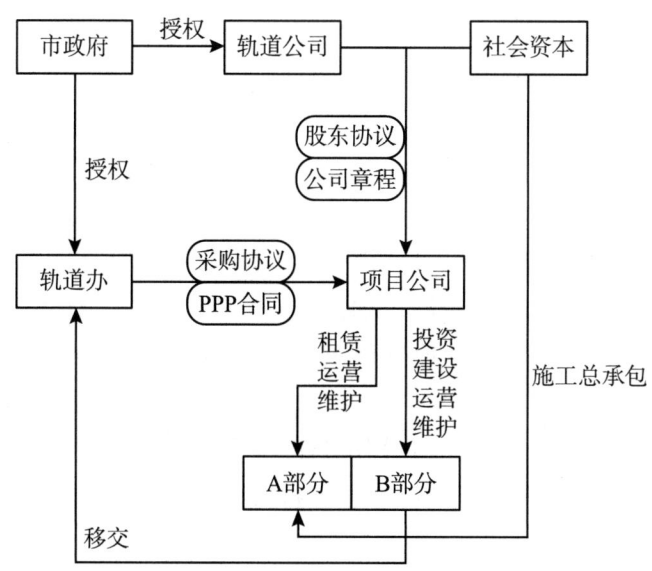

图 1 项目参与方组织结构图

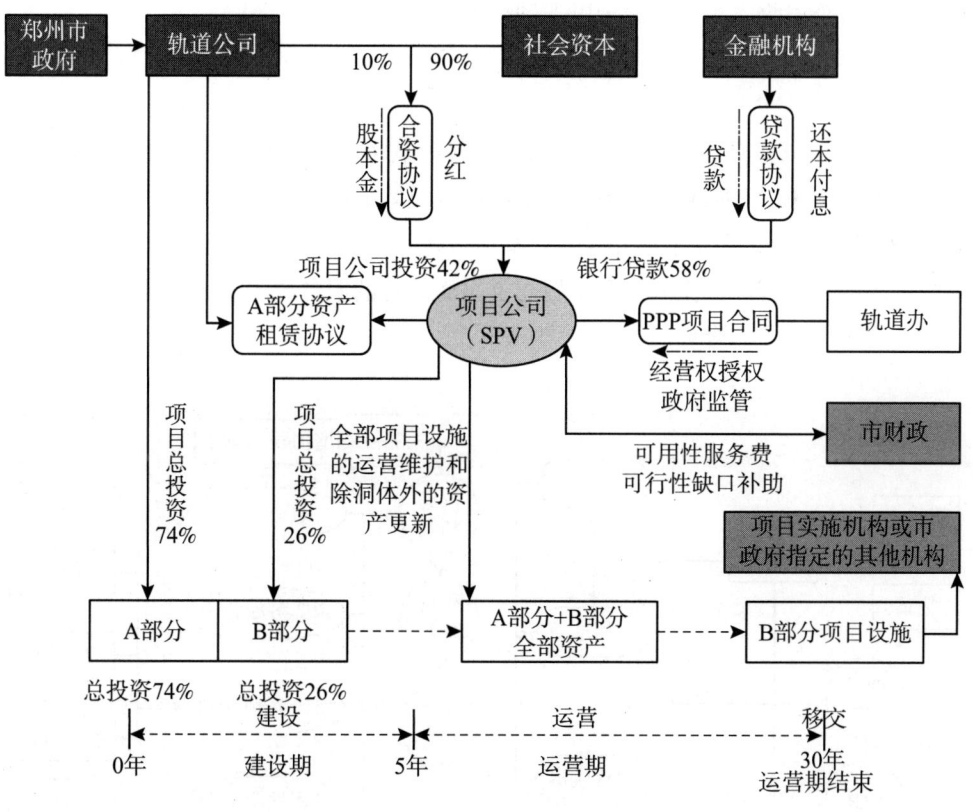

图 2 项目运作模式

在 PPP 项目运作方式上，3 号线一期项目参考较为成熟的北京地铁 4 号线、杭州地铁 1 号线模式，将建设工程部分中与项目全生命周期建设、运营、维护关系较小的部分土建工程作为 A 部分划出 PPP 项目范围。

项目实施机构通过公开招标方式选定社会资本方，社会资本方（可以为联合体）需同时具有施工及运营能力。由中标社会资本方（联合体为其中具有施工能力的一方）负责 A 部分施工总承包，中标社会资本方与轨道公司共同成立项目公司，由项目公司负责 B 部分 PPP 项目的投融资、建设及全部项目设施的运营、维护。

项目建成后，项目公司通过租赁方式取得 A 部分项目设施的使用权。运营期内，项目公司负责全部项目设施的运营维护和除洞体外的资产更新，并取得客运票务收入和非票务收入。

合作期限届满，项目公司终止 A 部分项目设施的租赁，将 B 部分项目设施完好无偿地移交给项目实施机构或市政府指定的其他机构。

（二）项目回报方式

合作期限内，社会资本作为项目公司股东，按照股东协议从项目公司收入中获得投资回报，项目公司收入主要来源于以下四个方面。

1. 票务收入。项目公司在执行市政府制定的运营票价的前提下，实际获得的客运服务票务收入。

2. 非票务收入。项目公司可以在合作期限内从事法律允许的其他业务，包括开展零售、商铺、广告、移动通信服务、提款机服务及其他商业经营。

3. 可用性服务费。项目公司通过为本项目建设符合适用法律及协议规定且符合竣工验收标准的公共资产，投入了资本性总支出而取得的服务收入，主要包括项目建设成本、融资成本及必要的合理回报（见图 3）。

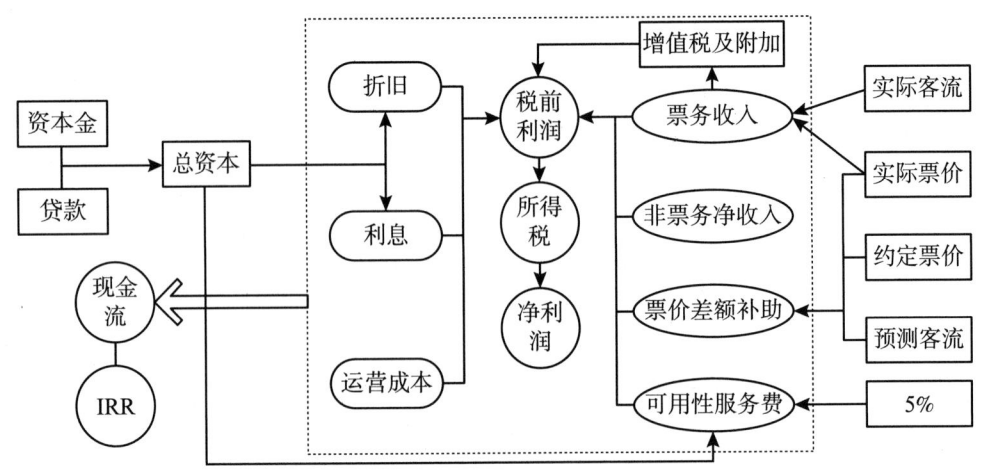

图 3　项目回报来源结构示意图

4. 可行性缺口补助。本项目中的可行性缺口补助主要通过票价补助机制和客流风险分担机制体现。在合作期限内,若运营年度实际平均人次票价低于调整后的约定平均人次票价,由政府方根据票价补助机制对项目公司进行补助;若运营年度实际客流量低于预测客流量的10%,则低于10%部分的客流收入缺口,由政府方与项目公司按客流风险分担机制进行分担。

(三) 风险分配机制

科学合理的风险分配机制是PPP项目的精髓之一,是保证项目成功的前提条件,尤其是对轨道交通这样的投资体量巨大的项目来说。郑州轨道3号线一期项目全面梳理、分析了项目可能面临的各类风险(见图4),按照最优风险分配、风险收益对等、风险可控原则,将项目建造、融资和运营维护等商业风险主要由社会资本承担,项目涉及的法律、政策和征用等政府行为等风险主要由政府方承担,不可抗力、社会稳定等非主观风险由政府和社会资本双方合理共担。

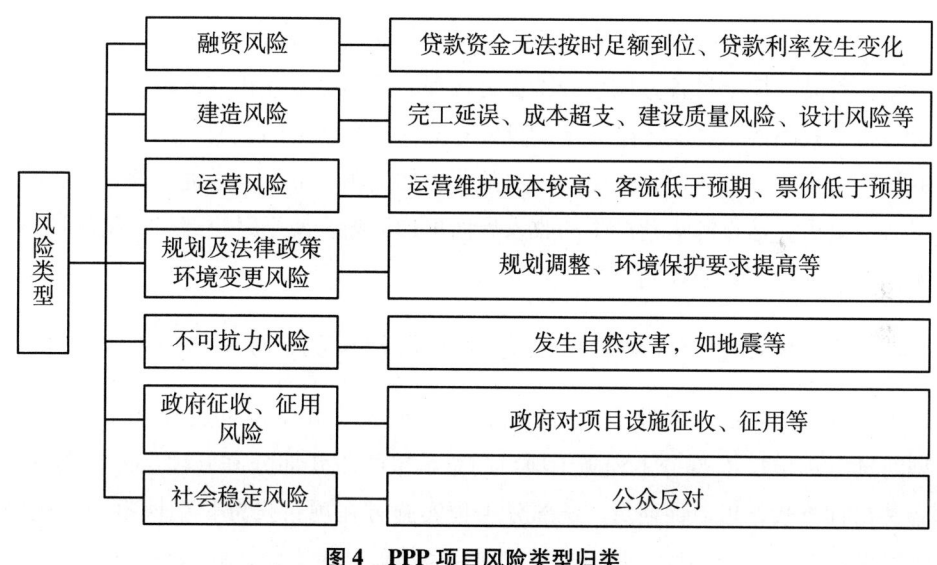

图4 PPP项目风险类型归类

(四) 项目专业咨询单位的搭配

郑州轨道3号线一期PPP项目是财政部示范项目,体量大、结构复杂,加之近两年来PPP有关政策频发,且国内同类型项目还处于探索阶段,缺乏足够数量的成熟经验。为保证项目的整体质量,郑州轨道公司聘请了专业的PPP项目整体咨询单位,宏观把控、整体组织项目各项工作。此外,项目涉及的法律关系繁多,为充分保障政府方权益,轨道公司还聘请了律师事务所提供专业法律服务。

PPP 的核心理念之一是风险共担，不同的立场对风险认知必然会产生一定的差异，而通过对项目回报结构的调整，能有效降低这种对风险认知的差别，对于项目的顺利推进以及未来项目的成功运作具有关键作用。PPP 项目大部分风险关联于财务测算的投资回报机制设计，因此对财务测算的精确性、专业性有极高的要求。为保证测算数据的专业性，郑州轨道公司对最基础、核心的客流预测数据聘请专业机构先后进行了三次不同口径的测算。

四、郑州轨道 3 号线一期 PPP 项目经验总结

（一）可用性服务费模式使风险分担机制更合理

郑州轨道 3 号线一期 PPP 项目在回报方式中创新性的将可用性服务费作为项目公司的收入来源之一，对应 B 部分资产投资资金应取得的合理回报；而票务收入对应项目运营管理方面的回报，从而避免将过多的风险都包含在约定平均人次票价之中。这种设计将社会资本的建设资产投资收支和运营服务管理收支区分对待，与实际情况更相符，界面更清晰。首先，使项目各方风险分担更为合理，可用性服务费不再包含在约定平均人次票价内，有效隔离了客流风险对建设投资对应的项目回报的影响；其次，调整了项目公司的收入结构，使整体现金流中的稳定部分更加透明、可见，增强了项目对社会资本的吸引力；最后，建设和运营产生的收入界面更加清晰，便于财政部门清晰的测算每年的补贴额，有助于更好地控制财政预算支出。

（二）A、B 部分合并招标吸引各方社会资本方参与

本项目在当前的法律框架下，创新性的将土建工程施工总承包与 PPP 项目合并招标，同时选定本项目 A 部分工程施工项目的总承包商和 B 部分 PPP 项目的社会资本方。采用合并招标方式，可以促使 A、B 部分工程实施方在项目投资长期回报和工程质量、安全、进度目标上趋于一致，有利于实现项目整体效益最大化，同时在建设过程中有利于 A、B 两部分工程接口工作的协调，也有利于兼顾项目运营对建设工程做相应的优化。

通过合并招标，既吸引有实力的工程承包商，促进市场竞争，又能通过大型工程承包商调动起有经验的运营商的积极性。实现社会资本的强强联合，建设、运营、投资均有专业单位负责。优势互补、综合实力强劲的社会资本联合体，为项目公司成立后的顺利运行打下了坚实的基础。从招标实施结果来看，工程部分概算下浮比例和初始运营年约定平均人次票价报价在同类型轨道交通 PPP 项目中均低于一般水平，充分展现了本项目合并招标的优势。

（三）是"真"PPP

自从近两年国家开始出台鼓励、推广 PPP 模式的多项政策以来，各地实施的 PPP 项目"真"、"假"难辨。郑州轨道 3 号线一期 PPP 项目启动时，抓住引入高品质运营服务、实现风险共担的核心原则，通过科学合理的设计和广泛的宣传，并借助世行贷款项目平台，吸引了深圳、新加坡等国内外多家成熟地铁运营商的关注。经过公开招标，最终与深圳地铁达成合作，为郑州引入了国内一流的运营服务商。郑州轨道 3 号线一期 PPP 项目也由此真正达到了通过 PPP 模式发挥优秀社会资本运营优势的根本目的。

五、结论

在国家大力推进城市轨道交通行业发展的背景下，更多的城市轨道交通项目会选择 PPP 模式运作。郑州轨道 3 号线一期 PPP 项目作为国家级示范项目，也是河南省首个以 PPP 模式运作的城市轨道交通项目，在项目运作中坚持"合法合规、公平合理、平等合作、灵活创新"的基本原则，在城市轨道交通 PPP 项目领域具有代表性和示范意义。郑州轨道 3 号线一期 PPP 项目的运作实践经验包括项目高效的组织协调机制、科学合理的运作模式、创新的回报机制、适应项目特征的采购模式等。这些宝贵的经验将为未来同类型项目运作提供有力的支撑。

参考文献

1. 崔健、刘东：《城市基础设施建设投融资模式创新的基本思路》，载于《开放导报》，2012 年第 3 期。

2. 贾康：《发挥 PPP 模式在改革创新中的正面效应》，载于《地方财政研究》，2014 年第 9 期。

3. 金虹：《对我国交通建设投融资政策的探讨》，载于《经济研究导刊》，2007 年第 1 期。

4. 王晓姝、范家瑛：《交通基础设施 PPP 项目中的关键性风险识别与度量》，载于《工程管理学报》，2016 年第 4 期。

5. 王震宇：《城市轨道交通 PPP 项目融资模式的探讨——以徐州地铁 2 号线为例》，载于《价值工程》，2016 年第 35 期。

6. 杨文武：《中国城市轨道交通可持续发展的工程管理议题》，载于《中国工程科学》，2013 年第 11 期。

7. 郑晓莉、陈峰：《城市轨道交通 PPP 模式中的政府角色定位》，载于《都市快轨交通》，2009 年第 4 期。

环保产业应用 PPP 模式存在的问题及对策研究

吴伟军[*]

> **摘　要**：基于我国环境形势日益严峻和环保产业发展受限的现状，本文选题是环保产业应用 PPP 模式存在的问题及对策研究。本文首先对国内外相关的理论和文献进行了综合回顾，得出 PPP 模式在环保产业应用中的优势。其次阐述了我国 PPP 模式应用于环保产业的现状及意义，同时对 PPP 模式应用于环保产业的交易结构和特点也做了重点探讨。然后结合发展现状，研究了 PPP 模式应用于环保产业的相关问题。最后根据发展遇到的问题，从宏观、中观及微观三个层面，提出促进 PPP 模式应用于环保产业发展的政策建议。
>
> **关键词**：环保产业　PPP 模式　项目融资

一、引　言

近年来，随着我国环境形势的日益严峻，国家出台了不少有关环保的鼓励支持政策。2015 年 3 月，中央审议通过的《关于加快推进生态文明建设的意见》首次明确提出"协同推进新型工业化、城镇化、信息化、农业现代化和绿色化"，绿色化被提升到了和"新四化"同等重要的国家战略高度。绿色环保产业是我国未来发展的必然趋势，但由于环保产业的公益属性，其利润普遍偏低，对社会资本的吸引力有限，融资难问题一直未能得到较好的解决。而 PPP 模式在融资及管理方面具有很大优势，是目前解决我国环境治理问题和响应国家生态文明建设战略的有效途径之一。环境污染问题是当前我国城镇化、工业化建设过程中所产生的一个突出问题，加大对我国环境保护的投入力度是环境保护工作的客观要求。由于环境保护项目多是投资数额较大，建设周期长的公益性项目，单靠政府财政投入远远不能满足环境保护工作的需求，因此如何吸引私人企业参与到环保产业中来成为环境保护学者研究的重要问题。在此背景下，本文试图探讨 PPP 模式在环保产业中的应用，以促进我国环保产业的发展。

---

[*] 吴伟军：江西财经大学金融学院副教授、博士、系主任；地址：江西财经大学金融学院货币银行系；邮编：330013。

二、理论和文献回顾

（一）国外研究现状

1. PPP 模式的发展。萨瓦斯认为，PPP 从广义上来说，是指公共部门和私营部门共同参与生产和提供物品和服务的任何安排，合同承包、特许经营、补助等符合这一定义。Barry Keating 和 Maryann Keating 认为 PPP 模式将追逐利润的私人公司和非营利性的政府机构结合在一起，双方具有各自的比较优势，有利于形成优势互补。

2. 环保产业的融资。Tietenberg，Cropper 和 Oates 等人对庇古的排污权交易以及庇古税进行了相关研究，其认为在产权清晰、信息完全对称并且完全竞争的市场环境下，价格政策工具与数量政策工具是等价的。国外较多采用超级基金、绿色信贷的方式为环保产业提供融资。

3. PPP 模式在环保产业中的应用。Shin 提出为降低环保产业投资的风险和成本，政府应努力实施公私合营，即积极应用 PPP 模式以分散投资风险。世界银行在治污措施方面提出政府要对其运作和保护进行资助，大部分的治污措施所需要的投资由私人部门承担。原因是环境服务具有投资额巨大，回收周期较长且不确定性的特点。

（二）国内研究现状

1. PPP 模式的发展。亓霞、柯永健、王守清通过总结分析我国在实施 PPP 模式的过程中出现问题的或失败的项目案例，归纳出了引起项目出现问题或导致失败的主要风险因素，在此基础上分析了出现风险的深层次原因。孙洁提出，PPP 模式不是简单的项目融资模式，更是一种管理模式，在管理模式下，PPP 的风险分配原则是让最有能力承担风险的一方承担风险。

2. 环保产业的融资。葛察忠、董战峰、郝春旭等人指出我国环保产业融资存在投资总量不足、融资主体单一、融资渠道单一等显著问题。蓝虹、刘朝晖提出我国长期以来的环保资金的来源渠道主要是政府财政投资，我国约 70% 以上的环保资金来源于政府或公共部门。

3. PPP 模式在环保产业中的应用。李建强、张淑翠认为 PPP 环保产业基金由于是投资多个行业的项目，能够实现利润的互补平衡，因此有利于解决中低利润和无利润的环保项目严重缺乏投资的融资问题。冯为为认为 PPP 模式在环保行业中的应用较为有效，例如建筑垃圾资源化、供热、污水处理等领域都兴起了一股"PPP + 环保"的新模式，项目成果显著。

（三）文献述评

本文通过查阅国内外文献，从 PPP 模式的发展、环保产业的融资及 PPP 模式在环保产业中的应用三个方面进行分类阐述。国内外学者目前普遍对 PPP 都有了较为清晰的定义，另外对环保产业的融资困境也有较为一致的认识，并对 PPP 模式在环保产业融资中的优势都形成了共同的认可。本文将在之前学者研究成果的基础上，结合我国国内的实际情况，提出针对性较强的政策建议。

三、PPP 模式应用于环保产业在我国的发展

（一）我国 PPP 模式应用于环保产业的发展历程

PPP（Public – Private Partnership）指"政府和社会资本合作"。我国对 PPP 进行了定位，PPP 模式是公共服务供给机制的重大创新，即政府采取竞争性方式择优选择具有投资、运营管理能力的社会资本，双方按照平等协商原则订立合同，明确责权利关系，由社会资本提供公共服务，政府依据公共服务绩效评价结果向社会资本支付相应对价，保证社会资本获得合理收益。

环保产业 + PPP，在我国虽然起步较晚，但已初具规模。由于工业领域的节能环保项目配有政府公共要素，因此在工业领域的环保项目基本没有 PPP 模式的运用，例如工业污水处理等。在大气治理领域，除了工业属性强外，涉及的部门较多，较难进行责任界定。目前，在环保产业中应用 PPP 模式较多的领域是污水处理、垃圾处理处置、海绵城市、综合管廊、水生态修复等，即以水、固和生态三部分为主要内容。

PPP 模式在我国发展已有二十多年历史，在该模式的作用下，城市污水厂领域在短短十几年时间处理率从 2002 年的 40% 提高到了 87.3%（2012 年），生活垃圾无害化处理率由 54.2%（2002 年）提高到了 84.8%（2012 年）。2013 年作为 PPP 模式发展的新的元年，PPP 模式在环保产业中的热度持续攀升，从 2015 年国家公布的 PPP 项目来看，已披露的计划投资总额超过 1.6 万亿元，其中环保产业超过 1270 亿元，相信在十三五期间，PPP 模式在环保产业中的应用将呈现井喷式增长。

（二）我国 PPP 模式应用于环保产业现状

目前，我国环保投资明显不足，在很大程度上限制了环境保护各项行动的执行力度。长期以来，我国环保资金的来源渠道主要是政府财政投资。据统计，我国 70% 以上的环保资金来源于政府或公共部门。为了解决环保投资渠道单一的问题，引导社会资本投入环境保护领域，环保部联手各金融监管部门推出了绿色金融系列政策，包括绿色银行、绿色证券、绿色保险、绿色债券等，但金融机构追逐利润的本性，导致在实施这些绿色金融政策的过程中，仅仅是将环境保护中利润较高的项目挑选出来，而中低利润的项目并不能通过绿色金融手段获得关注和更多的投资。比如，在实施绿色信贷政策中，商业银行出于生存和市场竞争的需要，更青睐那些收益较高较稳定的环保

项目。

截至2017年3月末,全国入库的PPP项目共计12287个,累计投资额14.6万亿元,覆盖31个省(自治区、直辖市)及新疆兵团和19个行业领域。其中,已签约落地项目1729个,投资额2.9万亿元,落地项目数前三位是市政工程、交通运输、生态建设和环境保护,合计占落地项目总数的63.9%;落地项目数当月净增前三位同样是市政工程、交通运输、生态建设和环境保护,合计占当月增量的63.8%。

项目库内各行业截至3月末PPP项目数及投资额见图1和图2。其中,市政工程、

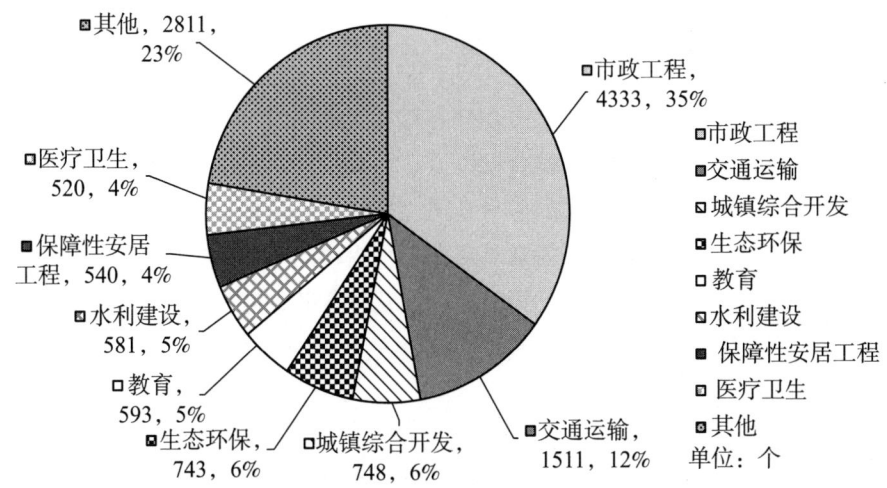

图1 截至2017年3月末我国入库PPP项目数行业分布

资料来源:中建政研PPP研究中心。

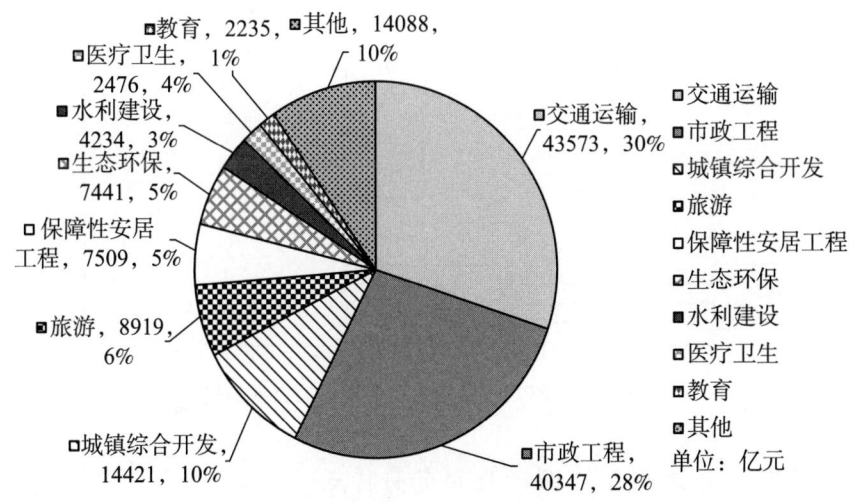

图2 截至2017年3月末入库PPP项目投资额行业分布

资料来源:中建政研PPP研究中心。

交通运输、旅游三个行业项目数居前3名，分别为4333个、1511个、748个，合计占入库项目总数的53.7%。环保行业项目数为743，仅占6%，发展数量较为有限。交通运输、市政工程、城镇综合开发三个行业项目总投资居前3名，分别为43573亿元、40347亿元、14421亿元，合计占入库项目总投资的67.1%。而环保行业项目数为7441亿元，仅占5%，相对于其他行业，发展规模也较为有限。

四、PPP模式应用于环保产业的交易结构和特点

（一）PPP模式应用于环保产业的交易结构

PPP模式应用于环保产业的交易中，交易结构通常如图3所示，一般涉及政府方、项目公司、授权机构、金融机构、社会投资方、社会公众等多个交易方，政府方的政府授权部门通常先与投资方注资设立的项目公司签订特许经营协议，然后由项目公司完成环保项目投资、建设及运营，社会公众对环保项目提供的服务进行付费，并支付一定的费用给授权机构，授权机构对项目公司的建设运营进行监督考核，并支付一定的费用作为项目公司的另一收入来源。

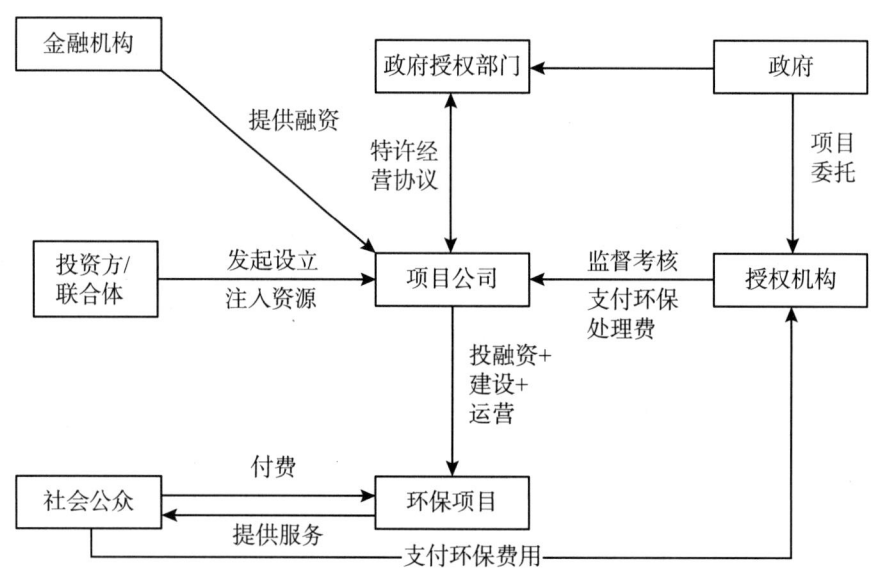

图3　我国PPP模式应用环保产业的交易结构

（二）PPP模式应用于环保产业的交易特点

从具体服务对象来讲又可分为三个层次：一是单一项目层次，如大型污水处理厂的PPP模式等；二是环保产业层次，如PPP土壤修复基金等；三是区域或流域环境保护层

次，如 PPP 模式生态城建设基金等。PPP 模式从所有权和风险角度讲可分为外包、特许经营和私有化三类（见表1）。不同的模式对政府部门和私人部门的权利义务，及承担的风险水平的要求也各不相同。其应用于环保产业最大的特点便是风险共担，利益共享，它能根据项目的风险收益状况选择不同的合作方式，这不仅能有效分散风险，还能实现收益的合理分配。

表1　　　　　　　　　　　　PPP 模式的广义分类

类型	含义	风险比较
外包类	PPP 项目一般是由政府投资，私人部门承包整个项目中的一项或几项职能，例如只负责工程建设，或者受政府之托代为管理维护设施或提供部分公共服务，并通过政府付费实现收益。在外包类 PPP 项目中，私人部门承担的风险相对较小	私人部门 < 政府部门
特许经营类	项目需要私人参与部分或全部投资，并通过一定的合作机制与公共部门分担项目风险、共享项目收益。根据项目的实际收益情况，公共部门可能会向特许经营公司收取一定的特许经营费或给予一定的补偿，这就需要公共部门协调好私人部门的利润和项目的公益性两者之间的平衡关系，因而特许经营类项目能否成功在很大程度上取决于政府相关部门的管理水平。通过建立有效的监管机制，特许经营类项目能充分发挥双方各自的优势，节约整个项目的建设和经营成本，同时还能提高公共服务的质量。项目的资产最终归公共部门保留，因此一般存在使用权和所有权的移交过程，即合同结束后要求私人部门将项目的使用权或所有权移交给公共部门	私人部门 = 政府部门
私有化类	PPP 项目则需要私人部门负责项目的全部投资，在政府的监管下，通过向用户收费收回投资实现利润。由于私有化类 PPP 项目的所有权永久归私人拥有，并且不具备有限追索的特性，因此私人部门在这类 PPP 项目中承担的风险最大	私人部门 > 政府部门

五、PPP 模式应用于环保产业的意义

PPP 模式具有多方面优势，其应用于环保产业的意义重大，具体如下：

（一）避免费用超支

环保产业作为公益性行业，收益率较低，市场主体参与较少，费用若是缺乏相应的监督，仅仅凭借单方面控制，将很容易导致费用的超支。在整个 PPP 项目生命周期中，政府和私营部门双方共同参与，彼此监督。因为私营部门只有在项目完成并取得政府批准后才能获得收益，因此可以一定程度上消除项目的延迟完工风险和项目资金风险，有利于提高效率，缩减工程造价。同时，政府资金的使用也受到市场主体的监督，可减少政府寻租空间，保障资金的合理利用。

（二）减轻财政负担

PPP模式使得政府从公共产品和服务的提供者变为监督者，不仅保障了项目质量，也减轻了财政负担。环保产业的大部分项目是中低利润甚至是没有利润的。过去一段时间，很多环保项目都是通过财政补贴或财政贴息手段进行，在地方财政资金不足、公众对环境质量和国家对环保产业投资不断增大的情况下，只能改变出资手段，PPP模式可以通过引入民间资本，有效解决这一问题。

（三）促进投资体制改革

私营部门的加入可以使得政府公共部门获得更多的资金和技术支持，促进了投资主体的多元化发展。环保产业可以提高经济、社会和环境的综合效益。原因一是环保产业本身具有经济属性，它的发展本身就可以贡献国民经济的发展；二是环保产业还具有社会和环境效益，是改善人居生活质量的重要抓手；三是环保产业具有强有力的产业"渗透性"和"嫁接性"，一方面通过"环保+"商业模式可以带动其他产业创新发展，另一方面通过环境准入的高标准要求，促进企业进行绿色节能改造，提高生产管理水平，倒逼企业进行产业升级，优化产业竞争环境。

（四）实现合同方互利共赢

PPP模式可以使公私双方彼此优势互补，通过互利的长期目标，以最少的成本为社会公众提供更高质量、更高效率的产品或服务。环保产业的高技术壁垒需要通过PPP引入私营部门专业领域的专业技术和先进管理经验，提高服务质量和效率。因此，一方面，为了解决我国环保产业投资不足的问题和提高公众服务水平，引入PPP模式可以有效促进环保产业的健康发展。另一方面，PPP模式可以合理分配风险，PPP模式要求政府也承担一定风险，从而减少私营单位的从业风险，促进项目整体良性推进。

六、PPP模式应用于环保产业存在的问题

我国PPP模式应用于环保产业所面临的主要难题，就是大量的社会资本与环境保护需求难以融合，受PPP合作领域不清晰、缺乏稳定的投资回报机制、市场的公正性规范性不强以及风险的防范机制、引导机制不健全等问题的限制，使得他们很难找到突破口和融合点。加上公众长期以来对环保专业知识缺乏了解，环保企业本身存在估值不高，所以这对民间资本的流入形成了障碍。同时，很多资金方因为不了解环保技术，对环保团队的运营与项目的建设缺乏经验，因此，真正的私人资本并没有被引入。PPP本来是"公私伙伴关系"（Public-Private Partnership），但在很多领域和项目中却变成了"公公合作关系"（Public-Public Partnership）。

虽然随着我国市场化运作方式的发展,在城市污水处理、固体废弃物处理领域都有了成功尝试运用PPP模式的案例,但还是有许多具体问题需要我们关注。

(一)缺乏相关配套制度支持,增加项目运作难度

我国PPP发展总体缺乏国家层面的统筹规划和法律制度,现有的制度大部分仅仅为部门规章制度。另外,在项目实施中存在与现有法律法规的冲突以及相关部委间的行政冲突。例如,社会资本与政府签订的特许经营合同发生争议时能否申请仲裁或提起民事诉讼,在《行政诉讼法》和财政部《政府和社会资本合作模式操作指南》中有不同规定。财政部和发改委分别出台的《政府和社会资本合作模式操作指南》和《基础设施和公用事业特许经营管理办法》中对PPP合同指南存在冲突或不同解释。

(二)缺乏第三方专业评估,决策缺乏科学依据

PPP项目的方案设计非常复杂,涉及多个领域,项目可行性评估与财政承受能力论证具有很强的专业性,需要专业的第三方机构进行评估,而当前技术、法律、财务等相关机构的缺失,使得项目大多缺乏充分评估,政府签约方专业人才资源缺乏,难以保证项目规划和决策的科学性。例如,在某些环保项目中,公共部门在确定项目收益率时,相关论证不充分,对项目收益率定得过高,对其他因素考虑不完全,在项目实施中可能增加政府成本。

(三)政府信用风险居高,阻碍PPP项目发展

公共部门失信行为是影响PPP项目实施效果的原因之一。有些案例中,政府为了吸引资金降低短期融资压力,经常会作出超出能力的承诺,而后又不履行或拒绝履行合同约定,契约精神欠缺,给PPP项目带来不利影响。政府不履行或者拒绝履行项目协议约定的责任和义务,就会给项目带来严重的危害,损害私人部门的利益。

(四)缺乏成熟盈利模式,各方参与度有待提高

由于环保产业的公益性行业属性,大部分环保项目的收益率都普遍较低,同时又缺乏其他收益渠道及成熟的盈利模式,这导致社会资本方和金融机构参与的积极性都不高。

1. 社会资本参与度不高的主要原因。(1)当前政府推出的多数PPP项目并非社会资本期望介入的低风险、高收益的优质项目,社会资本可选项目较少。(2)PPP项目大多带有公益性质,因而收益率普遍不高,加上现金流估算受政策不确定性影响较大,制约社会资本的参与积极性。

2. 金融机构参与度不高的主要原因。(1)当前PPP项目管理模式缺乏具体的操作指引和指导建议,金融机构介入PPP项目难度大。(2)商业银行仍然依靠抵押品、担

保品来确保资产质量,尤其是在政府项目上,大多简单依靠政府承诺函或土地抵押等的做法,难以适应银行现有贷款审批和风险管控机制。(3) 法律法规、风险分担机制缺失,使得金融机构需要承担较大的风险因而对 PPP 项目融资多持观望态度。

七、促进 PPP 模式应用于环保产业的政策建议

(一) 宏观层面政策建议

1. 营造良好的政策环境。良好的政策环境是运用 PPP 模式推进环保产业发展的首要因素。虽然中央政府在大力推进 PPP 模式的应用,但地方管理部门和行政机构思想并没有彻底解放,其只注重眼前利益,担心民资获益会影响相关者的利益而不敢轻易接受民资,这会在一定程度上阻碍 PPP 模式的应用和发展。各级政府联合支持,开诚布公的合作才是 PPP 模式有效推广之道。

2. 完善 PPP 模式的相关法律法规制度。PPP 模式的发展需要完善的制度加以保障。目前我国在法律层面仍缺乏 PPP 相关的政策文件,应加快建立 PPP 模式的法律体系。首先是梳理和完善现行法律法规政策和规章,主要包括市场准入、政府采购、预算管理、风险分担、流程管理、绩效评价和争议解决等。再者政府部门应出台 PPP 项目的相关评价标准,从而指导地方政府在环保产业 PPP 领域内科学合理的推进 PPP 相关项目。

3. 建立透明的信息共享制度。政府需要提高 PPP 项目的透明度,建立信息公开制度,推进各领域 PPP 模式的应用。通过搭建信息公开平台,促进 PPP 项目信息和投标企业的信息公开,有利于公私双方的有效对接。

(二) 中观层面的政策建议

1. 培育专业的 PPP 咨询服务机构。PPP 模式在环保产业中涉及的专业领域较多,专业属性较强,需要一大批高质量的专业人才保证该模式的成功推行。因此我国应大力培育本土 PPP 专业咨询公司,加强专业咨询机构管理和服务工作,促进该领域的健康发展。

2. 成立专门项目管理机构。对 PPP 项目的审批和对项目的建设运行进行有效监督,是保障 PPP 项目成功的关键。目前我国 PPP 项目管理大多是由各部门自行管理,多采取的是一事一议的管理方式,这样不仅提高了资金成本,也提高了管理成本,同时还可能出现财政风险扩大。通过借鉴国外经验,例如由财政部牵头建立专门的 PPP 管理机构,加强对 PPP 项目的统一审批和管理。

3. 搭建环保产业 PPP 服务平台。通过积极参与区域 PPP 项目综合服务平台建设,营造良好的竞争环境,基于平台引导资源聚集,鼓励具有明显竞争力的企业参与诸如

PPP 服务中心、PPP 产业基金、PPP 朋友圈和 PPP 大枢纽等体系构建，促进 PPP 模式实现公私双方的大融合、大发展。

（三）微观层面的政策建议

1. 培养专业人才。通过鼓励科研院所和高校将 PPP 及基础设施和公共服务领域列为教学和研究重点，培养专业机构和人才，加快建立 PPP 产学研一体化的智库体系，为我国 PPP 实践实现跨越式发展提供强大的智力支持。

2. 构建企业盈利模式。有针对性地通过多项措施弥补环保产业中 PPP 项目普遍存在的收益较低和回收周期较长的问题，建立稳定的社会资本投资回报机制，激发社会资本参与的积极性。同时，完善使用者付费的制度，包括一些价值、权益的确权和交易流转方面，能够形成现金流，能够形成将来项目的投资回报。并且建立规范统一、公平公正的市场环境。通过一些市场机制，包括一些招投标等制度的完善，实现公平公正的市场环境的构建。

3. 创新金融产品与服务。金融管理部门及金融机构应针对 PPP 项目特征，创新金融产品与服务。发改委、财政部以及金融监管部门等要加强 PPP 项目与融资机构的对接；商业银行可以采用资产证券化和项目收益债券等创新融资工具，或利用产业基金、信托等通道对接 PPP 项目的融资需求，还应尝试主要靠收费权、合同预期收益、保险权益转让及直接介入权等综合增信担保措施，根据融资项目风险实现差异化定价；证券公司可以通过提供 IPO 保荐、并购融资等投行业务及资产证券化、资管计划、另类投资等方式介入，为 PPP 项目提供多渠道的融资路径；保险公司可开发信用险种为 PPP 项目的履约风险和营运风险承保，适时推进险资参与 PPP 基金的长期投资。

参考文献

1. 冯为为：《PPP 为节能环保产业发展开辟新途径》，载于《节能与环保》，2017 年第 4 期。

2. 葛察忠、董战峰、郝春旭：《新时期我国环保产业发展的投融资机制创新》，载于《环境保护》，2013 年第 21 期。

3. 蓝虹、刘朝晖：《PPP 创新模式：PPP 环保产业基金》，载于《环境保护》，2015 年第 2 期。

4. 李建强、张淑翠：《PPP 模式的环保产业基金》，载于《中国金融》，2015 年第 20 期。

5. 亓霞、柯永健、王守清：《基于案例的中国 PPP 项目的主要风险因素分析》，载于《中国软科学》，2009 年第 5 期。

6. 孙洁：《采用 PPP 应当注意的几个关键问题》，载于《地方财政研究》，2014 年第 9 期。

7. [美] E. S. 萨瓦斯:《民营化与公私部门的伙伴关系》,中国人民大学出版社 2002 年版。

8. 王丽丹、郑思海、高洪显:《环保产业应用 PPP 模式的可行性分析》,载于《统计与管理》,2016 年第 8 期。

9. 谢委颜:《环保项目 PPP 投融资模式研究》,天津大学,2014。

10. Barry Keating, Maryann Keating. Private Firms, Public Entities and Micro-economic incentives: Public Private Partnerships (PPPs) in Australia and the USA [J]. International Journal of Organizational Analysis, 2013, 21 (2): 176 – 197.

11. Cropper M L, Oates W E. Environmental Economics: A Survey [J]. Journal of Economic Literature, 1992, 30: 675 – 740.

12. Shin, Myoung – Ho. "Financing Development Projects: Public – Private Partnerships and a New Perspective on Financing Options. ". OECD/DAC Tidewater Meeting. 2001.

13. World Bank. Five Years after Rio: Innovations in Environment Policy. Environmentally Sustainable Developmen Studies and Monograph Serie.

公共服务供给方式及其优化的框架式分析

——兼论 PPP 是优化公共产品与服务供给的善治工具

欧纯智[*]

> **摘　要：** 对于公共服务由政府供给还是社会供给的认知问题，过去已认识到即便政府供给会有弊端，但也必然成为主导形式，但传统上政府独家提供公共服务的模式无法实现最优供给，实践中又产生需要社会力量参与的创新命题。政府与社会资本资源整合、优势互补，合作供给机制由此表现为 PPP 与社会善治的创新式结合。
>
> **关键词：** PPP　公共服务　优化

一、导言

我国在 2010 年前后进入中等收入阶段以后，民众的公共服务需求更进一步被激活，要求充足、公平、均等化的公共服务供给的社会压力趋于升级，必须在供给机制上寻求创新。[①] 客观地说，由财政"三元悖论"原理[②]揭示的"减税、增加公共支出和控制政府债务与赤字水平三大目标至多只能同时实现两项"的现实制约，加之民众天然地具有在不增税的前提下要求更多公共服务供给的诉求，这便使政府极易陷入两难困境——如何利用有限的资源提供更多的基本公共服务。现实世界中，公共服务自愿供给以及在一定社会规范下的合作供给似乎难以解决"信任"问题，而政府供给成为必然选择后的难以优化等窘迫问题，又往往使得政府供给成为鸡肋。由此可寻找一个重要的创新方向，政府与社会资本有必要相互整合资源，以合作共赢的方式提供公共服务，以回应我国中等收入阶段民众日益高涨的公共服务供给需求，并持续稳定地优化公共服务供给。

有关公共服务供给优化，Buchholz、Cornes 与 Rübbelke 认为匹配机制是实现公共产

---

[*] 欧纯智：中国财政科学研究院财政学 2014 博士后；地址：北京市海淀区阜成路甲 28 号新知大厦 11 层；邮编 100142。

[①] 贾康、苏京春：《直面"中等收入陷阱"真问题——基于 1962~2013 年全球数据对"中等收入陷阱"的判断、认识》，载于《中共中央党校学报》，2015 年第 4 期。

[②] 贾康、苏京春：《财政分配"三元悖论"制约及其缓解路径分析》，载于《财政研究》，2012 年第 10 期。

品帕累托最优分配的重要工具，并能有效缓解公共产品私人供给不足的问题。[1] Warr 认为如果公共物品的"搭便车"问题无法解决，财政再分配依然不能达到帕累托福利改进的效果。[2] 由上述研究成果可知，公共服务供给优化的限制条件很多。探索能够趋于优化的公共服务供给方式，是本文的核心命题。

二、社会（非政府）规范下的公共服务自愿合作供给不可持续

讨论一定社会规范下公共产品与服务的自愿合作供给，首先需要厘清一个基本认识原点，即个体自愿提供公共产品和服务是为了实现自身利益，而不是为了其他利益的有意为之，是利己主义行为，而非利他主义使然。社会规范和个人价值观会引导人们提供公共产品与服务，在利己的同时顺便利他。社会规范可以框定个体行为，并且使自愿提供公共产品和服务的个体体会到个人收益提高，或者不提供公共产品与服务的时候，个体收益下降。社会规范可以通过荣辱感和社会良知等方式强化个体价值导向，减少"搭便车"行为。

在一个社会中，如果文化和规范能够引导人们努力承担责任，这样的社会更有可能存在个体自愿提供公共产品与服务。也可以这样理解，激发个体持续良性合作的前提是每个个体确信他人会根据我们对公共产品与服务支付情况来调整自己的支付。即如果我们增加支付，他人也会相应地增加支付，我们不会因个人支付的增多而遭遇"搭便车"行为的困扰。这种心理预期不是天然具有的，但会实实在在地影响个体行为，这种预期是社会行为规范的一部分。社会行为规范如果是善意的、合作的，则个体的这种预期能够得以实现。如果社会行为规范是欺骗的、掠夺的，则个体的预期不会实现，个体就不会再有此类的心理预期。社会规范可以引导个体行为，当社会规范是善意合作的，合作就会顺畅稳定而持续。这样一来，就可以不必靠个人声誉同样能够产生合作结果。社会规范扩大了合作范围，合作可以不必限定在熟人之间。

然而社会规范只限定在其具有影响力的区域内才能发挥其引导个体行为的作用。如果个体从崇尚善良合作的区域转入崇尚欺骗掠夺的区域，那么他合作的预期很难维持，个体会"入乡随俗"，按照当地的社会规范以欺骗掠夺的方式行事，反之反是。如果，同时转入的个体比较多，那么对转入地的社会规范就会形成一定的影响，导致社会规范的割裂、无序、混乱。设想一下，当个体积极的支付公共产品与服务，而他人不愿增加支付以"搭便车"的方式坐享其成，那么崇尚善意合作的个体在被欺骗愚弄以后，马上也会加入这个行列，人与人之间很难开展合作，或者说市场中的经济行为成本增加，

---

[1] Buchholz, W., Cornes, R. C., & Rübbelke, D. T. G. (2011). Matching as a cure for underprovision of voluntary public good supply: analysis and an example. Economics Letters, 117 (3).

[2] Warr, P. G. (1982). Pareto optimal redistribution and private charity. Journal of Public Economics, 19 (1): 131–138.

因为"信任合作"作为一种公共产品已经不复存在。

在一个独立社会中，当欺骗掠夺成为其社会规范，即便有人愿意与他人善意合作，而这种合作也很难维持。只有在一个能够以惩戒维护承诺或者声誉的有效的小范围熟人社会里，才能发生善意合作，久而久之就会形成一个崇尚诚信的子社会，这样一来社会就有所分化，这种分化会进一步导致更多相互彼此信任的群体诞生。我们会发现，崇尚信任的群体由于个体与个体之间能够展开合作而变得越来越兴旺，而崇尚欺骗掠夺的群体由于个体之间展开合作的成本很大或者合作无法达成导致该群体越来越衰落。而群体成员不借助外力就能够达到善意合作在现实中是很难的，尽管合作会为每个人带来好处。当群体内缺乏诚实守信的合作记录，则个体之间很难建立起信任，尽管霍布斯的理论是在为拥有绝对权力的专制制度进行辩护，但是非常遗憾的是，霍布斯可能在这类情境下是对的。存在即合理，理论没有好坏对错，只要能够解释实践即可。个体之间的信任决定了合作利益的实现，政府是信任的一种替代。也就是说，政府管制必不可少，这也是公共服务在传统上由政府供给的原因。即公共产品要想有效率的生产，就必须由政府补助或者政府提供。当政府提供公共产品和服务时，不仅在一定程度上排除了人们相互观望"搭便车"的行为，同时也减少了公共产品个人供给的不确定性。在这里，我们不否认政府的作用，然而政府是不是解决信任问题的唯一路径呢？

我们知道，在人与人之间或者群体与群体之间如果存在利益冲突，或者说当一个人企图将另一个人置于自己的绝对权力之下，就进入了战争状态。为了避免陷入战争状态，人类就要进入共同体状态，如果出现争议可以诉请解决。①"自然状态"是理想的但不可持续的状态，而唯有具备公共权威的共同体状态才能将人类从无序的战争状态解救出来。必须予以承认只有政府才能在人与人之间或群体与群体之间发挥协调作用，这也是利用政府来解救市场失灵的最朴素道理。然而令人遗憾的是，政府也会失灵，政府在解救市场失灵的同时自己也容易陷入失灵。国家、政府诞生于市民社会的基础之上，如果离开市民社会则很难完成其肩负的使命。而政府干预却瓦解了市民社会，削弱了市场能力。为此，政府必须学会以平等的态度和市民社会共事。此外，各种形式的治理危机呼之欲出，政府陷入失灵的境地，比如权商勾结导致的公权力腐败、行政高成本低效率、公共资源分配不均、政府入不敷出以及不公平的市场竞争等问题。正是在这种背景下，一些社会自治力量应运而生。然而，必须予以承认，社会自治力量显然无法独自承担协调的功能，说到底还是需要依靠政府。这就引出了政府与社会资本合作提供公共服务，优化公共服务供给。说到优化，我们需要转而主要讨论传统公共服务的供给优化问题。②

---

① [英] 亚当·斯密:《道德情操论》, 蒋自强等译, 商务印书馆1997年版, 第230页。
② [以] 阿耶·L. 希尔曼:《公共财政与公共政策》, 王国华译, 中国社会科学出版社2006年版, 第546~556页。

三、传统的公共服务供给难以实现最优

传统的以政府为供给主体的基本公共服务的最优化供给是否存在以及如何优化？为了回答这个问题，我们假设经济中只有两种服务，公共服务和私人服务。为简化起见，以 X 代表公共服务的数量，以 1 单位货币来代表每单位公共服务的成本，所以 X 同时代表公共服务的数量和价格。以 y_i 代表个人 i 拥有的私人服务数量，p 代表公共服务。为了更简化起见，我们在此假设每个人的效用以他获得的私人服务与公共服务的总和来决定，以 u_i 代表个人的效用总和，即：

$$u_i = v_i + y_i$$

式中，v_i 是连续函数，$\frac{\Delta v_i}{\Delta x}$ 是 i 在公共服务 p 点的边际效用，意味着可获得的公共服务是 p，指在消费私人服务既定的情况下，每增加消费一单位公共服务所带来的效用增加。假设个人 i 原有的全部资产被分配给公共服务和私人服务且没有借款，用 w_i 来表示。在这个简化的模型里，相应的分配必须满足以下的可行性条件：

$$X + \sum_i y_i = \sum_i w_i$$

个人 i 的全部资产都分配给了公共服务和私人服务，如何配置个人资产才是公共服务的最优数量呢？萨缪尔森最优条件的推导告诉我们：

$$v_1'(x) + v_2'(x) + v_3'(x) + \cdots + v_n'(x) > 1$$

即 $v_i(x)$ 关于 x 推导的总和是严格大于 1 的，意味着 x 的供给水平对于个人总和的边际是大于 1 的。[①] 如果对于所有个人，私人服务的数量都超过在 x 点的公共产品的边际效用，即 $y_i > v_i'(x)$。则公共服务供给的边际效用总和超过 1 个单位的数量太少，不能把此时的公共服务供给视为最优。如果降低每个人的私人服务 $v_i'(x)$，于是对于每个人 i 来说，私人服务消费为：

$$\bar{y}_i = y_i - v_i'(x)$$

这样一来，降低的私人产品消费为：

$$v_1'(x) + v_2'(x) + v_3'(x) + \cdots + v_n'(x) = 1 + \Delta (\Delta > 0)$$

此式表明不等式的左侧大于 1 个单位的量。

现在降低总和一个单位，从私人服务转移到公共服务供给上，当前公共服务的数量是：x 增加每个 i 的公共产品，带来边际效用的增加用 $v_i'(x)$ 表示。于是，当消费数量是 $(\bar{x}, \bar{y}_i, \cdots, \bar{y}_n)$ 时，每个 i 在 $(x, y_1, \cdots, y_n)$ 增加的效用差不多，但是我们还有缩减后的私人服务 Δ 留下来，可以继续在个人之间分配。从严格意义来说，这样的情

[①] Samuelson, P. A. The pure theory of public expenditure [J]. Review of Economics & Statistics, 2015, 36 (36): 1-29.

况是好于他们在 $(x, y_1, \cdots, y_n)$ 时的效用的。如果：

$$v_1'(x) + v_2'(x) + v_3'(x) + \cdots + v_n'(x) > 1$$

那么此时不是帕累托最优，因为可以通过减少私人服务增加公共服务的再分配方式来提高效用，同时不损害他人。如果：

$$v_1'(x) + v_2'(x) + v_3'(x) + \cdots + v_n'(x) < 1$$

此时，公共服务数量就不是帕累托最优。如果增加私人服务消费数量，至少可以改善一些人的效用而不损害其他人。于是，我们可以得出这样的结论，即帕累托最优分配的必要条件是：

$$v_1'(x) + v_2'(x) + v_3'(x) + \cdots + v_n'(x) = 1$$

在萨缪尔森最优条件分配中公共服务总和的个人边际效用为 1 个单位。萨缪尔森最优条件和最大公共服务的总净效用是一致的。效用总和减去购买公共服务的成本即公共服务的总净效用：

$$v_1'(x) + v_2'(x) + v_3'(x) + \cdots + v_n'(x) - x = \sum_i v_i(x) - x$$

为了找到表达式的最大值，我们将其关于 x 的第一推导假设为 0，然后求解 x，得 $\sum_i v_i'(x) = 1$，这同帕累托公共产品的最优条件是一致的，所以可以看出萨缪尔森条件对于最优公共服务供给数量是充分且必要的。理论上能够得到最优公共产品供给，那么在实践当中又如何呢？公共服务供给远没有达到最优水平。我们来假设个人 i 以理性的方式购买公共服务，即个人 i 试图最大化为：

$$u_i = v_i(x) + y_i$$

满足预算约束 $x + y_i = \omega_i$，替换 y_i，最大化，

$$u_i = v_i(x) - x + \omega_i$$

现在 ω_i 是连续的，函数的极值是 $v_i(x) - x$。因为 $v_i(x)$ 被认为是凹形向上的，即额外的每单位公共服务带来的回报是边际递减的。当 $v_i(x)$ 切线斜度距离等于 $y = x$ 的斜率时，也就是 $v_i(x)$ 和 $y = x$ 之间的垂直距离，此时距离最大：

$$v_i'(x) = 1$$

$\hat{x_i}$ 是个人 i 效用最大化时的公共服务数量，此时假设理性人 i 要购买此数量的公共服务，这样一来 x 可以被其他人消费。我们知道，在一个典型的大型组织中，个体成员的地位与完全竞争市场中企业的地位，或一国内纳税人的地位相似：他个人的努力不会对他所在的组织产生显著的影响，而且无论他是否为这个组织贡献过力量，他都能够享受其他人带来的好处。[①] 由此假设现在有个人 j，使得

$$v_j'(x) < 1$$

如果个人要购买额外 1 个单位的公共服务就会降低他总体的效用，那么个人就不会

---

① [美] 曼瑟尔·奥尔森：《集体行动的逻辑》，陈郁译，上海人民出版社、格致出版社、上海三联书店 1995 年版，第 13~14 页。

有购买额外 1 个单位公共服务的动机,从个人效用角度考虑,他宁愿做 i 的免费乘车者。个人 k 则会有 $v'_k(\hat{x}) > 1$,这部分人会放弃 1 个单位的私人服务去购买公共服务,从而得益。这些人会一直购买额外的公共服务,这种购买额外公共服务的行为只有达到了 x 数量,才会停止。此时,

$$\text{至少有一个人 i,有 } v'_k(x) = 1$$
$$\text{对于所有的成员 j,} v'_j(x) \leq 1$$

在实践中,$v'_1(x) + v'_2(x) + v'_3(x) + \cdots + v'_n(x) > 1$。换句话说,边际效用总和超过 1 就意味着购买的公共服务数量不是最优的。在一个小群体中,只能提供低于最优数量的公共服务的倾向。离最优数量越远,规模"大"的群体成员占总额的份额就越小。因为在其他条件相同时,群体中个体数量越多,群体成员占总额的份额就越小,所以群体中的个体数量越大,离最优数量越远。显然,成员数目多的群体的效率一般要低于成员数目少的群体。[①] 在实践当中,规模"大"的群体成员的最优公共服务数量大于规模"小"的群体成员。于是,一旦规模"大"的群体成员达到了最优数量,再购买额外数量的公共服务就会降低规模"小"的群体成员的效用。可以看到,如果没有外部调整,公共服务的供给数量是不可能达到最优的。[②]

然而,即使有外部调整,公共服务供给也未必就能保证最优。这是由于协调者如果决定分配公共服务的数量和成本,个人向协调者发送有关个人公共服务的效用函数时,如果人们认为将按照自己申报的效用对公共服务进行支付,可以想到,人们会低报自己的效用。当然,也可以不根据个人申报的公共服务效用情况,而是通过一般税收支付公共服务,要求人们公布某项公共服务的个人效用,此时人们更愿意高报自己的个人效用,因为人们希望获得更多公共服务的同时可以承担相对较少的税收份额。人们收入越低,税收负担越轻,越希望更多的公共服务。当个人效用不与其支付挂钩时,将会导致对公共服务效用的浮夸和公共服务的超量供给。通过一般税收导致的公共服务超量供给,与通过林达尔机制自愿支付导致的公共服务供给不足形成了鲜明的对比。[③] 如果群体中的每个人都如此行事,那么其结果就是公共服务供给的次优选择。克拉克税(Clarke tax)解决了人们使用公共服务瞒报效用的信息不对称问题,当面对克拉克税时,人们有动机说出他们真实的效用。[④]

现在根据甲、乙、丙三人的效用申报来评估两项公共服务,见表 1。政府并不知道

[①] [美] 曼瑟尔·奥尔森:《集体行动的逻辑》,陈郁译,上海人民出版社、格致出版社、上海三联书店 1995 年版,第 25 页。

[②] [芬] 汉努·努尔密:《政治经济学模型》,赵钟宜等译,上海人民出版社、格致出版社 2010 年版,第 179~182 页。

[③] [以] 阿耶·L. 希尔曼:《公共财政与公共政策:政府的责任与局限》,王国华译,中国社会科学出版社 2006 年版,第 100~101 页。

[④] Tideman, T N & Tullock, G. "a new and superior method for making social choices." [J]. Journal of Political Economy, 1976, 84 (6): 1145–1159.

公共服务为甲、乙、丙带来的收益和损失。为了每个人能够真实地申报个人效用以便做出公共服务决策，政府对程序设定如下规则：

1. 如果某人申报的效用改变了关于公共服务是否提供的决策，则这个人要缴税。
2. 个人缴税的数量等于公共服务供给决策的变化导致其他人损失的总和。
3. 税收收入不用于支付该项公共服务，也不以任何方式在该项公共服务所涉及到的人员当中分配税收收入。

表1　　　　　　　　　　　　两个工程的克拉克税收例子

项目	甲	乙	丙
公共服务 A	90	60	40
公共服务 B	60	60	50
克拉克税	税收 = 10	税收 = 20	税收 = 0

如果甲不参与效用评估，公共服务 B 将被选中（因为如果没有甲的参与，公共服务 A 的总效用是 100，公共服务 B 的总效用是 110）。如果甲如实申报，公共服务 A 将被选中（此时公共服务 A 的总效用是 190，公共服务 B 的总效用是 170）。由于甲的参与改变了最终决定，根据规则，甲应该支付相当于因决策改变而给乙、丙造成的总损失的克拉克税，数量为 30（公共投资由 B 工程转向 A 工程，乙获得 0 单位的效用，丙损失了 10 单位的效用）。同理，乙和丙的参与也可能会改变他人的效用。克拉克税制使得每个人的最优策略是申报真实的个人效用，通过真实的申报而获得有效率的纳什均衡。

克拉克税要求群体当中的每个人申报他们在不同供给数量上的效用函数，政府对不同数量 x 加以区分并解出 $x: \sum_i u'_i(x) = 1$，这是萨缪尔森的关于公共服务供给的最优条件，是最大化公共服务时个人的净效用总和。用 $\bar{x}$ 表示满足最优条件的 x，如果人们申报的信息都是真实的，那么公共服务的总净效用就在此点被最大化。个人 i 的克拉克税公式：

$$T_i = \bar{x} - \sum_{j \neq i} m_j$$

此时，m_j 表示个人 J 申报的效用值，i 的克拉克税就是所有其他人的申报信息的函数，由以上分析可知，T_i 不依赖于 i 的个人信息。

以公共服务 A、B 为甲、乙、丙带来的效用举例来说，$u_甲 = 150$，$u_乙 = 120$，$u_丙 = 90$，$T_1 = 10$，$T_2 = 20$，$T_3 = 0$。假设甲的效用是 150，而他只申报 130，其余的人也是这样做，甲的克拉克税还是 10，但是公共服务提供的价值 $\bar{x}$ 变了，不再是甲的最优真实价值了。而甲支付了和最优公共服务一样的税，但是此时公共服务的数量对甲来说已经不是最优了。

尽管克拉克税能够起到引导人们真实申报个人从公共服务供给当中获得的效用,但是迄今为止还没有哪个政府在确定公共支出时使用克拉克税,这是由于:克拉克税需要计算群体中每个人从公共服务中获得的效用,几乎没有实践的可操作性;即使克拉克税能够得以实施,公平问题依然难以解决。[①]

由以上分析可知,政府在提供公共服务的时候无法实现供给最优,承担公共责任而非以单纯的公共服务供给优化为条件是认识政府这一职能的核心要旨。由于外部性是伴随着公共服务的供给、使用过程发生的,个人和群体的相互影响往往会导致次优结果。就政府的定义而言,政府的职责是基于公共利益的目标通过法律和公共政策参与协调政治和经济行为。然而政府在纠正市场失灵的时候自身也会失灵,实际上政府行为本身就是外部性的主要来源。在公共选择中,公共服务供给中存在着政府与公务人员的角色冲突,以及公共性、政府责任的偏离,导致公共服务供给低效或无效,进而导致社会福利的流失,使公共服务的社会投入与其社会收益不相符,产生外部性;而在公共服务的使用过程中,由于"搭便车"等问题的普遍存在,导致社会成本(收益)与个人成本(收益)不相配,即公共资源被无效或低效利用,并妨碍他人的福利,产生外部性。所以说,公共服务供给未必要探索优化路径,政府应该更多地致力于消除或内化外部性以避免由此进一步衍生的更多外部性。而当前新公共管理所倡导的效率至上在一定程度上削弱了政府这一核心功能,公共服务供给在管理主义倡导下的效率至上原则违背了公共性的核心议题。公共服务优化是政府以传统方式独家提供公共服务无法完成的使命。

既然公共服务供给离不开政府,而政府又无法最优化公共服务供给,那么另辟蹊径——引入社会资本,成为制度供给创新的必然选项,在现实生活中更成为中国发展新阶段的当务之急。

四、PPP是传统公共服务供给提效升级的制度创新

在公共工程、公用事业和政府辖区连片开发等建设项目领域引入原称"公私合作伙伴"机制的PPP,被认为是解决紧迫社会问题改进公共产品与服务供给的善治方式,它倡导政府、企业与专业机构、公民社会组织发挥比较优势。[②] 由于各方的风险共担实为"优势互补"的风险分担,又有利益共享的"激励兼容",PPP便由一个直观的融资模式创新,自然而然地生成"1+1+1>3"式提升绩效的管理模式创新。方兴未艾、未来更会为数众多地星罗棋布于国土开发全局之内的PPP项目,又会形成整个社会治理以现

---

① [以]阿耶·L.希尔曼:《公共财政与公共政策:政府的责任与局限》,王国华译,中国社会科学出版社2006年版,第103~104页。
② 欧纯智、贾康:《以PPP创新破解基本公共服务筹资融资掣肘》,载于《经济与管理研究》,2017年第4期。

代化升级为取向的制度体系的模式创新,是实现善治的必由之路。

政府是目标多元且为公共利益服务的组织,承担国家责任。盈利是企业存在的逻辑,效率是企业的生命。政府通常找不到简单有效的干预方式以保证企业为公共利益服务。此外,政府是低效的生产者,由官僚之间互投赞成票以及公共政策被民意裹挟造成的供给低效或无效等问题,无一例外地在一点点蚕食公共利益。显而易见,政府或市场作为公共服务供给的独立主体都无法做到完美。因此,政府在弘扬公共利益的前提下,在适当参考市场效率的同时,与社会资本展开合作、优势互补、资源整合、发展民生,渐进化的改革已经成为时代发展的诉求。

虽然普遍认为PPP是有用可行的工具,由上节分析可知它是优化政府公共服务供给的可行路径,但是应该对其持积极谨慎的态度,PPP仅仅是政府众多政策选择中的一个比较现实的选择。当前社会远比霍布斯、洛克所处的时代更加复杂、多元,不仅需要社会自治力量协助政府进行社会治理,而且需要政府与社会自治力量推进创新式的合作进行治理。[①] PPP是指社会资本以分散的方式在政府的引导下,有序地提供公共服务。政府保留融资支持的责任,将外包服务提供给社会资本。PPP运行中,政府承诺、公私责任共担以及联合规划无不进一步彰显了PPP伙伴关系的特征。它代表了一种将公共管理(public administration)与私营管理(private management)观念的新式融合,既强调公共服务的使命又采用私人管理思想和经验,既与以往的公共部门决裂又保留了公共部门明确的认同感和目标使命——合法性[②],既提高服务质量与产出价值又必须以实现公共服务供给使命为基础。在管理过程中反映使用者的愿望、诉求和利益,以使用者的诉求作为反馈回路,强调公民权。同时,充分发挥市场机制在公共服务领域中的潜力和作用,强调民众参与和公共责任的社会化实现等。公共服务供给优化不是我们想当然的帕累托效率优化,更多的是以公共利益为衡量标准的全民福祉。PPP借鉴社会资本的管理优势,以实现公共利益为己任,才是供给优化的最好体现。

参考文献

1. [德]黑格尔著,范扬译:《法哲学原理》,商务印书馆1961年版。

2. [芬]汉努·努尔密著,赵钟宜等译:《政治经济学模型》,上海人民出版社2010年版。

3. [美]曼瑟尔·奥尔森著,陈郁译:《集体行动的逻辑》,上海人民出版社1995年版。

4. [以]阿耶·L.希尔曼著,王国华译:《公共财政与公共政策》,中国社会科学出版社2006年版。

[①] 张康之:《走向合作治理的历史进程》,载于《湖南社会科学》,2006年第4期。
[②] 欧纯智:《政府与社会资本合作的善治之路——构建PPP的有效性与合法性》,载于《中国行政管理》,2017年第1期。

5. ［英］亚当·斯密著，蒋自强等译：《道德情操论》，商务印书馆1997年版。

6. 贾康、苏京春：《财政分配"三元悖论"制约及其缓解路径分析》，载于《财政研究》，2012年第10期。

7. 贾康、苏京春：《直面"中等收入陷阱"真问题——基于1962～2013年全球数据对"中等收入陷阱"的判断、认识》，载于《中共中央党校学报》，2015年第4期。

8. 欧纯智：《政府与社会资本合作的善治之路——构建PPP的有效性与合法性》，载于《中国行政管理》，2017年第1期。

9. 欧纯智、贾康：《以PPP创新破解基本公共服务筹资融资掣肘》，载于《经济与管理研究》，2017年第4期。

10. 张康之：《走向合作治理的历史进程》，载于《湖南社会科学》，2006年第4期。

11. Buchholz, W, Cornes, R C & Rübbelke, D T G. Matching as a cure for underprovision of voluntary public good supply: analysis and an example. Economics Letters, 2011, 117 (3).

12. Maskin, E. Nash equilibrium and welfare optimality. Review of Economic Studies, 1999, 66 (1): 23 – 38.

13. Milward, H B & Provan, K. Managing the hollow state [J]. Public Management Review, 2003, Vol. 5 (1): 1 – 18 (18).

14. Samuelson, P A. The pure theory of public expenditure [J]. Review of Economics & Statistics, 2015, 36 (36): 1 – 29.

15. Tideman, T N & Tullock, G. "a new and superior method for making social choices." [J]. Journal of Political Economy, 1976, 84 (6): 1145 – 1159.

16. Warr, P G. Pareto optimal redistribution and private charity. Journal of Public Economics, 1982, 19 (1): 131 – 138.

浅论"政府购买服务"下的"智慧城市"建设

童再军[*]

> **摘　要：** 随着云计算、大数据、电子商务的飞速发展，数据资源已成为智慧城市的核心资源，"十三五"规划建议明确提出要建立风险识别和预警机制，以可控方式和节奏主动释放风险，重点提高包括网络安全在内的风险防控能力。随着互联网技术的广泛应用以及互联网产业与各行各业的深度融合，互联网将有望成为我国经济发展的新催化剂。"互联网＋"将是推进智慧城市建设的有效手段，"互联网＋"将融入"智慧城市"基因，覆盖城市规划、建设、管理和服务的方方面面。"在建设智慧城市方面，企业发挥的作用会超过政府。政府在这个过程中需运用PPP方式来购买企业的服务，将促进智慧城市发展。"本文通过实际操作案例来分析政府购买服务下智慧城市建设的问题和成效。
>
> **关键词：** 政府购买服务　"互联网＋"　智慧城市

一、智慧城市发展现状分析

近年来，在各地政府和企业的共同推动下，我国智慧城市建设如火如荼。智慧城市在基础设施、项目建设等方面取得显著进展，部分智慧城市专项应用亮点纷呈，"互联网＋"成为智慧城市服务新入口，随着智慧城市建设的逐步推进，我国智慧城市运营商整体能力也得到进一步提升。

智慧城市就是运用信息和通信技术手段感测、分析、整合城市运行核心系统的各项关键信息，从而对包括民生、环保、公共安全、城市服务、工商业活动在内的各种需求做出智能响应。其实质是利用先进的信息技术，实现城市智慧式管理和运行，进而为城市中的人创造更美好的生活，促进城市的和谐、可持续成长。

城市化进程的加快，使城市面临着交通、医疗、教育、就业、卫生环境、社会保障、公共安全等方面的挑战。在新环境下，如何解决城市发展所带来的诸多问

---

[*] 童再军：国信招标集团股份有限公司；地址：南京市建邺区庐山路158号嘉业国际城3栋1104室；邮编：210000。

题，实现可持续发展成为城市规划建设的重要命题。"智慧城市"是在物联网信息技术的支撑下，形成的一种新型信息化的城市形态，也是当前世界各国城市发展的重大战略。

2014年1月，国家发改委下发《关于加快实施信息惠民工程有关工作的通知》，决定开展11大信息惠民任务和计划；2014年3月份，中共中央、国务院印发了《国家新型城镇化规划（2014~2020年）》明确强调了将智慧城市作为提高城市可持续发展能力的重要手段和途径；2014年4月，科技部联合住建部发布了《关于公布国家智慧城市2014年度试点名单的通知》；2014年8月，国家发改委、工信部等八部委联合出台了《促进我国智慧城市健康有序发展指导意见》（发改高技〔2014〕1770），作为我国智慧城市建设的第一份系统性文件，明确了建设智慧城市的重要意义；同时提出了智慧城市建设的基础性和共性的要求，树立了一些通用的行为准则；此外，2015年国务院政府工作报告也提出了发展智慧城市的要求，2015年6月，交通运输部发布《关于进一步加快推进城市公共交通智能化应用示范工程建设有关工作的通知》，提出要打造综合、高效、准确、可靠的城市公共交通信息服务体系，全面提高城市公共交通智能化水平。国家旅游局正式启动国家智慧旅游公共服务平台项目建设，以12301为旅游公共服务号，推进智慧旅游发展。商务部发布了《"互联网+流通"行动计划》，旨在加快互联网与流通产业的深度融合，推动流通产业转型升级。截至2015年10月底，我国已有超过373个试点市、县（区）纳入住建部、科技部批复的智慧城市试点名单，重点项目超过2600个，投资总额超万亿元人民币。

在此背景下，"智慧城市"成为解决温岭城市问题的一条可行道路，也是未来城市发展的趋势。2013年温岭市入选国家智慧城市试点城市，开启了温岭市城市节约集约、生态宜居、和谐发展的新篇章。本文通过实际操作案例来分析政府购买服务下智慧城市建设的问题和成效。

二、项目案例分析

（一）项目实施概况

1. 项目概况。(1) 投资规模。项目工程计划总投资133369万元（一类工程总投资约68600万元、二类工程总投资约64793万元，项目一二类工程中均有存量投入），其中建安工程费用为124702万元，占总投资额的93.50%，项目资本金由社会资本自主筹集和财政拨款组成。

(2) 建设内容。项目分为两类工程，一类工程以智慧温岭基础体系建设为主，包括建设数据中心的机房、软硬件系统、基础系统和核心系统，完成系统架构的搭建，建设城市综合治理、城市应急指挥平台和城市管理服务三大应用系统平台，提供一系列便民服务，架构智慧温岭基础体系。二类工程在智慧温岭基础体系基础上，实现基于互联网＋的智慧应用项目叠加，包括城市停车管理、智慧教育、智慧社区、城市照明、智慧旅游、智慧管网、智慧水务等内容的应用体系建设（见图1、图2）。

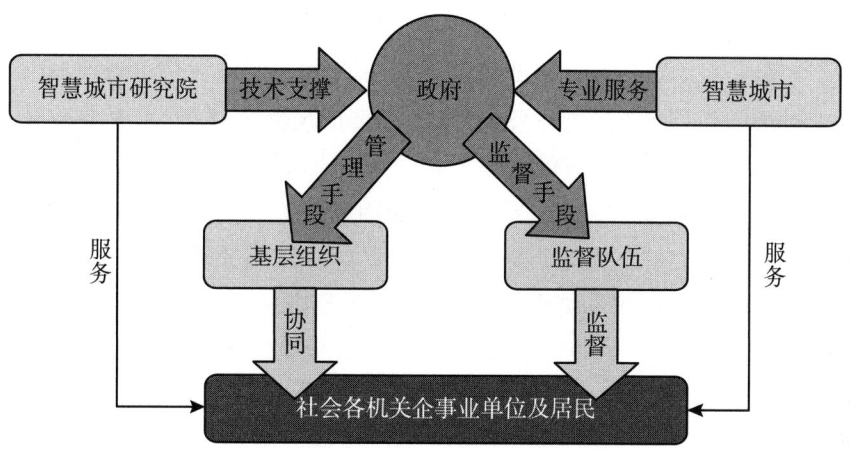

图1　一类工程架构图

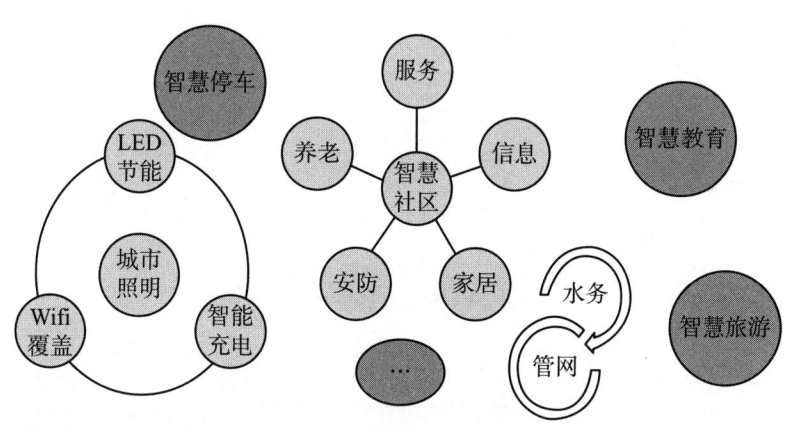

图2　二类工程架构图

（3）产出标准。项目产出内容主要从社会管理体系、信息支撑系统以及智慧＋运营发展模式进行分析，并设定相关标准执行，建设档次按照国内相关标准执行，为温岭市智慧城市一期项目创造模范效应。

（4）运营服务范围及标准。本项目运营服务范围是一类工程智慧基础体系建设成果为民众提供便利及二类工程实现基于互联网＋智慧应用项目叠加，运营城市照明综合运营系统、智慧停车系统、智慧社区系统及智慧教育系统产生一定收益。

（5）合作期限。项目合作期限为15年，其中建设期3年，运营期12年。

建设期：本项目计划2016年开工，一类工程2018年建成投入使用，建设期3年；

二类工程2020年建成投入使用。

运营期：本项目一类工程运营期从2019年开始至2030年；二类工程运营期从2021年至2030年。

（6）运作方式。按照项目的自身特点，并结合项目收费定价机制、项目投资收益水平、风险分配基本框架、融资需求和期满处置等因素进行综合分析，项目采取BOT运作方式，由社会资本负责项目的投资、融资、建造、运营、维护、管理和用户服务的职责，政府的参与角色边界控制在公共产品及服务的定价管理、公共服务质量及数量的监管、相关优惠政策的落实等方面。

（7）回报机制。本项目一类工程通过政府购买服务方式获得收益；二类工程为用户提供服务，收取相应的服务费，项目类型属可行性缺口补助付费机制。

2. 项目运作方式。住房和城乡建设规划局，采用竞争性磋商方式采购社会资本方。具体出资由社会资本方——中程科技有限公司出资54902.40万元，占股80%，温岭市城市建设综合开发有限责任公司代表政府以现金形式出资13725.60万元，占股20%，运作结构见图3：

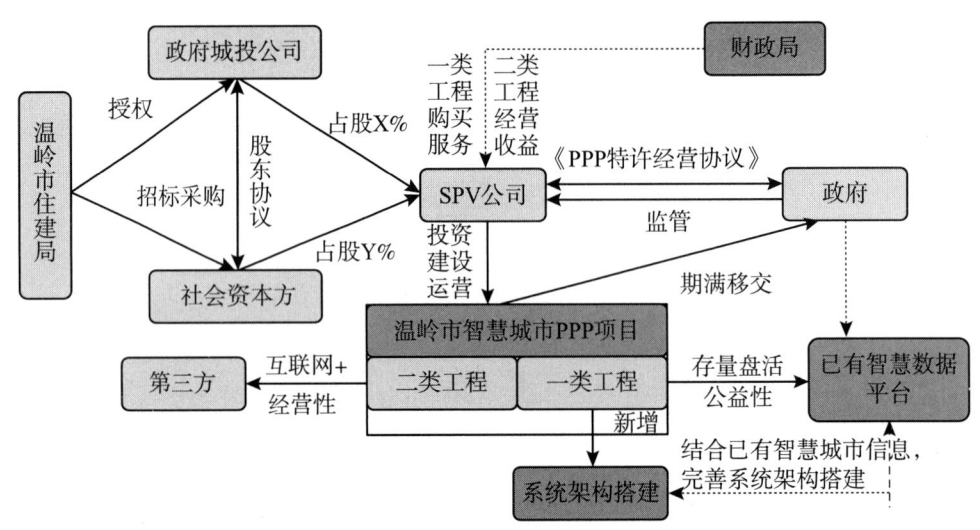

图3　项目运作结构图

（二）主要特点及成效

项目主要特点：第一是伙伴关系的建立，由中程科技有限公司与政府公共部门合作，在项目建设目标一致的基础上，通过温岭市智慧城市一期PPP项目工程的实施，可解决温岭市城镇化过程中的种种问题，提升政府服务水平、促进温岭可持续发展，以最少的资源实现最多、最好的服务供给。第二是利益共享。共享本项目实施带来的社会成果，还包括作为参与者的中程科技有限公司或其他相关机构取得的长期相对稳定的投资回报。与此同时，政府相关部门还需控制中程科技有限公司所可能取得的高额利润，即不允许民营部门在项目执行过程中形成超额利润。第三是风险共担。政府部门负责基础设施及公共服务价格以及质量监管，对合理回报和调价因素予以约定，确定一个合理回报和风险分担机制，以期保证公共利益最大化。中程科技有限公司承担项目融资、建设、运营期风险等，通过风险共担机制可以使双方的合作关系更加融洽，有利于产生一加一大于二的协同效应，实现彼此双赢的良好局面。

本项目建设是响应"智慧城市"发展战略号召，推动城市管理全方位创新应用，实现城市可持续发展的重要举措。一方面是通过智慧城市建设全面提升城市综合服务能力的需要，另一方面，通过项目建设，能够有效提升温岭的城市品质。

（三）项目实施要点

1. 项目识别。为确保项目建设的高效率运行，为有力有序推进温岭市智慧城市一期项目建设，确定温岭市住房和城乡建设规划局为项目实施机构，具体负责项目的准备、工程组织等工作。由温岭市人民政府，依据特许经营协议对项目公司实施合同监管；由温岭市人民政府等项目涉及的其他政府部门对项目公司进行行政监管；温岭市财政局物价部门对项目收费进行监管；温岭市环保局对环境质量进行监管。

2. 项目准备。（1）合作范围界定。本项目合作范围主要是一类工程公益性服务和二类工程中城市照明综合运营系统、智慧停车系统、智慧社区系统及智慧教育系统运营。

（2）回报机制设计。本项目公司按照合作年限15年计，具体回报内容为项目一类工程公益性服务政府付费和二类工程中城市照明综合运营系统、智慧停车系统、智慧社区系统及智慧教育系统的用户付费。

（3）定价调价机制。温岭市人民政府与中程科技有限公司的焦点之一就是在可行性缺口补助付费机制下，社会投资机构能为社会提供优质的运营服务，既达到规定的建设标准和技术服务标准，同时自身还能获得一定的利润。本项目二类工程为用户提供服务，可以收取相应的服务费，为保证项目的公益性，项目公司二类服务的收费定价及调价机制，须得到相关部门批准后方可实施。同时，为保证社会资本方的合理利润，政府方有义务对收益不足的一类工程进行财政资金的补贴。

在经营期内，通过设置合理的调价机制可以降低风险带来的影响。调价机制主要针对二类工程服务单价的调价。根据温岭市的实际情况确定以国家、温岭市统计单位公布的基础数据为调价因子，制定相关调价公式，项目公司可根据能源、材料、人员工资的变动以及由于政策法规的变更影响等因素，计算二类工程下一年的经营成本，若有必要可以向政府方提供服务价格计算依据和申请调整服务单价或补贴费用的要求，政府方应履行必要的审核、审批程序并在1个月内给予答复。

（4）风险分配方案。经过探索，温岭市智慧城市一期PPP项目从战略规划控制、技术控制、管理控制、人员控制、环境控制等方面确定风险管理体系架构；在风险分担问题上，项目建成后对项目公司城市运营能力、智慧城市保障体系、利益相关者满意程度等方面设定相关运营服务标准，温岭市人民政府与中程科技有限公司明确了如果未达到约定标准将另行协商解决。关于资本退出机制，本项目性质具有公益性，当遇到不可抗力或不可预见事件对其运营造成严重影响时，政府有义务介入以保证系统的正常安全运行，从而最大限度保障城市居民的利益。如果中程科技有限公司因为自身经营不善、违约等行为而导致工程建设或正常经营难以为继，政府将介入并接管项目资产及后续运营。

（5）绩效考核指标。项目建成后，为促使项目最大程度地发挥效果，更好地发挥温岭市智慧城市运营效果，本项目采用PPP模式之后应该加强对项目公司运营管理工作的考核，主要通过城市运营管理能力、智慧城市保障体系、信息产业总产值占比、资源利用等指标进行考评，当期服务费按考评后应支付的比例确认。

（6）监管机制设置。温岭市人民政府为项目的政府监管主体，与用户监督、利益相关者监督共同构成本项目监管构架；未来不排除引入第三方咨询机构对项目公司的履约情况进行监督或中期评估；由温岭市人民政府依据特许经营协议对项目公司实施合同监管；由温岭市人民政府等项目涉及的其他政府部门对项目公司进行行政监管；温岭市财政局物价部门对项目收费进行监管；温岭市环保局对环境质量进行监管；项目最终用户将作为用户/公众监管主体对项目公司提供的服务进行监督，并有权对其服务向温岭市人民政府进行投诉或提出建议；贷款人将就项目资金使用及还款进度进行监管；由于权益、风险的传导机制，工程承包商、工程监理方等项目利益相关者将依据各类协议对项目公司的正常运转和实际履约情况予以监督和约束。

（四）项目采购

本项目通过市场测试、竞争性磋商方式甄选PPP项目社会资本投资人，设定相关资格审查条件，采用资格后审方式，对多家投标人的投标资格按照招标文件所规定条件和标准进行了充分审查，增大了业主的选择余地，提高了工作效率，经过竞争性磋商，最终以中程科技有限公司为中标社会资本方。并与温岭市住房和城乡建设规划局进行多次合同谈判，确定本项目的《PPP项目协议》。

（五）项目执行

1. 项目公司融资情况。项目公司成立后，通过融资投资项目建设，项目公司初始投资主要由商业银行贷款、项目公司母公司注入的注册资本及政府初始投资补贴构成；资本金的到位次数及时间应满足本项目的工程建设、融资要求及法律规定为原则。PPP项目公司的注册资本金由合资双方按照各自认缴的持股比例同步缴纳到位。政府方由温岭市人民政府授权温岭市城市建设综合开发有限责任公司作为政府出资人。

项目公司将获得温岭市智慧城市一期项目特许经营权,负责投资、建设、运营与本项目相关的一、二类工程;本项目由一类工程可行性缺口补助和二类工程用户付费组成,项目采用银行贷款,年限为10年。

2. 项目建设进度。温岭市智慧城市一期项目实施过程大致可分为两个阶段,第一阶段为由温岭市人民政府主导的实施方案编制和审批阶段;第二阶段为由温岭市住房和城乡建设规划局主导的投资人竞争性磋商比选阶段。

项目总体进度包括从项目筹划、项目前期工作、项目实施到项目完成的过程,项目计划建设期为3年。

3. 项目实施成效。本项目建设温岭智慧城市不仅是解决温岭城市经济社会发展矛盾的内在需求,更是进一步破解温岭新型城镇化制约因素,促进温岭可持续发展。建设智慧城市,提高了新兴产业对经济发展的贡献率,转变了经济增长方式和结构,推动了产业结构优化升级;有利于促进温岭宜居宜业城市建设;有利于推进绿色低碳温岭建设,有利于提升政府服务水平;通过引入社会资本方投资、建设、运营温岭智慧城市项目,可大大减轻政府的财政压力。同时,社会资本方较政府方在此领域具备更加专业的技术,适应市场变化、知识更新的能力更强,能保证项目高水平的建设、经营管理效率。

采取PPP模式后,项目的专业建设、运营任务转移给社会资本方,可使政府从繁重的事务中脱身出来,从传统的基础设施公共服务的提供者变成监管者的角色,更好的发挥政府监管职能。

(六) 项目点评

1. 项目特点及亮点。(1) 盘活存量资产。本项目对温岭市智慧建设过程中已有的水网、公安等智慧平台数据进行存量盘活,转化现金流,可用于建设其他项目,或用于归还往年政府债务,有效降低负债率;同时避免了政府资源二次投入造成资源浪费。

(2) 经营性与公益性捆绑开发。本项目一类工程以公益性为主,不存在第三方付费,主要由政府购买服务;二类工程为经营性项目,通过项目公司专业运营可以产生稳定收益。本项目约定二类工程项目的收益上限,超额收益归还政府或用于抵扣政府的可行性缺口补贴。此种捆绑开发模式,一方面有效缓解了社会资本方对非经营性项目参与度不足的状况;另一方面通过收益性项目弥补公益性项目缺口,降低了政府的财政压力支出。

(3) 制度设计。①从项目的全生命周期做好制度设计,主要体现在按绩效付费,合作期限内工程质量存在缺陷问题,由社会资本方负责管理维护,达到质量互换功能。②全生命周期整合度高,将项目的建设、融资、建设及运营维护有效整合,尤其对于智慧城市这类涉及软件开发,对项目衔接性要求较高的项目;③在可行性缺口补贴方面,从智慧城市整体效益出发，采取"补建设"与"补运营"相结合的方式，兼顾全生命周期效益；④项目风险识别分配全面、科学：项目设计除了分析传统的建设成本超支、收益不足等风险；强调了智慧类项目信息安全、技术及人才等方面的风险；⑤创新方面：智慧城市本身即是一种城市管理工作的治理方式的创新，同时对此类项目的绩效考核进行了创新。智慧城市不像传统类项目，如道路有明确的设计标准、养护等级等量化指标，更多的是定性方面的描述。本方案尝试了绩效指标的设计。⑥为加强政府执行力，为本项目设立了智慧办公室、PPP工作小组，有力推进了项目的进展。

（4）资格后审。本项目的投融资结构、合同结构和监管结构较为全面合理，这归功于项目准备阶段对交易结构设计的重视。本项目区别于其他 PPP 项目的亮点主要包括：项目招标采用资格后审，这样可以避免招、投标与投标双方资格预审的工作环节和费用、大大缩短招标投标过程，有利于增强投标的竞争性；对业主来讲，扩大了选择的余地，提高了工作效率，从开标到确定中标人时间较短，潜在投标人的信息得到有效保密，切断了信息传递，减少了围标、串标等现象的发生，同时从源头上进一步预防腐败现象的发生。

（5）契约精神。契约精神是公私合作关系的核心纽带，贯穿项目的整个生命周期。温岭市智慧城市一期项目在协议中明确约定了温岭市人民政府和项目公司的各项权利、义务、责任和承诺，这是双方重视契约精神的体现。在项目协议的执行方面，目前项目进展顺利、建设进度如期进行，这其中必不可少的是温岭市人民政府的大力支持和项目公司的严格自律。全过程的履约精神将为 PPP 项目的良好运营和产品/服务的高质高效输出提供强有力的保障。

2. 问题及建议。

（1）存在问题。

在项目发起过程中，本项目物有所值论证采用的基础数据来源于经验值，极大的增加了对咨询机构选择数据的难度，因此在物有所值计算中可能存在一定的误差。

在保障措施方面，一是缺乏融资保证，即政府在与中标投资商草签特许经营协议时，没有设定对中标投资商融资交割期限的约束，可能产生中标投资商在签订协议后融资资本无法到位、拖延工期的风险；二是保险方案不完善，缺少对强制投保险种的要求，项目建设期及运营期保险方案完全由社会资本投资人决定，可能产生投保不足的风险；三是由于项目实施范围广、周期长，对群众生产生活产生一定影响。

（2）完善建议。

财政部《PPP 物有所值评价指引（试行）》（财金〔2015〕167 号文）指出，将物有所值评价报告作为项目绩效评价的重要组成部分，对照进行统计和分析，体现了对物有所值评价在执行阶段和移交阶段作用的肯定。因此，建议相关部门对物有所值风险指标等数据进行完善，建立风险数据库，积极利用专家力量，可以与 PPP 综合信息平台建立的机构库中的专家资源形成对接，充实物有所值数据评价资料。

在保障措施方面，完善细化融资保证，即政府在与中标投资商草签特许经营协议时，一是要设定对中标投资商融资交割期限的约束，避免产生中标投资商在签订协议后融资资本无法到位、拖延工期的风险；二是完善保险方案，加强对强制投保险种的要求，项目投资、建设及运营期保险方案完全由社会资本投资人决定，实现投保全覆盖；三是温岭市人民政府要注意信息公开，在做好项目宣传的同时，及时向社会公布项目进展，为项目实施创造良好外部环境。

3. 体会与参考。

（1）采用PPP模式优势和局限性。

采用PPP模式的优势是可消除费用的超支，有利于提高效率和降低工程造价，能够消除项目完工风险和资金风险。研究表明，与传统的融资模式相比，PPP项目平均可以为政府部门节约17%的费用，并且建设工期都能按时完成；有利于转换政府职能，政府可以从繁重的事务中脱身出来，从过去的基础设施公共服务的提供者转变为监督者，从而保证质量，也可以在财政预算方面减轻政府压力；投资主体多元化，利用私营部门来提供资产和服务能为政府部门提供更多的资金和技能，更好地促进投融资体制改革。同时，私营部门参与项目还能推动在项目设计、施工、设施管理过程等方面的革新，提高办事效率，传播最佳管理理念和经验，提供高效优质的服务；政府部门和民间部门也可取长补短，发挥政府公共机构和民营机构各自的优势，弥补对方身上的不足，以此形成互利互惠的长期目标，实现以最有效的成本为公众提供最优质的服务。

PPP模式局限性主要体现在PPP项目的立项要面对复杂而耗时的许可和审批过程。获得基础设施项目的许可和审批往往会牵涉到不同层级的多个政府部门，投资者需要与众多的政府部门官员交涉、磋商甚至谈判。由于政策或法律法规的不完善或相互间的一致性问题，在某些情况下，投资者还有可能面临含糊和不确定的环境，无形中给社会资本带来了投资压力。其次，政策或法律法规含糊、矛盾以及弹性过大或过小，也对PPP项目的运作产生一些不利的影响。主要表现在法律与政策法规之间的一致性问题；新旧政策或法律法规之间的连贯性和一致性问题。此外，PPP项目通常投资大、耗时长，一般在15~20年甚至更长。因此，对于风险的预测与管理以及合理的风险分担机制是PPP能否成功运作的关键。

PPP改革希望政策制定参与方制定规范化、标准化的PPP操作流程，并对项目的运作提供技术指导和相关政策支持；另一方面需要专业化的中介机构提供专业服务。政府有必要进一步简化审批，合并内容相关和相近的法规，清理相互冲突的法规，并采取有效措施保证政策法规的执行。

（2）智慧城市建设PPP模式改变政府管理理念。

智慧城市建设中技术应用能给政府管理带来极大的便捷性和精准性，在社会管理创新领域，由于信息技术的快速发展，管理模式也越来越朝着一种善治的模式发展。对政府传统管理理念具有一定影响，具体主要体现在以下几个方面：

①智慧城市发展促进政府管理方式创新智慧城市在发展过程中都把公共服务功能摆在城市功能的重要位置上,为了提供更为优质的服务平台,就把信息科技融入到居民的日常生产生活的环境中,利用现代信息技术对城市的公共服务设施加以整合,满足城市居民生产生活的多样化需求。如果是在传统治理过程当中,这种需求往往会以人工办事的方法解决,造成人工办事效率低下,办事流程繁琐。而建立信息化社会管理平台,可以提供高效优质的服务平台,提升行政服务效率,又节约办事成本。

建立有前馈功能的预报系统。对于现代城市来说,随着人口及城市规模的扩大,突发公共事件出现的可能性也在增加,社会犯罪率增高风险进一步加大。对于智慧城市发展来说,仅在问题出现后去分析问题远远不如防患于未然。现代城市可以利用遥感、卫星定位、移动互联网等无线网络技术,借助大数据和云计算等科技,通过风险模型计算,建立重大事件预防机制,为人们营造更加安全舒适的城市环境。

建立可进行数据整合分析的"城市云"。云平台也可以依靠着移动互联网以及先进的通信技术,把电子政务和电子商务,以及与民众需要的一些服务连接起来,为温岭城市的经济发展、社区建设提供决策参考。依靠信息技术,以及辖区内的各项数据采集,通过共享、整合、协同来提高政府管理水平,降低管理成本。

②智慧城市发展转变政府管理思维模式。传统的政府管理中,科层制管理是必不可少的,在相当长的历史时期里,科层制承担着提高政府组织效率,保障政策执行能力以及有效评估政府绩效的责任。但在智慧城市的发展过程中,基于电子政务开展的各项服务平台已经促使政府扁平化,削减了中间管理层的工作,减少了行政节点,打破原来的层级权力体系。

智慧城市的发展,推动了管理部门与民众的直接联系,温岭市政府与民众的互动关系得到重构,社会管理由原来的重管制向重服务转变。在建设智慧城市过程中,可以实现全市区100%街道和100%社区的网络延伸、服务延伸、窗口延伸,居民可以享受零距离的政务服务,降低了政府原来提供服务所需行政成本,使各项公共服务无缝衔接成为可能。

③政府主导模式向多元主体协同治理模式转变。依托现代信息技术的智慧城市本身就是一个协同发展的复杂巨系统,既需要移动互联网、云计算等各项科技的协同,又需要政府、企业、NGO社会组织以及市民等诸多建设主体的协同,这与传统政府管理凭借单一主体就可以进行社会改革有着根本的区别。特别是在公民参与治理方面,以往的治理模式中,公民参与治理的方式往往集中在投票、选举上,至于具体的公共政策制定与管理则没什么发言权,或没有渠道参与,公民的参与并不是十分积极。但智慧城市为公民参与治理提供了很好的平台,公民有了能够参与城市治理的技术支持,对于政府治理创新来说,智慧城市系统发展可以提高社会多元主体协作的紧密程度和有序程度,有效地促使社会各个主体充分发挥其主观能动性,产生协同效应,释放社会活力。

④由条块思维模式向系统资源整合模式发展。

在传统行政管理中,各种行政事务分门别类,大小机构层叠交叉,容易形成政出多门、权责不清的情况,条块分割现象严重。一方面,这种财权、事权的纵向体制固定化,使得直接面对公众事务的基层管理部门谨遵一些可能已经不符合时代发展的条令,无法灵活应变,听得见"炮声"却做不了决策;另一方面,即便在横向的政府部门设置上,也有很多机构职能重复设置,一个问题,多头监管,无形中浪费了很多公共行政资源,也使得政府工作效率迟迟不能提高,民众怨声载道。究其根本,有体制层面的原因,也有技术层面的原因。随着智慧城市大目标的提出,智慧城市追求的是协同发展、有着资源共享的目标,是建立全面感知、深度互联的智慧城市,会冲击这种设置障碍条块分管的思维方式。

(3) PPP模式应用于智慧城市建设对社会资本的感受和期待。

①社会资本采用PPP模式建设智慧城市的感受。

温岭智慧城市项目建设中社会资本方将承担大部分的资金投入。一方面,智慧城市顶层设计要以人为本,网罗相关的最新技术,项目中设置收益要让社会资本有利可图,社会资本考虑采用何种运作方式也将影响到项目后期运营成效。在风险分配上,以共同目标为纽带,以合同形式约定双方的责、权、利,对各方的权利和义务进行明确界定,另一方面,社会资本和政府方合作,可以将政府在顶层设计及战略制定等方面的优势,与社会资本在资金投入、技术创新、专家人才、管理经验等方面的优势相结合,合力为温岭智慧城市建设献计献策。

社会资本有对项目收益不明的顾虑,项目收益预期不可控会造成政企各方对智慧城市PPP项目参与热情不高。考虑到我国智慧城市发展目前还处于探索阶段,很多项目没有成熟案例可以借鉴,相关标准无从谈起。项目验收标准的缺失,使得项目验收缺少客观评价依据,直接导致了收益时间的不确定,而这势必会削弱社会资本对智慧城市PPP项目的参与意愿。社会资本考虑到PPP法规体系不健全,无法有效约束政府失信行为。在智慧城市PPP失败案例中,存在因地方政府单方面违约,而导致社会资本利益受损的情况。此外,国内相关法规尚不完善,无法有效约束政府失信行为,这意味着社会资本方无法通过法律途径有效保护自身利益,在这种情况下,其采用PPP模式参与智慧城市建设的意愿,势必会受到一定程度的影响。

②社会资本对建设智慧城市项目的期待。

社会资本建议应制定认定标准,标准是智慧城市PPP参与主体间利益分配的依据,加强标准体系建设与执行至关重要。希望推动成立智慧城市PPP模式标准制定机构,分行业、分领域研究制定消费者收费标准和项目验收标准。探索浮动收益率机制,科学测算项目建造运营和预期收益,制定可控的价格调整预案,确保社会资本利润率处于合理区间;加快修正完善法律法规及政策体系,提高PPP模式的法律效力和可操作性,增强经营环境的可预测性,确保项目风险可控。

三、推进智慧城市发展路径建议

(一) 科学地做好智慧城市顶层设计

我国智慧城市建设正处于探索阶段,尚缺乏智慧城市建设的成熟经验,特别是由于物联网、云计算等新技术发展迅速,可供选择的技术成果、标准众多,需要国家与时俱进强化智慧城市的顶层设计与规范,整体推动智慧城市的建设进程。智慧城市推进如果没有一个整体性的顶层设计指导,在实施过程中必然会遭遇各自为政、信息孤岛等城市信息化建设的老问题,增加智慧城市建设失败的风险。因此,顶层设计对智慧城市建设的成效至关重要。智慧城市顶层设计编制应按照科学谋划、合理布局、近远期建设结合、前瞻性和可操作性结合的方针,在城市相关发展规划、政策性文件、建设现状和需求的基础上进行设计。

(二) 以"互联网+"促进电子政务全面转型

大力推进电子政务是国家信息化的重要任务,"十三五"时期是我国全面建成小康社会的最后冲刺阶段,是全面深化改革取得决定性成果的关键时期,全球信息技术革命持续迅猛发展,对经济社会运行、生产生活方式、治国理政模式正产生广泛而深刻的影响,我国电子政务发展面临新的环境和要求,必须敢于突破,加快智慧化转型,才能适应国家治理体系和治理能力现代化的需要,才能推进智慧城市建设健康有序发展。具体在管理模式上,要构建统筹规范、协调有力的推进机制,全面适应国家治理现代化需要;在建设模式上,强调协同共享和互联互通,实现电子政务整合、协同、集约发展;在服务模式上,积极引入互联网新思维新应用,切实提高服务的效率与质量;在安全保障上,以自主创新为动力,增强安全可控的信息技术产品和服务供给能力。

(三) 建设统一的智慧城市信息资源体系

智慧城市信息资源体系建设需要遵循顶层设计、分步实施的策略,其建设路径可以分为"三步走"。

第一,在城市运行数据基础上建立一套元数据体系以及进行指标度量的数据模型。建立元数据体系,定义由支持城市正常运行的若干要素(市容环卫、绿化景观、市政设施、房地物业、水、电、煤气、环保、防汛、防台、气象、交通、医疗等公共产品、公共服务、行业管理)的运行状况,实时运转所表现出的一系列特征指标,并给出这些指标的量化方式,通过这些指标反映不同时段城市运行的特点和状况,进而可以通过对这些指标的分析与控制来为不同层面的城市管理决策提供支持。

第二,建设高并发、高吞吐量的多源城市运行数据融合及一体化管理系统。数据融合及一体化管理系统能够提高城市运行多源数据的数据整合、数据查询、数据分析、数据服务效率，满足智慧城市各类应用的实时处理和综合服务的要求。

第三，建设包含在线监测、数据资源平台和城市综合管理三大业务功能的智慧城市公共支撑平台。在城市管理数据模型以及城市运行数据融合及一体化管理基础上，建设智慧城市公共支撑平台作为"智慧城市"的公共信息管理和服务平台。通过智慧城市公共支撑平台，对各业务应用系统进行应用集成并对不同业务信息加以整合，形成统一有序的信息资源体系，支持信息资源的数据共享和统一信息服务，支持综合分析和业务处理。

参考文献

1. 搜狐网：《"互联网+"背景下的智慧城市发展之路》，2016年6月26日。
2. 光明日报：《"互联网+"时代：经济新常态与智慧城市建设》，2015年4月25日。
3. 《浅论"互联网+"下的湖南"智慧城市"建设》，载于《文艺生活·文艺理论》，2015年第12期。
4. 中安网：《"十三五"智慧城市"转型创新"发展路径研究》，2016年5月4日。

论政府采购合同的变更、中止或终止履行

刘 涛[*]

> **摘 要：** 政府采购法规定政府采购合同不得擅自变更、中止或终止履行，而现实中政府采购合同变更、中止或终止履行的情况甚为复杂，除了第四十九条、五十条可以和应该变更、中止或终止履行的情况，其他情况下的变更、中止或终止履行是否合法应有明确清晰的判断标准和适用规则，合法性的判断应在合同法框架下考虑政府采购的公共属性和政府采购法的特别规定，因政府采购合同继续履行将损害国家利益和社会公共利益导致的变更、中止或终止履行等问题应从严掌握。
>
> **关键词：** 政府采购合同　变更、中止或终止履行　基本规则　国家利益和社会公共利益

政府采购合同变更、中止或终止履行问题在政府采购实务中极为常见，由此引发的纠纷和争议也屡见不鲜。政府采购合同作为政府采购环节中的关键一环，其履约情况如何，关系到政府采购立法目标及意图的实现，关系到财政资金的使用效益和供应商合法权益的保护，也是加强政府采购监督管理的重要抓手。政府采购合同履行过程中是否可以变更、如何变更、何种情况下可以中止或终止履行，本文拟以现行的政府采购法、实施条例和合同法为基础，就相关问题做一下粗浅的探讨和分析。

一、问题的提出

政府采购法及实施条例中有关政府采购合同变更、中止或终止履行的规定主要体现在《政府采购法》第四十三条、四十九条、五十条和《政府采购法实施条例》第五十四条、六十七条（五）（六）之规定，在明确政府采购合同适用合同法，采购人和供应商之间的权利和义务，应当按照平等、自愿的原则以合同方式约定的前提下，强调政府采购合同的双方当事人不得擅自变更、中止或者终止履行，其中双方可协商变更的限于原合同的追加，双方应协商变更的限于合同履行将损害国家利益和社会公共利益的情况。问题在于实践中政府采购合同变更、中止或者终止履行的情况纷繁复杂，超出第四

---

[*] 刘涛：新华通讯社办公厅；地址：北京西城区宣武门西大街57号；邮编100083。

十九条、第五十条规定的任何合同变更、中止或者终止履行是否皆为非法、属于擅自变更、中止或者终止的范畴？还是由此即进入合同法的规范范畴、以合同法为基础予以合法性判断？

政府采购资金属于财政资金，采购目的是为了公共事务，政府采购还具有维护公共利益、加强财政支出管理、促进廉政建设等功能，政府采购合同特殊性的体现之一就是对合同变更、中止或者终止履行的限制性规定。政府采购严格的程序性要求和强制缔约规则，其最终的落脚点就在于政府采购合同的全面严格履行，政府采购法及实施条例均明确禁止政府采购合同签署时改变采购文件确定的实质性条件，如果允许政府采购合同双方当事人在合同履行过程中任意变更、中止或终止履行，将使得整个政府采购制度体系流于形式，损害预算执行和政府采购的严肃性，甚至可能损害国家利益和社会公共利益。

但是，政府采购实质上是一种市场交易行为，在采购合同订立及履行过程中，不涉及行政权力的行使，合同双方属于平等的民事主体，基于政府采购活动的行为特征，同时从保护供应商合法权益、体现公正公平原则考虑，政府采购合同明确为民事合同适用于合同法。合同自由（意思自治）是合同法的基本原则，也是整个合同制度的基础，通常意义上的合同自由包括缔约自由、选择相对人自由、决定合同内容自由、变更和解除合同自由、合同方式选择自由等。在政府采购领域缔约自由、选择相对人自由、合同方式选择自由实际上都受限于政府采购法及实施条例的诸多限制，基本上没有自由可言，如果按照实施条例规定，在未来某时国务院财政部门会同有关部门制定政府采购合同标准文本并强制推行（估计会与现有的备案、公告制度相衔接），决定合同内容自由也将不复存在，实际上政府采购合同当事人只剩下变更和解除合同自由，在此基础上再加上诸多限制条件予以严格解释的话，合同自由实际上就已名存实亡，把政府采购合同定义为民事合同还有什么意义？

在我们对现有法律法规进行梳理和分析的同时，我们也不得不关注政府采购实务中大量的合同变更、中止或者终止履行问题，现在虽然还没有这方面可靠的数据统计和分析，也没有现实的司法案例供参考，但就笔者有限的调研和统计情况来看，政府采购合同履行过程中单方或双方变更的情况是普遍存在的，并且很多变更都改变了合同标的、数量、质量、价款或报酬、履行期限、地点和方式等实质性条款。中止或者终止履行的情况也极为常见。关键是在缺乏统一的政府采购合同标准文本的情况下，很多政府采购合同优先选用行业示范文本（多为行业主管部门制定），这些合同文本都包含了数量繁多、详细明晰的变更、中止或者终止履行条款（典型的是建设工程施工合同、设计合同及技术开发服务类合同），按照合同信守和约定在先的基本规则，双方当事人既可以对合同内容进行变更，也可以视情况中止或终止履行。

实际上，合同自由与国家干预的冲突和协调问题一直是合同法立法和司法的难题，就政府采购而言，不管是在立法过程中，还是在政府采购已走过 14 年的今天，有关政府采购合同的性质到底为何的争论就一直不绝于耳,其中是否应允许政府采购合同履行过程中双方当事人通过单方或双方协商对合同内容进行变更以及中止或终止履行是争论的焦点之一,也是政府采购实务中亟待解决的问题之一。《政府采购法》第四十九条、第五十条从某种意义上说体现出立法者在合同自由、鼓励交易及政府采购的公共属性之间进行利益衡量的摇摆态势,对擅自变更以及中止或终止履行的笼统规定实际上回避了政府采购合同在现有制度框架下应该如何变更以及中止或终止履行的问题。

二、政府采购合同可依法变更、中止或终止履行的理论基础

在讨论政府采购合同变更、中止或终止履行的基本规则之前,首先要解决一个重大的理论问题,那就是是否允许超出《政府采购法》第四十九条、第五十条之规定对合同进行变更、中止或终止履行?第四十九条规定的合法变更包括四个条件:(1)合同履行过程中;(2)追加的标的与原合同相同;(3)除标的物数量、金额改变外,原合同其他条款不变;(4)追加金额在原合同金额10%以内。此条规定的出发点在于追加采购部分与原合同履行的有效衔接、降低采购成本提高采购效率,同时限制规避政府采购行为、体现政府采购的三公原则。第五十条规定在合同继续履行将损害国家利益和社会公共利益的,双方当事人应当变更、中止或者终止合同,突出了我国法律体系对公共利益的特别保护。实践中政府采购合同变更涉及合同标的、数量、质量、价款或报酬、履行期限、地点和方式等各个方面,变更、中止或者终止履行的事由也并不限于公共利益的保护问题,如果不问事由和效果,把超出第四十九条、五十条的任何合同变更、中止或者终止履行视为违法有可能在采购实践中无法实施,严格实施的话极有可能动摇整个政府采购法和合同法的立法基础。

实际上不论是政府采购法还是合同法,其基本的出发点都是鼓励交易,并由此引申出诚实信用、风险共担、公平履约等基本原则。合同法的一个基本假设是理性经济人理论,这个假设认为双方当事人在合同缔结过程中能有效预估合同风险及其履行利益,同时能根据合同履行过程中情况的变化对合同予以合理变更(中止或者终止履行),如果一味强调合约必须信守不允许变更(中止或者终止履行),实际上有可能造成不公平履行或履行不能,同时有可能造成合同双方当事人因害怕风险预计不足责任过重妨害交易。政府采购合同是通过严格的政府采购程序产生,在这一合同缔结过程中,不论是采购人作为要约邀请的采购文件,还是供应商作为要约递交的响应文件,都是立足于缔约当时合同得以成立的客观环境,譬如政治经济形势、物价水平、行业现状等,并在此基础上对合同缔结及履行风险作出合理预估,但是这种合同得以成立并全面履行的客观环境会随着时间的变化而变化,有时候其变化甚至可能是颠覆性的,要求合同双方在合同缔结当时就对合同履行期内的各种情况及风险予以合理估计是不现实的,特别是一些履行期长、不可控因素多的合同如大型工程建设合同、技术开发合同等更是如此,实际上

即便如普通的家庭装修也鲜有没有变更的情况，因此不允许对政府采购合同进行变更或中止、终止履行是不切实际的。合同法上的情事变更规则和政府采购法有关投标有效期及合同签署时间的规定，其实际都是在强调合同缔结当时的客观情况是判断合同是否成立及变更、中止或终止履行合法性的重要因素。

三、政府采购合同变更的基本规则

合同变更是指合同成立后合同关系的局部变化，包括数量、质量、价款等的变化，是在保持原合同效力的基础上再形成新的合同关系。就变更类型而言包括法定变更、裁判变更、以法律行为或其他行为变更，《政府采购法》第五十条属于法定变更的范畴，第四十九条属于以法律行为或其他行为变更的问题，因本文主要讨论的是合同自由背景下的政府采购合同限制变更问题，所以下所说的合同变更只限于以法律行为或其他行为的变更，具体包括两类：（1）依单方行为变更；（2）依双方行为变更。

实际上，第四十九条规定的政府采购合同变更规则主要适用普通货物的买卖合同，对于服务类、工程类合同而言，标的同异与否、追加金额的确定等问题非常棘手，技术开发合同中有关技术研发方案的部分变更属于同质变更吗？变更的工作量和金额如何合理确定？况且实践中大量的变更属于履行期限、标的物质量、地点和方式等的变更，对于以上情况的合同变更，应遵循以下基本规则：

（一）合同变更不能改变合同目的

合同目的是合同法中的一个重要概念，在《合同法》第五十二条、六十条、六十二条、九十四条、一百二十五条、一百四十八条、一百六十六条等条款中多次出现。实际上任何合同的缔结均为达到特定的目的，合同的各项条款以及用语均是达到该目的的手段，因此，确定合同条款的含义及变更的合理性问题自然适合于合同目的。

所谓合同目的，首先是合同的典型交易目的，从抽象意义上而言，即给予所欲实现的法律效果或者订立合同所期望的经济利益，这种典型交易目的在每一类合同中是相同的，不因当事人订立某一具体合同的动机不同而改变。从具象意义上来说，需要综合考虑合同标的在种类、数量、质量等方面的约定和法律规定，作为判断合同目的的因素和依据。例如货物买卖合同，采购人的典型交易目的是取得标的物所有权，中标供应商的典型交易目的是获得价款。典型交易目的在有名合同中相对容易确定，在非典型性合同中要区分情形具体判断。

政府采购合同因其资金来源的公共性和价值目标的多元化，合同目的的判断不应局限于双方当事人的期望目的，还应考虑预算批复和执行目的、政府采购立法及实施目的等因素。

采购人作为公共预算的执行主体，预算申报需要进行充分的前期论证和可研分析，就项目目标、实施周期、投资额度、采购方式等做出合理说明，预算据此批复后，采购人应严格按照批复的预算执行采购和项目建设，未列入预算的不得支出（《预算法》第十三条），为了对预算执行进行有效监督管理，预算法同时规定了决算审查制度，其中的一项重要审查内容就是支出政策实施情况和重点支出、重大投资项目资金的使用及绩效情况。从制度架构层面上而言，预算申报—预算批复—预算执行（政府采购）—决算及考评的总体目标应该是一致的，这是预算公共性、严肃性的应然要求，我们说政府采购合同可变更，但其总体目标不能改变，从这一意义上说，政府采购合同的变更应限于合同内容的局部变更而非颠覆性改变。

政府采购合同的履行同时关系到政府采购立法及其实施目的的实现，比如提高财政资金使用效益、支持国货、保护环境、促进中小企业发展等，这些都是判断合同目的重要依据。比如某个税务申报系统集成项目，合同履行过程中双方协商把其中的集成分包供应商由原定的甲公司（三级资质）变更为乙公司（一级资质），分包价格不变，进度提前，这种变更符合双方的典型交易目的和预算执行的预期目标，但是我们是否就能据此判断它符合合同缔约目的？很显然此种变更关乎促进中小企业发展这一价值目标的实现问题，实际上是改变了该项目合同中有关分包部分订立和履行的目的。

判断合同变更是否改变合同目的还应考虑合同目的是单方还是双方目的、合同联立产生的各个子合同的目的、合同中部分目的和总体目的等诸多要素，所以合同目的的判断是一项复杂的技术工作。

（二）合同变更的原因应归属于双方在合同订立时无法预见的客观因素

任何合同的订立都根基于当时的客观环境，如政治、经济和社会形势，物价、汇率、市场、行政管理措施等。当事人在特定的形势下必然有特定的选择，特定的形势必然潜移默化的进入人们的潜意识，影响人们的决策和选择。合同有效成立后，因当事人不可预见的事情的发生（或不可归责于双方当事人的原因发生），导致合同的基础动摇或丧失，若继续维持合同原有效力有悖于诚实信用和公平原则，导致合同不能履行或者合同目的无法实现时，则应允许变更合同内容。有几点需要注意：

1. 此客观情况的变化应发生于合同成立之后，履行完毕之前；
2. 须为当事人所不能预见；
3. 此客观情况的出现须不可归责于双方当事人；
4. 继续履行合同有悖于诚实信用和公平原则，导致合同不能履行或者合同目的无法实现。

（三）合同变更不能规避政府采购的强制性规定

关于政府采购性质的判断，不管是两阶段理论还是混合理论，实际上都认为政府采购的缔约自由及选择相对人的自由是严格受限几近于无的，所谓的强制缔约规则以严密复杂的采购组织和程序为依托，对政府采购参与各方都提出了相应的行为规范，在采购组织、采购方式、要约与承诺的做出、合同的签署及形式等方面表现得尤其突出，政府采购的公共属性主要体现也就在这里，而其最终落实及实现有赖于合同的全面履行，所以合同变更不能突破或规避政府采购的强制性规定，比如变更部分达到政府采购限额的应按规定程序采购、原采购没有进口产品许可的情况下设备变更不能采购进口设备、补充合同（协议）仍应采用书面形式并报备等。

（四）合同变更引起的合同价款（报酬）的变化，其计量标准应与合同缔结时保持一致，或根据现有情况证明其具有竞争性

有关合同的任何变更都有可能导致合同价款（报酬）的变化，比如履行地点变更导致的运输和保险成本增减，履行期限变更造成的汇率变动等，更明显的当然是标的物数量、质量的变更，所有的这些变更最终可能体现在合同价款（报酬）的变化，也可能体现在合同双方权利义务的变更，合同价款（报酬）的变化是合同变更的重点，其中单价确定和变更数量或工作量的计量尤为关键。

1. 变更的单价确定。

（1）基本原则。

①作为合同附件的报价清单、工程量清单报价表中有适用于变更部分的单项和子目的，采用该单项、子目的单价。

②作为合同附件的报价清单、工程量清单报价表中无适用于变更部分的单项和子目，但有类似单项和子目的，或在双方已签署的其他类似项目合同中有相同、类似单项和子目的，可在合理范围内参照该单项和子目的单价，由双方商定变更部分的单价。

③作为合同附件的报价清单、工程量清单报价表中无适用或类似单项和子目的单价，可按照成本加利润的原则，由双方商定变更部分的单价。

（2）由物价波动引起的价格调整（主要适用于履行期长或市场价格波动剧烈的项目）。

因人工、材料和设备等价格波动影响合同价格（合同应事先约定价格波动幅度、原因及合同价格调整的前提条件）时，根据合同中的价格指数和权重表约定的数据，按以下公式计算差额并调整合同价格。

$$\Delta P = P_0 \left[A + \left(B_1 \times \frac{F_{t1}}{F_{o1}} + B_2 \times \frac{F_{t2}}{F_{o2}} + B_3 \times \frac{F_{t3}}{F_{o3}} + \cdots + B_n \times \frac{F_{tn}}{F_{on}} \right) - 1 \right]$$

公式中：ΔP——需调整的价格差额；

P_0——按合同约定已履行部分的合同金额。

A——定值权重（即不调整部分的权重）；

B_1；B_2；B_3……B_n——各可调因子的变值权重（即可调部分的权重）为各可调因子在合同总价中所占的比例；

F_{t1}；F_{t2}；F_{t3}……F_{tn}——各可调因子的现行价格指数；

F_{o1}；F_{o2}；F_{o3}……F_{on}——各可调因子的基本价格指数，指基准日期的各可调因子的价格指数。

以上价格调整公式中的各可调因子、定值和变值权重，以及基本价格指数及其来源在合同中约定。价格指数应首先采用有关部门提供的价格指数，缺乏上述价格指数时，以约定为准。

（3）由法律变化引起的价格调整。

在合同约定的价格基准日后，因法律变化导致合同履行中发生的部分费用（主要涉及到企业税费、劳动者工资及保险等）发生增减时，合同双方应根据法律、国家或省、自治区、直辖市有关部门的规定，按约定商定需调整的合同价款。

2. 变更数量或工作量的计量。

普通的货物买卖合同变更数量的计量比较好确定，这里所说的计量主要是服务类、工程类变更部分的工作量计量问题。

（1）基本原则。

采用国家法定的计量单位，计算规则应按有关国家标准、行业标准的规定和合同约定执行。很多服务行业的工作量计算规则虽然是指导性规则，但是在实践中应用广泛，比如设计服务、律师服务、工程服务等，合同中可据此约定变更造成的工作量增减的计算方式。

（2）计量的程序和最终确定。

一方对已完成的工作进行计量并提交工作量报表和有关计量资料。另一方对工作量报表进行复核，以确定实际完成的工作量。对数量有异议的，可由双方按合同约定进行共同复核和抽样复测。最终确定的工作量以双方共同确认为准。

（3）变更的控制性措施。

鉴于部分服务类、工程类合同在履行过程中变更频繁，如果任何数量的变更都要由双方协商变更，势必造成进度延误、履约成本上升，从风险共担、损益相抵的原则出发，可在合同中约定需启动变更程序的工作量基数，如施工合同中，约定采用单价合同形式时，因非承包人原因引起已标价工程量清单中列明的工程量发生增减，且单个子目工程量变化幅度在15%以内（含）时，仍执行已标价工程量清单中列明的该子目的单价。

（五）合同变更应协商一致，严格限制单方变更

合同法虽然允许单方变更，并规定了变更方的损害赔偿责任，但是就政府采购合同而言，单方变更应严格限制，规范财政资金使用、保护供应商合法权利是政府采购的两大基石之一，不论是采购人单方变更还是供应商单方变更，实质上都有可能破坏政府采购的严肃性，影响预算执行和项目实施，损害供应商的合法权益。但是就一方违约造成

的非违约方单方变更应具体问题具体分析,如乙方交货延迟,甲方明确表示付款期限相应延后,此种变更应予允许。

(六) 合同变更应采取书面形式对相应条款予以全面修订

政府采购法规定政府采购合同应采取书面形式,同时对合同应具备的实质性条款做了相应说明,政府采购合同不管从形式上还是内容上采取的都是"严格主义",合同履行过程中的任何变更都应在合同中体现,包括明示的和默示的变更。同时一个完善的合同应是一个逻辑清晰、相互联系的严密整体,合同中任何一个条款的变更都会导致相应条款的变化,对任何一个条款的修订都应同时修改与其对应的条款,不能只改一点不及其余,如合同交货期的变动会导致付款期限、其他批次交货期、验收期限、质保责任起算、逾期违约责任承担等多个合同条款的变动,所以合同变更从某种意义上说需要对合同整体进行审核修订。

(七) 部分合同变更应报政府采购监督管理部门审批或备案

政府采购合同变更的特殊性需要政府采购监督管理部门加强监督指导,现有的合同备案和公告制度在强调规范资金支付和信息公开的同时,应突出对合同变更的监督职能,对部分变更金额或变更范围较大的合同变更,建议通过社会公示、专家审查等多种方式,对合同变更的合理性进行判断和审批,对变更金额或变更范围都不大的合同变更则采取备案方式,抓大放小,注重监督管理效果。

四、政府采购合同中止履行的基本规则

合同中止履行,是指合同成立后,因法定或约定事由的出现,合同中止履行,该事由消失后合同即恢复履行的情况。合同法设置中止履行的主要目的是为了平衡合同双方当事人的利益,维护公平、平等的交易原则。引起政府采购合同中止履行的事由在《合同法》中主要体现在有关抗辩权的行使,《政府采购法实施条例》第五十四条是其特别规定。

(一) 合同法中抗辩权的种类及其行使

1. 同时履行抗辩,《合同法》第六十六条规定:"当事人互负债务,没有先后履行顺序的,应当同时履行。一方在对方履行之前有权拒绝其履行要求。一方在对方履行债务不符合约定时,有权拒绝其相应的履行要求。"该抗辩权的行使须遵循四项规则:

(1) 在当事人互负债务的情况下,如果没有先后履行顺序,应当同时履行。双务合同全面和严格的履行首先就是要求当事人同时履行,除非当事人有特别规定或者交易习惯有特别规定。

（2）双方所负的债务之间具有相应性。相应性是指双方的债务之间具有对价关系。双方所负的债务是否具有对价性或相应性，首先要考虑双方的约定，如果当事人在合同中特别约定数项债务之间具有对应关系，应认为两者之间具有对应关系。如果不能根据合同来确定双方的义务是否具有对应性，应考虑当事人取得的财产权与其履行的财产义务之间在价值上大致相当，如果一方不履行的义务与另一方拒绝履行的义务之间不具有相应性，则不得行使同时履行抗辩权。

（3）双方互负的债务均已到了清偿期。

（4）对方能够履行但未履行或未适当履行债务。未履行包括迟延履行和不能履行，未适当履行包括部分履行和瑕疵履行。

2. 后履行抗辩权。《合同法》第六十七条规定：有先后履行顺序的，先履行一方未履行的，后履行一方有权拒绝其履行要求。后履行抗辩权是给予后履行一方的，因后履行抗辩权的行使，将随时阻止对方当事人请求权的行使，而不是导致对方请求权的消灭，从这个意义上说，后履行抗辩权属于延期的抗辩权。

3. 不安抗辩权。《合同法》第六十八条规定了不安抗辩权。所谓不安抗辩，是指在异时履行的合同中，应当先履行的一方有确切的证据证明对方在履行期限到来后，将不能或不会履行债务，在对方没有履行或提供担保以前，有权暂时中止债务的履行。不安抗辩权的行使有严格的条件：

（1）必须是双方在双务合同中互负债务。

（2）必须是异时履行的。不安抗辩是给予先履行一方的抗辩权。

（3）先履行的一方有确切的证据证明另一方不能或不会作出对等履行。《合同法》第六十八条规定了四项情形：经营状况严重恶化、转移财产抽逃资金以逃避债务、丧失商业信誉和有丧失或者可能丧失履行债务能力的其他情形。先履行的一方必须有确切的证据证明对方具有法律规定的不能或不会对等履行的情况，而不能凭空推测或根据臆想来断定对方不能或不会对等履行。

《合同法》第六十九条、一百零八条在不安抗辩的基础上同时规定了预期违约制度。先履行一方行使不安抗辩后，可要求对方提供履行担保，如果对方不提供担保，就构成预期违约，暂时中止合同的一方，有权要求对方承担违约责任，也可以解除合同。

（二）《政府采购法实施条例》第五十四条的理解及其适用

除了《合同法》的一般规定，《政府采购法实施条例》第五十四条规定："询问或者质疑事项可能影响中标、成交结果的，采购人应当暂停签订合同，已经签订合同的，应当中止履行合同。"这是适用于政府采购合同的特别规定，为了保护供应商的合法权益，在供应商提出询问或者质疑事项且该事项可能影响中标、成交结果的，合同应中止履行。这里需注意三个问题：

1. 询问或者质疑事项可能影响中标、成交结果的判断。中标、成交结果包括两方面内容：具体明确的中标、成交供应商，中标、成交的实质性条件如价款、支付条件、工期进度、售后服务等。询问或者质疑事项产生的影响程度需要根据行为性质、项目情况综合判断（比如对采购文件有关行业标准引用的质疑在部分采购项目中可能影响中标、成交结果，在部分采购项目中对中标、成交结果可能并无影响），判断的依据需要达到合法、充分的标准，并且此处的影响为实质性影响，非实质性影响应排除在外。

需要注意的是，只有询问或者质疑事项确实有可能对中标、成交结果产生影响，或者有足够的证据证明该事项对中标、成交结果可能产生影响时，才能适用《政府采购法实施条例》第五十四条的规定。实际上合同中止履行属于合同履行的例外情况，应在充分保护供应商合法权益的前提下严格限制。

2. 询问或者质疑事项不成立或不影响中标、成交结果的，在采购人、采购代理机构依法作出答复之后，合同应恢复履行。

3. 供应商因对采购人、采购代理机构的答复不满意或者采购人、采购代理机构未在规定的时间内作出答复而提起投诉的，已恢复履行的合同并不因此而中止，除非政府采购监督管理部门按照第五十七条的规定书面通知采购人暂停采购活动。

五、政府采购合同终止履行的基本规则

合同终止履行，指依法成立的合同，因具备法定情形和当事人约定的情形，合同债权、债务归于消灭。《合同法》第九十一条规定有下列情形之一的，合同的权利义务终止：（一）债务已经按照约定履行；（二）合同解除；（三）债务相互抵销；（四）债务人依法将标的物提存；（五）债权人免除债务；（六）债权债务同归于一人；（七）法律规定或者当事人约定终止的其他情形。这里主要讨论政府采购合同解除的问题。

合同解除是指合同有效成立以后，当具备合同解除条件时，因当事人一方或双方的意思表示而使合同关系自始消灭或向将来消灭的一种行为。合同解除可以分为三种情况，即约定解除、协议解除和法定解除。政府采购合同除了第五十条应当终止的情况，合同双方当事人都不得擅自终止，此处的擅自终止既包括没有约定解除条款、事后双方也没有协商一致的合同解除，也包括未达到法定条件的解除。

（一）合同解除的种类及其行使

1. 约定解除。

依据合同约定当事人保留解除权而解除合同的，称为约定解除，其中，保留解除权的合意为解约条款。

2. 协议解除。

指当事人双方通过协商同意将合同解除的行为，此种方式不以解除权的存在为必

要，只取决于双方当事人的意思表示一致。

3. 法定解除。

指在合同成立以后，没有履行或没有履行完毕以前，当事人一方通过行使法定的解除权而使合同效力消灭的行为。法定解除规定了两种情况：

（1）不可抗力，《合同法》第九十四条第一款规定了在不可抗力致使不能实现合同目的的情况下，可以解除合同。不可抗力主要包括自然灾害和社会事件，属于不能预见、不能避免并不能克服的客观情况。需要注意的是，并非所有不可抗力的发生都属于法定解除的范畴，只有不可抗力的出现致使合同目的不能实现的情况下，可以解除合同，有关合同目的及其判断问题已在本文合同变更部分有所阐述。

（2）根本违约，合同一方的违约造成另一方的订约目的不能实现即构成根本违约，非违约方可以据此解除合同。根本违约主要体现在《合同法》第九十四条第四款的规定，"当事人一方迟延履行债务或者有其他违约行为致使不能实现合同目的"，可以解除合同。关于根本违约的法定解除，主要有以下几种情况：

①拒绝履行，在履行期限届满之前，当事人一方明确表示（明示毁约）或者以自己的行为表明（默示毁约）不履行主要债务，可以解除合同。

②迟延履行，包括须经催告的解除和不须催告的解除。须经催告的解除适用于普通的迟延履行，履行期限并非特别重要的情况下，当事人一方迟延履行主要债务，经催告后在合理期限内仍未履行，另一方可以解除合同。合理期限的长短要根据每个合同具体的情况来判断，不能由债权人或非违约方自行进行确定。不须催告的解除适用于履行期限特别重要的情况，如月饼供货合同。

③不能履行，因其他违约行为致使合同目的不能实现，当事人可以解除合同，此处的不能是确定的、继续的不能，且不以债务人是否有过错为必要。

④不完全履行，可分为量的不完全履行和质的不完全履行。债务人以适当履行的意思提供标的物，标的物的数量有所短缺的，属于量的不完全履行，可由债务人补充履行；标的物在品种、规格、型号等质量方面不符合法律规定或合同约定，或标的物有隐蔽缺陷，或者提供的劳务达不到合同规定的水平，属于质的不完全履行，此时可给予债务人一定宽限期，使之消除缺陷或另行给付，在此期限内债务人未能消除缺陷或另行给付的，解除权产生。

⑤不安抗辩情形下的催告解除，此已在本文合同中止履行部分有所阐述。

⑥附随义务违反，当事人一方不履行附随义务导致合同目的不能实现，另一方可行使解除权。附随义务是依据诚实信用原则，根据合同性质、目的和交易习惯产生的通知、协助、保密等义务，附随义务的违反导致合同解除主要存在于持续性契约和继续性契约中。

⑦受领迟延，《合同法》第二百五十九条有关承揽合同的特别规定：定作人不履行协助义务致使承揽工作不能完成的，承揽人可以催告定作人在合理期限内履行义务，并

可以顺延履行期限；定作人逾期不履行的，承揽人可以解除合同。

（二）政府采购合同解除的特别限制

在合同解除的三种情况中，达到法定条件可以解除合同自然没有异议，问题是政府采购合同双方当事人是否可以在合同中自由约定解除条款或经协商一致即可自由解除合同？在强调政府采购合同适用合同法的同时，政府采购合同本身的特殊性也必须予以考虑。政府采购是预算执行的必经环节，而财政预算本身包含鲜明的预期目标及实施目的，近年来财政部对预算执行的进度也提出了明确的要求，这是强化预算执行刚性、突出预算执行效果的必然选择，政府采购活动具有很强的时效性、程序性和不可逆性，不管是从强化预算执行、维护政府采购严肃性的角度，还是从保护供应商合法权益的角度，政府采购的合同双方都不能随意解除合同。

那是不是除了法定解除，政府采购合同中没有约定解除和协议解除存在的空间？实际上并非如此，政府采购合同当然可以在合同中约定解除条款，也可以协商一致解除合同，但是应遵循基本的解除规则：

1. 合同中约定的解除条款应以严重违约不能实现合同目的为基础，轻微的违约不能设定为解除条件，协议解除也应符合这一规则。

2. 合理的宽限期和催告程序是必需的，如债务人能在合理期限内按照合同约定履行，则合同不能解除。

六、国家利益和社会公共利益的理解及其适用

《政府采购法》第五十条第二款规定：政府采购合同继续履行将损害国家利益和社会公共利益的，双方当事人应当变更、中止或者终止合同。有过错的一方应当承担赔偿责任，双方都有过错的，各自承担相应的责任。这一规定涉及两个问题：

（一）国家利益和社会公共利益如何理解

国家利益、公共利益的表述在几乎所有的法学领域中都是普遍存在的，不管是宪法还是各个部门法，国家利益、公共利益都被置于极为重要的位置，《宪法》第五十一条规定：中华人民共和国公民在行使自由和权利的时候，不得损害国家的、社会的、集体的利益。《合同法》五十二条明确规定损害社会公共利益的合同无效。

所谓国家利益，泛指一切国家法律予以保护的利益。某一利益，一旦经国家法律规定，就成为国家利益而受法律保护。但是并不是那些以国家为主体的利益才可以构成国家利益。这里须区分国家利益和以国家为主体的利益之间的差别，不是所有以国家为主体的利益在道德和法律上都是永远正确的，国家利益同样须受某一标准以检视其合法性。法律面前平等的思想将一切利益主体置于平等地位，国家利益也有合法非

法之分。

我国合同法上的"社会公共利益"相当于民法总则上的"公序良俗"概念（第八条民事主体从事民事活动，不得违反法律，不得违背公序良俗）。公序指的是内在于一国法律秩序的原则和精神，法律是国家意志的体现，同时也是占统治地位的社会共同利益的体现，国家利益与社会公共利益往往具有同一性，因此，公序既代表国家利益，同时也代表社会公共利益。换言之，国家利益和社会公共利益都可以归结为公序。良俗指的是社会一般的道德观念，但不是所有的道德观念都是良俗，只有其中维护社会存在和发展的最低限度的伦理道德标准，才是此处所谓的良俗。公序和良俗的衡量标准最终都可以归结为"社会妥当性"或"社会正当性"原则。

1. 公共利益（包括国家利益与社会公共利益）具有四个特点：

（1）直接相关性，即特定的利益关系的安排，必须直接涉及到公共利益，不能把与公共利益间接相关的事项都归为公共利益。

（2）可还原性，即公共利益必须最终能够还原为特定类型、特定群体的私人利益，一个抽象的，跟任何人不相干的公共利益不可能具有正当性。

（3）内容的可变性，公共利益的内涵和外延是一直在变化的，今天的公共利益明天可能不是公共利益。

（4）不可穷尽性，即使通过立法机构的立法行为、司法机构的司法行为两个途径对公共利益进行具体的确定，公共利益的类型仍然是无法穷尽的。

2. 对公共利益的判断应坚持如下三条标准：

（1）合法合理性。只有在法定条件下才可出于公共利益的考虑依法对个人基本权利加以扣减和限制，故须坚持法定与合法原则，也即法律保留和法律优先。此外，关于公共利益的考虑，还应符合比例原则，具有必要性与合理性。

（2）公共受益性。公共利益的受益范围一般是不特定的多数人。

（3）公平补偿性。有损害必有救济，特别损害应予特别救济，这种救济主要表现为法定条件下的公平补偿和事先补偿，它体现了现代法治的基本要求——实体公正。

梁慧星先生曾将违反公共利益的合同分为十种：（1）危害国家公序的行为；（2）危害家庭关系的行为；（3）违反性道德的行为；（4）非法射幸合同；（5）违反人格和人格尊重的行为；（6）限制经济自由的行为；（7）违反公平竞争的行为；（8）违反消费者保护的行为；（9）违反劳动者保护的行为；（10）暴利行为。

（二）第五十条适用的基本规则

1. 法治社会所根基的平等原则和公平理念，要求对国家利益、社会公共利益和个人利益实行一体对等保护，政府采购的双方当事人本质上属于平等的民事主体，采购人的特殊身份并不能天然的得出其具有国家利益、社会公共利益代言人的结论。《政府采购法》第五十条将是否损害国家利益、社会公共利益的判断权赋予了双方当事人，除非有确切证据证明合同继续履行将损害国家利益、社会公共利益,而合同双方当事人明示或默示表示不对合同予以变更、中止或终止履行,政府采购监督管理部门不能自动适用本条要求合同双方当事人的变更、中止或终止履行合同。

2. 政府采购合同的双方当事人在合同履行过程中都可依据《政府采购法》第五十条要求变更、中止或终止履行合同,但对损害国家利益、社会公共利益的判断应符合上述文中所提的标准。双方无法达成一致的,可由政府采购监督管理部门依单方或双方申请作出判断或决定,政府采购监督管理部门的判断或决定并非终局的,需要接受法院的司法审查,双方当事人也可向法院直接提起诉讼。

3. 双方当事人不能依据《合同法》第五十二条主张合同无效,《合同法》第五十二条是一个一般条款,其本质在于授权法官进行价值补充,属于广义的漏洞补充的范畴,只要有具体的规则可供适用,就不能适用损害社会公共利益无效规则。

参考文献

1. 崔建远:《论合同目的及其不能实现》,载于《吉林大学社会科学学报》,2015年第3期。

2. 范健、喻胜云:《国家政策的变化或者政府行为对于合同履行的影响》,中国民商法律网。

3. 王利明:《〈合同法〉总则适用若干问题》,中国民商法律网,2006年

4. 黄茂荣:《债法总论》(第二册),中国政法大学出版社2003年版。

5. 郑贤君、徐祥民:《司法公正的评价体系:个人自由与国家利益》,载于《中国律师》,2002年第3期。

6. 刘贵祥:《社会公共利益与合同效力》,载于《合同效力研究》,人民法院出版社2012年版。

7. 王轶:《正确理解公共利益切实维护私人权利》,载于《理论参考》,2007年第6期。

8. 莫于川:《判断"公共利益"的六条标准》,载于《法制日报》,2004年5月27日第8版。

9. 梁慧星:《市场经济与公序良俗原则》,载于《民商法论丛》,1994年第1辑。

PPP 项目合同争议解决机制浅议

刘世坚[*]

> **摘　要：** 自《最高人民法院关于适用〈中华人民共和国行政诉讼法〉若干问题的解释》2015年出台以来，PPP项目合同的性质及其争议解决方式即引发业内热议。本文从法律、合同、实践、政策四个层面对PPP项目合同项下的争议解决事宜进行了梳理与分析。对于和PPP合同争议有关的法律法规，文章着重探讨其立法本意及衍生效果，并由此引入对PPP合同性质的分析。而基于目前已有的相关司法实践，文章对PPP项目合同争议解决机制的政策导向及立法方向提出了建议。
>
> **关键词：** PPP　行政协议　争议解决

有关PPP项目合同或特许经营协议项下的争议解决（下称"PPP合同争议解决"），自《最高人民法院关于适用〈中华人民共和国行政诉讼法〉若干问题的解释》（法释〔2015〕9号，下称"《最高法解释》"）2015年4月横空出世以来，一直为业内所热议。值此PPP立法工作紧锣密鼓，PPP条例即将出台之际，这一问题却貌似仍然悬而未决，各路神仙，各种高见也是层出不穷，不知何时方是了局？

今天，我们从法律、合同、实践和政策等四个层面，再来梳理一下这个对PPP模式而言极其重要的话题，希望能够收拢思路，明确分歧，争取在最大范围以内达成基本的共识，哪怕只是方向性的共识，也是好的。

一、相关立法本意及其不能控制的衍生效果

我们先来对与PPP合同争议解决有关的法律法规做个简单的梳理：

（一）《行政许可法》相关内容

"第十二条　下列事项可以设定行政许可：

---

[*] 刘世坚：北京市君合律师事务所；地址：北京市东城区建国门北大街8号华润大厦20层；邮编100005。

（一）直接涉及国家安全、公共安全、经济宏观调控、生态环境保护以及直接关系人身健康、生命财产安全等特定活动，需要按照法定条件予以批准的事项；

（二）有限自然资源开发利用、公共资源配置以及直接关系公共利益的特定行业的市场准入等，需要赋予特定权利的事项；

（三）提供公众服务并且直接关系公共利益的职业、行业，需要确定具备特殊信誉、特殊条件或者特殊技能等资格、资质的事项……

第五十三条 实施本法第十二条第二项所列事项的行政许可的，行政机关应当通过招标、拍卖等公平竞争的方式作出决定。但是，法律、行政法规另有规定的，依照其规定。"

根据《行政许可法》的上述规定，政府部门应可就授予项目公司特许经营权设定行政许可，并通过招标、拍卖等公平竞争的方式作出决定。但是，从PPP项目操作惯例（以合同形式，而非行政审批或行政许可，授予特许经营权或类特许经营权），以及相关立法及政策方向来看，我不认为就特许经营乃至于PPP合同项下的经营权设定行政许可是一个值得考虑的选项。

（二）《行政诉讼法》相关内容

"第二条 公民、法人或者其他组织认为行政机关和行政机关工作人员的行政行为侵犯其合法权益，有权依照本法向人民法院提起诉讼。

第十二条 人民法院受理公民、法人或者其他组织提起的下列诉讼：

（五）对征收、征用决定及其补偿决定不服的；

（七）认为行政机关侵犯其经营自主权或者农村土地承包经营权、农村土地经营权的；

（十一）认为行政机关不依法履行、未按照约定履行或者违法变更、解除政府特许经营协议、土地房屋征收补偿协议等协议的；

（十二）认为行政机关侵犯其他人身权、财产权等合法权益的。"

综上，"政府特许经营协议"在《行政诉讼法》第十二条被明确提及，还有与之可能形成关联的征收征用、经营自主权、财产权等等，均属于行政诉讼的受案范围，行政机关应是行为主体，也是被诉主体。

不过，从《行政诉讼法》的条文内容及其立法本意而言，业内大多数行政法领域的专家和学者似乎倾向于认为，《行政诉讼法》的目的在于解决民告官无门的问题，而不是为行政机关寻求一个比民事诉讼或仲裁更为安全可靠的"避风港"，2015年的最高法行政庭负责人就行诉立案登记有关问题答记者问（下称"最高法答记者问"）也为此提供了佐证[①]。这一点非常重要，虽然它的衍生效果并不尽如人意，《最高法解释》就

[①] 最高法行政庭负责人就行诉立案登记有关问题答记者问。资料来源：最高人民法院网（网址：http://www.court.gov.cn/zixun-xiangqing-14385.html）

记者：《行政诉讼法》已经实施，请问最高人民法院在解决"立案难"方面有哪些举措？

负责人：修改后的《行政诉讼法》已经正式颁布和实施。本次修法的一个重要目标就是解决"立案难"的问题，《行政诉讼法》对立案登记的程序、起诉条件等作了一系列规定。

是其中一例。

(三)《最高法解释》的相关内容

《关于适用〈中华人民共和国行政诉讼法〉若干问题的解释》：

"第十一条 行政机关为实现公共利益或者行政管理目标，在法定职责范围内，与公民、法人或者其他组织协商订立的具有行政法上权利义务内容的协议，属于《行政诉讼法》第十二条第一款第十一项规定的行政协议。公民、法人或者其他组织就下列行政协议提起行政诉讼的，人民法院应当依法受理：（一）政府特许经营协议；……

第十二条 公民、法人或者其他组织对行政机关不依法履行、未按照约定履行协议提起诉讼的，参照民事法律规范关于诉讼时效的规定；对行政机关单方变更、解除协议等行为提起诉讼的，适用《行政诉讼法》及其司法解释关于起诉期限的规定。

第十三条 对行政协议提起诉讼的案件，适用《行政诉讼法》及其司法解释的规定确定管辖法院。

第十四条 人民法院审查行政机关是否依法履行、按照约定履行协议或者单方变更、解除协议是否合法，在适用行政法律规范的同时，可以适用不违反行政法和《行政诉讼法》强制性规定的民事法律规范。

第十五条 原告主张被告不依法履行、未按照约定履行协议或者单方变更、解除协议违法，理由成立的，人民法院可以根据原告的诉讼请求判决确认协议有效、判决被告继续履行协议，并明确继续履行的具体内容；被告无法继续履行或者继续履行已无实际意义的，判决被告采取相应的补救措施；给原告造成损失的，判决被告予以赔偿。原告请求解除协议或者确认协议无效，理由成立的，判决解除协议或者确认协议无效，并根据合同法等相关法律规定作出处理。被告因公共利益需要或者其他法定理由单方变更、解除协议，给原告造成损失的，判决被告予以补偿。

第十六条 对行政机关不依法履行、未按照约定履行协议提起诉讼的，诉讼费用准用民事案件交纳标准；对行政机关单方变更、解除协议等行为提起诉讼的，诉讼费用适用行政案件交纳标准。"

对于《最高法解释》的上述内容，我们需要进一步考虑以下问题：

➢ "政府特许经营协议"属于行政协议——那么特许经营协议项下的争议是行政争议吗？与特许经营协议安排基本相同的 PPP 合同是不是也有被划归行政协议的可能？

➢ 对于"行政机关不依法履行、未按照约定履行协议"和"行政机关单方变更、解除协议等行为"，《最高法解释》予以区别对待，但是原则还不是很清晰——后面的逻辑是什么？会如何影响争议的性质及解决机制？

➢ 最高法有意引入民事法律审理行政合同纠纷——两分法的思路。

> 另据最高法答记者问，此次修法的重要目标是解决立案难的问题。以上法律条文也只是强调"公民、法人或者其他组织就下列行政协议提起行政诉讼的，人民法院应当依法受理"——也就是说，就"政府特许经营协议"而言，民告官有权而非必须提起行政诉讼，但一旦提起，人民法院即应受理？《最高法解释》其实不是冲着特许经营项目或 PPP 项目来的？其实是误伤？

> 《最高法解释》没有解决作为行政协议的特许经营协议项下，官无法主动告民的问题——换言之，如果采取行政诉讼方式，特许经营项目里的"政府方"只能等着"项目公司"来诉，否则政府方只能通过民事诉讼或仲裁的方式才能"主动出击"。对于将维护公共利益作为基本政策目标之一的公共产品和服务行业，这样一种安排是否合乎逻辑？

（四）《仲裁法》相关内容

我们再来看一下《仲裁法》的相关规定：

"第二条　平等主体的公民、法人和其他组织之间发生的合同纠纷和其他财产权益纠纷，可以仲裁。

第三条　下列纠纷不能仲裁：

（一）婚姻、收养、监护、扶养、继承纠纷；

（二）依法应当由行政机关处理的行政争议。"

那么一个很严肃的问题来了，行政协议项下的争议就一定属于"应由行政机关处理的行政争议"吗？现实情况是有些仲裁机构就是这样理解的。特许经营协议里面写好的仲裁条款真的有可能被视为无效条款。当事人可以选择的争议解决方式真的有可能仅限于"民"方胜诉率偏低的行政诉讼。尽管我们愿意从最为公平、合理及合乎逻辑的角度来理解《行政许可法》、《行政诉讼法》及《最高法解释》的立法本意，但是其衍生效果却不为其所能完全控制，甚至于正在走向反面。

二、PPP 合同必须是行政协议吗

特许经营协议（乃至于 PPP 项目合同，以下统称"PPP 合同"）到底是不是行政协议？毋庸讳言，因为涉及政府相关权利和义务的让渡，PPP 合同确实具备一定的行政属性，但是如果就此判定其属于行政协议，并适用与之相关的争议解决机制，未免失之武断，并且正在带来越来越多的负面影响。

以下简单提出几个问题，谨供大家思考和讨论。

其一，PPP 合同的双方一定包括行政机关吗？实际上，PPP 项目实施机构并不局限于此，事业单位或国有企业充当PPP项目实施机构的情况并不少见，《基础设施和公用事业特许经营管理办法》对此也持正面态度①。如果PPP合同的政府方签约代表并非行政机关，其是否有权就PPP合同项下争议提起民事诉讼或仲裁程序？私方又是否有权依据政府方对其签约代表的授权，而对一级人民政府提起行政诉讼呢？

其二，PPP合同的基本目的是什么？对于政府方而言，我们理解其发起PPP项目并签署PPP合同的基本目的，在于附条件地让渡特定公共权力及义务，向社会资本开放公共服务和产品的供给市场，并以合同形式约定社会资本方的相关对价获取，这与单纯的行政许可之间存在本质差异。而对于社会资本而言，他们参与PPP项目当然不是为了从事慈善事业，而是为了实现其商业目的，获得合理的投资回报，而这些目的的实现，也依赖于PPP合同的本身，特别是合同双方的平等协商的地位，以及诚信履约的结果，而非行政管理与被管理的关系定位。

其三，PPP合同条款与条件的可协商性。从PPP合同的条款与条件来看，其与特定的行政权力及义务的覆盖范围存在一定交集（如政府授权、无差异化不间断服务等），同时也受限于行政强制措施（如征收征用）。但需要注意的是，PPP合同具备较强的可协商性（受限于市场测试、澄清谈判和磋商程序的应用），政府方签约代表在PPP合同项下的权利和义务，与其行政权力并无天然的、必然的交集。而社会资本（或项目公司）的特定的额外义务，也并不能构成PPP合同属性的决定性因素，因为额外义务也是可以具备商业对价的（如最低需求量保证等）。至于行政强制措施，其对于PPP合同的适用，与一般民商事合同之间也并无差异。

其四，PPP合同履行过程中的各方角色与定位。从PPP合同履行过程来看，合同双方的权利与义务，到底是行政属性多些，还是民事属性多些？政府方在PPP合同项下，到底是应该作为一个行政管理机构行使行政权力，还是应该作为合同一方行使合同权利？项目公司在PPP合同项下享有的权利与义务，到底是不是应该受到合同法的保护？

综上，PPP合同中绝大多数内容均体现意思自治的原则，而不仅限于政府审批或授权本身。正如最高法在"新陵公司诉辉县市政府案"的裁定（详见下文）中所述，涉及相关行政审批和行政许可等其他内容为合同履行行为之一，属于合同的组成部分，不能决定涉案合同的性质。从协议书的目的、职责、主体、行为、内容等方面看，其具有明显的民商事法律关系性质，应当定性为民商事合同。简单地将特许经营协议定性为行政协议或行政合同，与特许经营项目在我国二十余年的实务及现状存在严重脱节。

---

① 《基础设施和公用事业特许经营管理办法》第十四条　县级以上人民政府应当授权有关部门或单位作为实施机构负责特许经营项目有关实施工作，并明确具体授权范围。

三、PPP 合同争议解决的实践

(一)"新陵公司诉辉县市政府案"

纸上谈兵总是苍白的,下面来观摩一下司法实践。2015 年 10 月,《最高法解释》施行之后的第一个最高人民法院相关判例出炉,以下是该案简要情况:

"新陵公司诉辉县市政府案"

一审法院河南省高院驳回辉县市政府提出的管辖权异议(行政诉讼应移交新乡市中院管辖),认为河南省高院作为民事案件受理此案并不违反法律规定。

二审法院最高法认为案涉协议书系典型 BOT 模式政府特许经营协议,该项目具有营利性,协议书系辉县市政府作为合同主体与新陵公司的意思自治及平等协商一致的合意表达,协议书未仅就行政审批或行政许可事项本身进行约定,涉及相关行政审批和行政许可等其他内容为合同履行行为之一,属于合同的组成部分,不能决定案涉合同的性质。从协议书的目的、职责、主体、行为、内容等方面看,其具有明显的民商事法律关系性质,应当定性为民商事合同,不属于行诉法修订及司法解释中的行政协议范畴。

河南省高院以及最高法均从民商事合同主体平等性以及意思自治角度对涉案政府特许经营协议予以分析,从而将涉案合同界定为民商事合同,认为此案作为民事案件受理并不违反法律规定。

(二) 其他相关案例

需要注意的是,最高人民法院在《最高法解释》出台前后也曾经受理过其他类似案件,但判决的思路与"新陵公司诉辉县市政府案"截然不同,却与《最高法解释》的表面逻辑暗合。

(1) 和田市人民政府与和田市天瑞燃气有限责任公司、新疆兴源建设集团有限公司其他合同纠纷

根据该案民事裁定书((2014)民二终字第 12 号),涉案合同以及当事人讼争法律关系虽然存在一定的民事因素,但双方并非平等主体之间所形成的民事法律关系,且体现了和田市人民政府依据相关法规对天然气的利用实施特许经营,行使行政职权的行为,而投资人的目的虽然在于获取经济利益,但合同本身是要对公共资源进行开发利用,建设并提供公共产品和服务,以满足公众利益的需要,"体现出政府实施行政管理的公益性目的",故不属于民事案件受理范围,而属于《行政诉讼法》第十一条第一款第(三)项"人民法院受理公民、法人和其他组织对下列具体行政行为不服提起的诉讼:……(三)认为行政机关侵犯法律规定的经营自主权的;……"规定的行政诉讼

受案范围。①

（2）商丘新奥燃气有限公司与商丘昆仑燃气有限公司侵权责任纠纷

根据该案民事裁定书（2015）民申字第256号，政府特许经营协议属行政机关为实现公共利益或者行政管理目标，在法定职责范围内，与公民、法人或者其他组织协商订立的具有行政法上权利义务内容的协议。与特许经营区域范围相关的行政区划界定系政府行政职权范围，不属于民事案件受理范围。②

（三）小结

根据以上几个最高法的案例，我们大致可以梳理出以下几个初步结论：
- ➢ 有关政府特许经营协议的争议，作为民事案件提起并不一定就违法。
- ➢ 政府特许经营协议仍有可能被定性为民商事合同，但有较大的不确定性。
- ➢ 结合《行政许可法》、《行政诉讼法》、《最高法解释》及最高法案例，在特许经营协议项下约定仲裁或民事诉讼的争议解决方式，虽然并不一定违法或无效，但仍有潜在风险，需要适当予以规避。

另外，值得思考的是，我们在2015年之前历时二十多年的特许经营项目实践，特别是对民事诉讼和仲裁（包括大量国际仲裁）的大范围适用到底出了什么不得了的大问题，以至于我们居然到了需要推倒重来的境地？

四、政策导向和立法方向均应以可预期性为重

时至今日，PPP作为一定时期和范围以内的准国策甚至于国家战略的地位，似乎已经没有太多的争议，PPP立法也是箭在弦上，不得不发。在这样一个大的政策背景之下，窃以为由《行政许可法》、《行政诉讼法》及《最高法解释》所带来的诸多争议和困惑，确实到了一个必须解决的关口。特许经营协议及PPP项目合同是否必须认定为行政协议？行政诉讼是PPP项目中"民告官"的额外选项，还是其唯一救济路径？如何设定PPP合同争议解决机制，才能兼顾效率与公平，并能更好地保护PPP项目所涉及的公共利益？

其余不赘，仅就最后一个问题而言，我想大家最起码应该达成一个基本共识，那就是PPP项目中公共利益的保护，完全取决于PPP项目的稳定、持续、长期运营，而非合同任何一方（特别是政府方）在争议解决程序中获胜。基于这一共识，PPP立法，包括对PPP合同争议解决机制的设置，均应重点考虑PPP相关政策导向及改革方向。除

---

① 中华人民共和国最高人民法院民事裁定书（2014）民二终字第12号（网址：http：//www.court.gov.cn/wenshu/xiangqing－5951.html）。

② 中华人民共和国最高人民法院民事裁定书（2015）民申字第256号（网址：http：//wenshu.court.gov.cn/content/content？DocID＝d88f27c7－659c－418d－9c10－cb86dbedd851&KeyWord＝特许经营权）。

去对基本法理及项目实务层面的考量之外，皆应致力于提高 PPP 项目参与各方，以至于 PPP 项目全产业链相关各方对 PPP 合同签订、执行及争议解决机制的可预期性，而不可背道而驰。在 PPP 项目规模急速扩张并对国内政治、经济生态形成巨大影响的今天，就更应如此。

有鉴于此，我们建议在后续相关立法（包括 PPP 立法，也包括相关释法）过程中弱化 PPP 合同（包括特许经营协议）作为行政协议的定性，而将之定位于特殊性质的民商事合同。对于独立于 PPP 合同之外的行政权力的行使，行政诉讼的程序自然适用。而对因此引发的 PPP 合同项下的争议，则可视具体情况不同，保留部分具备行政争议属性的争议通过行政诉讼解决的通道，但将民事诉讼和仲裁向所有 PPP 合同项下争议开放。我们相信，这样一种安排既不违背《行政诉讼法》及《最高法解释》的相关立法本意，也能更好地契合 PPP 项目实践及市场预期，应该是一个可以为各方所接受的合理选项。

参考文献

1. 《中华人民共和国行政许可法》，中央人民政府官方网站：http://www.gov.cn/flfg/2005-06/27/content_9899.htm.

2. 《中华人民共和国行政诉讼法》，中国人大网：http://www.npc.gov.cn/wxzl/gongbao/2014-12/23/content_1892467.htm.

3. 《最高法行政庭负责人就行诉立案登记有关问题答记者问》，最高人民法院网：http://www.court.gov.cn/zixun-xiangqing-14385.html.

4. 《中华人民共和国仲裁法》，中国人大网：http://www.npc.gov.cn/wxzl/wxzl/2000-12/05/content_4624.htm.

5. 《基础设施和公用事业特许经营管理办法》，国家发展和改革委员会官方网站：http://www.ndrc.gov.cn/zcfb/zcfbl/201504/t20150427_689396.html.

6. 中华人民共和国最高人民法院民事裁定书（2015）民一终字第 244 号（中国裁判文书网 http://wenshu.court.gov.cn/content/content?DocID=9ecdadd7-3930-4629-b953-6414290fceef&KeyWord=张星）

7. 中华人民共和国最高人民法院民事裁定书（2014）民二终字第 12 号"（最高人民法院网：http://www.court.gov.cn/wenshu/xiangqing-5951.html）

8. 中华人民共和国最高人民法院民事裁定书（2015）民申字第 256 号（中国裁判文书网：http://wenshu.court.gov.cn/content/content?DocID=d88f27c7-659c-418d-9c10-cb86dbedd851&KeyWord=特许经营权）

PPP 项目合同中政府承诺研究

何红锋 汪派派[*]

> **摘　要：** PPP 合同属于行政合同，因此政府承诺的性质是约定政府在行政合同中承担的义务，而政府做出承诺实际上是对 PPP 合同的相对方和对社会公共利益的平衡。政府承诺的特点有三：从内容上来讲，一般以协助项目公司更好地完成项目为内容；从权力来源上讲，往往借助公权力做出；从行政合同的优益权考虑，政府在一定情况下应当可以单方面撤销其承诺，并对项目公司的损失进行赔偿或补偿。
>
> **关键词：** 政府承诺　PPP 合同　社会资本方权利保护

一、引言

（一）问题的背景

随着中国城市化进程不断发展，基础设施建设在经济发展中的作用越来突出，毋庸置疑，基础设施建设具有巨大的资金需求。在此背景下，如果能吸收社会资本进行基础设施建设，无疑可以减轻政府财政压力，提高基础设施和公共服务建设效率。

"PPP"是 Public – Private Partnership（以下简称"PPP"）的缩写，是一种政府与社会资本合作的模式，其应用范围很广，有包括 BOT（建造、运营、移交）、PFI（民间主动融资）在内的多种具体的模式。该模式鼓励社会资本参与基础设施的建设与运营，具有减轻政府财政负担同时加快基础设施建设效率的优点。PPP 模式在中国，也经历了从 20 世纪 90 年代至今的曲折发展历程。在 PPP 项目中，最核心的法律文件是 PPP 的主合同，约定在此项目中政府和社会资本方的主要权利义务关系，PPP 主合同通常表现为特许经营协议等形式，本文所指的 PPP 合同即是此合同。

近几年，随着改革开放的深化，我国城市化进程明显加快，"十二五"时期，我国

---

[*] 何红锋：南开大学法学院；地址：天津市海河高教园区同砚路 38 号；邮编：300350。

城镇化率年均提高 1.23 个百分点，每年城镇人口增加 2000 万人，国家发改委副主任胡祖才表示年均城镇新增人口"比欧洲一个中等规模国家的总人口还要多"。① 这导致政府对于吸收社会资本进行基础设施建设的需求不断加深。自 2013 年以来，PPP 相关政策密集出台，政策的出台激发了 PPP 项目的大量上马，2017 年第一季度净增落地项目增长 28%。根据财政部 PPP 中心发布的数据，截至 2017 年 3 月末，全国累计入库 PPP 项目共计 12287 个，累计投资额 14.6 万亿元，其中 34.5% 的项目已经落地。② 因此，对政府在 PPP 项目中的职能边界进行确定，是使 PPP 项目严格在制度框架下运行以保证其效率的重要环节。

（二）问题的提出

社会资本在投入 PPP 项目之前需要经过多个方面的考量，其中对于风险的评估是很重要的一个方面，社会资本投入 PPP 项目要面临着很多风险，其中一大风险来源是政治风险，政治风险中既包括政府突如其来的征用征收或法律法规出台的影响，也包括政府出于各种原因对原先承诺的违背。将政府承诺写进合同可以在一定程度上保证企业的合法权益，但在实际操作过程中，仍有很多项目中政府不能信守其承诺，常见的原因包括领导班子换届和不同部门交割等。2015 年开始施行的由国家发改委和财政部等部门联合发布的《基础设施和公用事业特许经营管理办法》第三十四条规定，"行政区划调整，政府换届、部门调整和负责人变更，不得影响特许经营协议履行"。这说明特许经营协议作为 PPP 合同中的一种，已经有有关部门的规章对其进行严格规定，这也足以看出立法的趋势——不断限制政府在 PPP 合同履行过程中违背承诺的正当性。

PPP 项目中的政府承担着两种角色，根据财政部 2015 年发布的《PPP 项目合同指南（试行）》，政府在 PPP 项目中具有双重职能：其一是有行政权的公共事务管理者，可以对社会资本进行监督等，其二是平等的合同主体，即公共服务的购买者。而政府承诺实质上是对于政府方合同义务的规定。根据发改委 2014 年发布的《关于开展政府和社会资本合作的指导意见》，政府在 PPP 项目中的地位是社会资本的合作者以及 PPP 项目的监管者。因此在政府职能问题上，发改委和财政部观点一致，即政府具有双重身份，一是对社会资本负责的合同相对人，其有权按照双方合意行使权利，但同时需要履行义务和承担履行不能的后果。二是对公共事务负责的监督管理者。

在具体操作过程中，根据清华大学王盈盈等人的调查，政府办事效率低、国家法规政策不连续等五种由于政府原因导致的 PPP 项目风险已经成为 PPP 项目政治风险可能性的前五位。③ 政府作为公权力的代表，其向企业做出的承诺具有公共性和不可替代

---

① 赵展慧：《我国城镇化率已达 56.1% 城镇常住人口达 7.7 亿》，载于《人民日报》，2016 年 1 月 31 日第二版。
② 财政部 PPP 中心："中国 PPP 大数据"之全国 PPP 综合信息平台项目库季报（2016 年第四季度）》，载于《中国经济周刊》，2017 年第 6 期。
③ 王盈盈等：《中国 PPP 项目中政治风险的变化和趋势》，载于《建筑经济》，2008 年第 12 期。

性，一旦政府不遵守其承诺，企业要面临的是无法寻求替代解决方案和投诉无门的风险，这在短期会导致投资者无法收回成本投入再生产，收益更加得不到有效保证，从长远看会影响企业对于基础设施建设和其他公共项目的参与，使社会福利受损。因此保证政府做出的承诺合理合法以及在做出承诺后可以得到有效约束，不仅是对企业的保护，更是对政府方本身和社会福利的长远保障。

2015年1月20日，财政部印发《PPP项目合同指南（试行）》（以下简称"《合同指南》"），要求规范PPP合同管理。《合同指南》第二章第十三节对政府承诺做出了具体规定。但这些具体规定仍然立足于订立合同的操作，对于政府承诺的性质和内容没有进行总结和归纳。国家发改委2014年发布的《PPP项目通用合同指南（2014版）》（以下简称《通用指南》）中，对"政府提供的条件"、"政府提供的建设条件"和"建设期的审查和审批事项"、"政府提供的外部条件"等在具体条款中进行了规定，但并未引入"政府承诺"的概念，只是将政府做出的承诺散见于不同条款之中。对于社会资本来说，通过政府承诺的相关条款来评估政府未尽承诺时的风险和救济成本是重要的，在具体案件中对于政府承诺地位的判断也是重要的。但目前为止，从法律角度对政府承诺进行的研究仍然是空白的，如宾夕法尼亚大学管理学教授Witold J. Henisz所言，制度条件和市场竞争情况对PPP有同样的影响，而在政治政策方面，应重视对政府长期承诺的相关研究。[①] 随着PPP项目数量的不断增加，政府不遵守政府承诺对项目公司造成损失的案例越来越多，[②] 但对于政府承诺的法律概念的界定仍然是模糊的，政府在一个PPP项目中与项目公司有很多约定，是否这些政府在PPP项目中做出的约定都是政府承诺，政府承诺具有怎样的特点？这些问题如果不能得到解决，那么项目公司和审判机构就无法对一个条款或政府的某一项允诺是否是政府承诺进行判断。因此本文从政府承诺的概念出发，研究政府承诺的法律性质和特点，以此探究政府违反承诺时的救济方式和救济成本。

二、政府承诺的法律概念

国家财政部发布的《合同指南》对政府承诺做出专门章节的规定，且描述了政府承诺应具备的要素；国家发改委发布的《通用指南》并未使用"政府承诺"这一概念系统进行阐述，但其将政府做出的对于自身承担义务的约定散见于不同条款中，并在"政府提供的建设条件"和"政府提供的外部条件"等条款中作出对于不同内容的政府承诺的不同规定。因此《合同指南》描述了政府承诺的概念内核，并对其具体外延范围进行了阐述，《通用指南》中并未描述政府承诺的概念本身，但同样对政府承诺的外

[①] Witold J Henisz. Governance Issues in Public Private Partnerships. International Journal of Project Management. 2006, 24 (7): 537–538.

[②] 王景龙等：《地方政府PPP书面承诺不能说改就改》，载于《经济参考报》，2017年3月7日。

延概念进行了规定。

首先,从《合同指南》的相关文字描述来探究政府承诺的概念内核。根据《合同指南》,政府承诺是指在 PPP 合同中约定的政府应承担的义务。政府承诺要包含两个要素:要素一是"若无该承诺会降低项目实施效率、增加项目实施成本,甚至有项目无法实施的风险";要素二是"政府有能力控制和承担该义务"。要素一从政府不遵守承诺的后果的角度对政府承诺进行定义,是一种从结果出发的定义,将其按照行为模式进行分析,就是政府的承诺是使资本方能进行建造和经营的重要保证,且政府不遵守承诺会对项目造成影响,因此政府不遵守该义务会影响项目正常实施是政府承诺的必要条件。不存在即使政府不遵守,也不会引起项目实施受损的政府承诺。政府的承诺对在 PPP 项目中占据着重要的地位,若政府承诺缺失则会给 PPP 带来巨大的影响。[①] 要素二从政府承担义务的能力角度定义政府承诺,即政府承诺必然是签订 PPP 合同的政府机关有能力完成的任务,既然具有这样的能力,政府不遵守其义务只能是出于不可抗力和上级法律变更等客观情况,所有非出于客观的不可控制因素的没有完成承诺都是一种主观的不遵守。而领导换届等主观因素不能改变这种控制和承担义务的能力,因此行政区划调整以及政府换届、部门调整和负责人变更,都不应是不遵守政府承诺的正当理由。

其次,《通用指南》虽然没有直接规定政府承诺这样一个单独的概念,但《通用指南》将政府做出的承诺分为不同的条款,这些内容往往可以与《合同指南》列举在政府承诺一章之下的政府承诺的内容相对应。因此可以从《通用指南》和《合同指南》所规定的政府承诺的内容和范围的角度对政府承诺的概念外延进行分析。其中,"政府提供的建设条件"包括建设用地、交通条件、市政配套等,这些和《合同指南》中的"负责和协助获得相关土地权益"、"提供连接设施"等内容可以相互对应;"政府提供的外部条件"包括一些资源权益(例如用水和污水处理等)和一些基础设施保障,这些政府提供的条件按照内容能够和《合同指南》中政府承诺的内容相对应,实质上也是政府对项目公司做出的承诺,属于我们讨论的政府承诺范围。因此可以确定的是政府承诺是政府对于项目公司做出的对其 PPP 项目建设提出的有协助作用、帮助其推进的承诺,且这些承诺都必须属于政府的职权范围,是政府有能力实现的,这与《合同指南》中政府承诺的两个要素类似。通过《合同指南》和《通用指南》,可以看出政府承诺有其特定的范围,承诺内容主要集中在政府可以通过公权力和其在市场经济中特殊的地位而帮助项目公司解决一些能源资源和基础设施方面的问题。但值得注意的是,《通用指南》将"政府提供的条件"特别列出,其中包括"授予社会资本主体特许经营权等权利",这一点未被《合同指南》规定于政府承诺之中。但根据《通用指南》,"政府提供的外部条件"与"政府提供的建设条件"都应被包含于"政府提供的条件之中",而授予社会资本主体特许经营权也被符合《合同指南》的两个要素认定,且授予相关权利

---

① 王欣然:《PPP 项目激励性合约的政府承诺研究》,东北财经大学硕士学位论文,2015 年。

显然是政府对项目公司所作出的承诺。因此"授予特许经营权的有关权利"也应属于一种政府承诺的内容，政府承诺不仅是对项目实施有推动作用的政府约定承担的义务，也是直接影响项目实施或者为项目实施提供基础权利的义务。

然后，政府承诺并不能等同于一个 PPP 项目中政府所要承担的所有义务。第一，有一些义务存在于 PPP 合同签订以前，例如在社会资本的选择过程中政府要严格按照程序，假设某一项目的社会资本选择应用招标投标程序，政府须承担相关法律中规定的招标人的义务，包括按照国家规定履行招标审批手续等，这些义务在合同签订前应该已履行完毕，因此其并不是合同中所约定的政府承诺，但也是政府在 PPP 项目中应承担的义务。第二，政府除了具有对项目公司负责的合同相对人的身份外，还要对项目承担监督管理的公共职能，在公共职能体系下政府应对社会公众负责，这种保证社会公众利益的义务并非合同中的政府承诺，但是是政府在项目中应承担的义务。因此 PPP 项目是一个涉及多方利益的复杂的过程，并非政府所有要承担的义务都是由政府承诺的方式约定的，不可将项目中政府所要承担的义务简单等同于政府承诺。

最后，根据《合同指南》，政府承诺可以集中于一个和几个条款当中，亦可散见于任何合同条款中，而《通用指南》中有关政府承诺的规定就是按照不同方面进行划分，分散于不同条款之中的。因此应从条款所规定事项的内容和性质对该条款项下的内容是否为政府承诺进行判断，而不能拘泥于条款所呈现的形式。

三、政府承诺的法律性质

首先，PPP 合同属于一种行政合同。民事合同的定义是平等主体间以设定、变更、消除民事权利义务关系为目的意思一致的产物。[①] 行政合同的定义是行政机关以实施行政管理为目的，与行政相对人就有关事项协商一致而成立的一种双方行为。[②] 其除了与普通民事合同相同要件即意思表示一致的意思要素和以设立、变更、消灭权利义务关系为内容的内容要素外，还要符合合同当事人是行政机关和相对方的主体要素、合同目的是追求公共利益或行政管理目标的目的要素。PPP 合同是建立在意思表示自由、一致基础上的以设立、变更、消灭权利义务关系为内容的合同，具有一般合同的性质，同时，PPP 合同的双方主体是行政机关和社会资本方，符合行政合同的主体要素；签订合同的目的是进行 PPP 项目的建设，是为了政府向社会提供公共服务的目的，因此其符合行政合同的要件认定。学界历来有对于 PPP 合同性质的争议，主要观点为民事合同或行政合同，但目前行政合同的性质认定已经成为学界主流观点。其一是因为 PPP 项目的建设是政府对项目进行采购的过程，是一种行政行为，因此基于该行政行为订立的合同是政府

---

① 曾宪义、王利明：《民法》（第五版），中国人民大学出版社 2010 年版，第 360～361 页。
② 姜明安：《行政法与行政诉讼法》（第六版），北京大学出版社 2015 年版，第 310 页。

为实现其公共服务的目的而与社会资本（相对）方签订的行政合同。① 其二是政府进行 PPP 项目具有公益目的性，其签订 PPP 合同的目的是为社会提供公共利益，符合行政合同的目的要素要求且与一般的民事合同签订的目的有所区别②，其实质上是以私法手段完成公法任务的体现，PP 协议也是这种公私法融合、政府与私人合作加强的结果，其产生的途径、运用的目的与行政合同均有相似之处，应将之定性为行政合同较为合适。③ 其三是根据现在立法现状，行政诉讼法已经明确将特许经营合同引发的争议纳入行政诉讼受案范围，因此在官方层面上已经对特许经营合同属于行政合同加以确认。

在 PPP 合同中，政府承诺的内容是政府为项目公司提供一些在项目进行过程中所需的物质或其他帮助，因此这是政府在合同中与社会资本方约定由政府承担义务的条款，因此政府承诺的性质从这个层面上讲是一种双方约定由政府承担的行政合同义务。

前文已述，政府在 PPP 项目的实施中有两种角色，分别是对社会资本方负责的合同相对人和对社会公共事务负责的监督管理者，因而其做出政府承诺的过程是对于两方面主体——社会资本方利益和公共利益的平衡。具体来说，政府利用其具有的公权力为社会资本建设 PPP 项目提供支持，这种提供支持的公权力的来源是社会公众，而最终其又被作用到社会公众对 PPP 项目的使用上，因此政府运用 PPP 模式兴建公共工程或完成公共服务是一种社会整体效益最大化的体现。因此从这个层面上说，政府承诺是一种政府基于合同做出的带有行政性质的承诺。这也是政府承诺与普通民事合同的一方相对人按照合同要求应承担的义务不同的地方，即对于一般民事合同来说，在不伤害合同另一方相对人利益的前提下，符合本方合同相对人利益即可，而对于 PPP 合同来说，政府做出的承诺是要符合这种整体利益最大化的，是要最大程度地促进 PPP 工程的建设的进度和质量，因此不像普通民事合同一样一方当事人只需对合同和另一方相对人负责，政府在做出承诺时既要对社会公众负责，按照规定对相关信息进行公开，严守程序和法律要求；也要对上级政府或者其他应对此负责的政府部门负责。因为对于政府而言，各级政府与政府各部门都是一个共同体，并非应向民事合同一样只要求合同相对人承担责任，而是要借助行政程序发挥政府整体的作用。

四、政府承诺的特点

（一）政府承诺的内容一般是协助项目公司更好地完成项目

根据财政部《合同指南》，政府承诺的内容有付费和补助、负责或协助获取相关土

---

① 李莹莹：《PPP 合同法律性质探析》，载于《民主与法制》，2016 年第 5 期。
② 姜雪梅：《PPP 特许经营协议的性质及其法律规制》，载于《广西政法管理干部学院学报》，2016 年第 6 期。
③ 钱诚：《关于 PPP 模式特许经营协议性质的思考》，载于《成都行政学院学报》，2015 年第 6 期。

地权利、提供相关连接设施、办理有关政府审批手续和防治不必要竞争项目等，按照发改委《通用指南》，政府承诺的内容包括政府提供的条件、政府提供的建设条件等。这些内容普遍的特点是由政府提出帮助项目公司进行项目建设的一些相关辅助条件。作为PPP项目权利的授予者，政府帮助项目公司为其提供条件，这体现了政府作为公共服务提供者的身份。

（二）政府承诺往往是政府借助公权力所做出的

政府不同于一般的民事合同主体，其具有特殊的身份和行使公权力的职能，在政府承诺中，无论是动用财政进行补贴或者付费，还是利用行政权力为项目公司取得土地权利，都是对公权力的运用。在这一点上，PPP合同中政府做出的承诺不同于一般民事合同一方约定承担的义务，也不同于社会资本方所承担的义务。这一点也就决定了政府承诺必然是政府依靠财政和其他行政权力行使公共服务职能的体现，是政府的行政行为。

在PPP合同中，政府承诺条款恰恰是PPP合同作为行政合同其行政权利义务关系的体现。PPP合同中包含许多内容，其中双方对于工程建设和投融资关系的相关约定都几乎与普通的建设工程合同没有本质区别，可以说在这些条款中，行政机关和社会资本可以说是平等的民事主体，其作出的合同要约和承诺也与政府作为公共事务管理者的身份关联不大，而主要是利用政府作为PPP合同相对方的身份。但政府承诺条款的主要作用是利用公权力使项目更加顺利地进行，因此这是政府为了公共利益加快项目进展为项目公司扫除障碍的体现，这也是政府承诺作为政府站在自己合同相对人身份的立场上平衡公共利益，实现整体利益最大化的效果的体现。

（三）政府在一定情况下应当可以单方面撤销或变更其承诺

政府单方面撤销承诺的权利建立在行政机关在行政合同中具有优益权的基础上。在国外立法中一般认为，行政机关对于行政合同的优益权是指，"行政主体在行政合同的履行过程中基于行政管理的需要和公共利益的考虑而单方面变更和解除行政合同的权力。"[1] 在德国，"如果撤销合同对于防止或消除对社会普遍福利的严重危害是必需的，那么，任何时候都授予作为合同一方当事人的行政机关最终撤销该合同的权力和单方撤销合同的权力。行政机关为了公共利益废除行政合同的这种权力，已经在德国法律条文中得到了明确而清楚地承认。"[2] 财政部在《政府和社会资本合作项目政府采购管理办法》中已经明确PPP采购是政府采购的一种（该《管理办法》第一条为：为了规范政府和社会资本合作项目政府采购（以下简称"PPP项目采购"）行为，维护国家利益、

---

[1] 郭跃、李忠萍：《论行政优益权》，载于《安徽农业大学学报（社会科学版）》，2005年第1期。
[2] ［印］M. P. 赛夫著，周伟译：《德国行政法——普通法的分析》，山东人民出版社2006年版，第100～101页。

社会公共利益和政府采购当事人的合法权益,依据《中华人民共和国政府采购法》和有关法律、行政法规、部门规章,制定本办法)。因此在PPP合同撤销问题上可以适用政府采购领域的相关规定。财政部发布的《政府采购供应商投诉处理办法(财政部令第20号)》第十九条的规定:"财政部门经审查,认定采购文件、采购过程影响或者可能影响中标、成交结果的,或者中标、成交结果的产生过程存在违法行为的,按下列情况分别处理:……(二)政府采购合同已经签订但尚未履行的,决定撤销合同,责令重新开展采购活动"。目前司法实践中只有财政部的部门规章做出了相关规定,但合同法规定除一方违约导致合同目的不能实现等情形外,只有双方合意才可以撤销合同,《立法法》第七十一条的规定:"部门规章规定的事项应当属于执行法律或者国务院的行政法规、决定、命令的事项。"在与上位法相抵触的情况下,由财政部的部门规章规定政府采购合同撤销权是不妥的。综上,此规定不可以作为PPP合同可由政府单方面撤销的法律依据,只能说明我国对于PPP合同的单方面撤销存在立法趋势。

《合同法》第五十七条规定,合同无效、被撤销或者终止的,不影响合同中独立存在的有关解决争议方法的条款的效力。前文已述,政府承诺指政府为社会资本方提供条件,且政府承诺不涉及争议解决,因此政府承诺在PPP合同被撤销时会同时被撤销,但值得探讨的是作为约定政府承担义务的政府承诺条款是否可以在不解除合同的基础上由政府单方面撤销。如果把政府承诺撤销后对于项目进行的效果分为两类的话,第一类承诺的撤销会对项目的进程产生根本性的影响,此承诺不能实现会引发整个项目的难以进行,对于这类政府承诺,探讨其是否可以在合同不解除的情形下撤销是没有意义的;第二类承诺是会帮助PPP项目更好地进行的条款,即使撤销也不会使项目根本上难以进行,但会延长工期、影响进度或者增加工程的资金投入,对于这类承诺,有讨论是否需要通过立法赋予政府撤销权的必要。首先,从撤销权主体来说,很多国家赋予政府采购合同签约主体政府撤销权,但在我国,政府采购合同的撤销权行使需经过财政部审核,对于PPP合同也是相同。在实践中政府违约的情况非常多,前文已述,签约方政府内部问题导致的违背承诺已经成为项目公司面对的重要政治风险,因此直接将撤销或变更政府承诺的权利赋予签约方政府并不适当。由于PPP项目是一种特殊的政府采购,因此可以赋予政府采购监督机构——即对签约政府的采购行为有监督权的审计机关或财政机关等,以此平衡公共利益和项目公司利益,既使得政府可以在有必要时单方面撤销或变更其承诺,又能使项目公司的权利受到保护,使政府权力得到制约。同时,在撤销或变更政府承诺的条件上,政府承诺的单方面撤销或变更应严格被限制,政府不能出于自身利益的考量提出单方面撤销或变更,而只能在这种政府承诺继续实施会严重影响公共利益的情形下行使撤销变更权利。其一,对于谈判、签订过程中有违法行为的PPP合同中的政府承诺条款,政府可以进行单方面变更或撤销,但这种撤销必须经过相关的监督机关审查,要符合撤销变更的主体要求;其二,对于并不违法,但是在进行推进PPP项目中政府的行政行为有缺陷,严重影响社会公共利益的政府承诺,可以变更或撤销;其三,对于签订合同时无法预料到的情势变更等情形，使得政府承诺继续执行下去会违背公共利益时，政府承诺可以被单方面变更或撤销。在政府承诺被单方面撤销或因变更引起项目公司损失时，政府应承担相应的赔偿或补偿。

对于赔偿和补偿两个概念的界定，行政赔偿是指国家行政机关及其工作人员在行使行政职权的过程中侵犯公民、法人或其他组织的合法权益并造成损害，由国家承担赔偿责任的制度。① 由此可见，违法原则是国家赔偿的归责原则，即行政赔偿是以"违法"行政行为为原因行为，即行政机关及其工作人员必须是违法行使行政职权，侵犯了公民、法人或其他组织的合法权益造成损失可以适用行政赔偿制度。② 行政补偿是指行政机关及其工作人员在行使职权过程当中，因其合法行为给相对人造成特别的损失，国家予以补偿的制度。③ 行政补偿是以法律规定为限，为因公共利益而遭受特别损失的相对人提供补救，体现公平负担原则，其本质是国家对特定受害公民、法人或者其他组织损失的补偿，达到一种利益平衡。④ 本质上，赔偿和补偿的不同体现在行政赔偿起因和适用原则上，在行政赔偿起因上，行政赔偿产生的原因，是国家行政机关及其工作人员因违法的行政行为给相对人造成了损害。行政补偿产生的原因，是国家行政机关因自己合法的行政行为给相对人造成了损害。⑤ 在适用原则上，行政赔偿在我国适用慰抚性原则，赔偿额往往小于等于实际损失额，因而当事人双方在不违背国家利益、集体利益和他人合法利益的前提下，可以自由协商，在我国《行政诉讼法》中明确规定，行政诉讼不适用调解，但有关行政赔偿部分除外。而行政补偿不适用等价原则，补偿的数额一般有法律规定。⑥ 最高人民法院前不久发布的《关于充分发挥审判职能作用切实加强产权司法保护的意见》（法发〔2016〕27 号）在第九条"依法公正审理行政协议案件，促进法治政府和政务诚信建设"中进一步要求："对因招商引资、政府与社会资本合作等活动引发的纠纷，要认真审查协议不能履行的原因和违约责任，切实维护行政相对人的合法权益。对政府违反承诺，特别是仅因政府换届、领导人员更替等原因违约毁约的，要坚决依法支持行政相对人的合理诉求。对确因国家利益、公共利益或者其他法定事由改变政府承诺的，要依法判令补偿财产损失"。据此，在 PPP 项目中，对政府没有合理理由违反承诺的情形，特别是因为政府换届等理由违约的，支持相对人合理诉求的方式是进行行政赔偿，这也符合行政法学界对于行政赔偿的定义——以违法原则为归责原则地使政府承担责任，填补项目公司损失。而对于因国家、公共利益为理由改变政府承诺的，行政机关仅需要承担补偿责任。此条司法解释的问题在于，只规定了"违法情形下毁约"和"合法情形下变更"两种情况，对于违法行政行为导致的变更

---

① 姜明安：《行政法与行政诉讼法（第六版）》，北京大学出版社 2015 年版，第 544 页。
②⑥ 张曼莉：《行政赔偿与行政补偿之比较研究》，载于《辽宁教育行政学院学报》，2008 年第 5 期。
③ 姜明安：《行政法与行政诉讼法（第六版）》，北京大学出版社 2015 年版，第 546 页。
④ 张嘉元：《行政赔偿与行政补偿的比较分析》，载于《长春工程学院学报（社会科学版）》，2014 年第 15 卷第 3 期。
⑤ 纪清胜：《行政补偿与行政赔偿比较研究》，载于《山东审判》，2001 年第 4 期。

承诺和合法行政行为导致的撤销承诺并未进行规定，但根据行政赔偿和行政补偿概念本身，行政行为是否违法是界定赔偿或补偿的重要尺度，因此无论是变更承诺还是撤回承诺，笔者认为政府违法或明显不合理地做出的变更或撤回承诺，都应承担赔偿责任，由政府赔偿项目公司全部损失；对于因为其他非政府方自身原因导致的承诺被撤销或变更，应适用行政补偿，按照相关法律法规的规定对项目公司受到的损失进行一定补偿，这也能体现出政府承诺实质上是政府对于社会利益与项目公司的利益进行平衡这一性质。

参考文献

1. 财政部PPP中心：《"中国PPP大数据"之全国PPP综合信息平台项目库季报（2016年第四季度）》，载于《中国经济周刊》，2017年第6期。

2. 陈阵香、陈乃新：《PPP特许经营协议的法律性质》，载于《法学》，2015年第11期。

3. 郭跃、李忠萍：《论行政优益权》，载于《安徽农业大学学报（社会科学版）》，2005年第1期。

4. 纪清胜：《行政补偿与行政赔偿比较研究》，载于《山东审判》，2001年第4期。

5. 姜明安：《行政法与行政诉讼法（第六版）》，北京大学出版社2015年版。

6. 姜雪梅：《PPP特许经营协议的性质及其法律规制》，载于《广西政法管理干部学院学报》，2016年第6期。

7. 李莹莹：《PPP合同法律性质探析》，载于《理论导刊》，2016年第5期。

8. ［印］M.P.赛夫著，周伟译：《德国行政法——普通法的分析》，山东人民出版社2006年版。

9. 钱诚：《关于PPP模式特许经营协议性质的思考》，载于《成都行政学院学报》，2015年第6期。

10. 王景龙等：《地方政府PPP书面承诺不能说改就改》，载于《经济参考报》，2017年3月7日。

11. 王欣然：《PPP项目激励性合约的政府承诺研究》：东北财经大学硕士学位论文，2015年。

12. 王盈盈、柯永建、王守清：《中国PPP项目中政治风险的变化和趋势》，载于《建筑经济》，2008年第12期。

13. 曾宪义、王利明：《民法（第五版）》，中国人民大学出版社2010年版。

14. 张嘉元：《行政赔偿与行政补偿的比较分析》，载于《长春工程学院学报（社会科学版）》，2014年第15卷第3期。

15. 张曼莉：《行政赔偿与行政补偿之比较研究》，载于《辽宁教育行政学院学报》，2008年第5期。

16. 赵展慧：《我国城镇化率已达 56.1% 城镇常住人口达 7.7 亿》，载于《人民日报》，2016 年 1 月 31 日第二版。

17. 郑杰锋、舒杨、马宏：《论 BOT 国际项目融资中的政府承诺》，载于《法制与社会》，2009 年第 21 期。

18. Witold J Henisz. Governance Issues in Public Private Partnerships. International Journal of Project Management. 2006，24（7）：537–538.

我国 PPP 法律制度体系之省察及重构："诗和远方"

黄民锦[*]

> **摘 要**：法律以现实物质生活关系为基础。政府在宏观体制、法律制度安排以及微观操作上应主动适应 PPP 热潮。本文以我国 PPP 法律制度体系为论题和出发点，追溯 PPP 模式发展历程和制度演变轨迹，考察分析现有法律制度体系基本框架、体系形成、发展阶段、发展历程中的中的重要推动力与关键节点。提出构建全面完整法律制度体系的可能路径，以保持法律体系逻辑的自洽性、价值一体性和实施的有效性，落脚点为促进 PPP 模式有序、良性发展。
>
> **关键词**：PPP 法律制度体系 梳理 重构

一、PPP 模式之现实意蕴：诗写之全国总体情况及广西样本

党的十八届三中全会提出"制定非公有制企业进入特许经营领域具体办法，允许社会资本通过特许经营等方式参与城市基础设施投资和运营"后，蛰伏多年的 PPP（Public‐Private‐Partnership）模式以全新姿态强势回归，迎来了新一轮的发展高潮。PPP 被中国决策高层寄予了诸多美如画景的新型治理结构，也被地方政府当局视为心目中新型的融资方式。中央力推、地方重视，风起云涌。财政部政府与社会资本合作中心网站显示，截至 2016 年底，全国 PPP 综合信息平台项目库入库已 11260 个，入库项目投资额 13.5 万亿元，涵盖市政工程、生态建设和环境保护、片区开发等 19 个行业。其中，国家示范项目 743 个，投资金额 1.865 亿元，推进的速度十分惊人，但是项目的落地情况却不容乐观，"发起多，落地难"已成为业界人士的共识。究其原因，除了 PPP 项目投资大、周期长、利润低等内在属性外，我国 PPP 法律制度体系建设性缺乏整体设计和系统性，也是制约项目落地的主要原因。

2015 年以来，广西全力推进 PPP 改革，自治区政府出台了 PPP 改革指导意见，明确了分级管理体制和行业主管部门分工负责制；出台了 PPP 激励政策，对 PPP 落地项

---

[*] 黄民锦：广西壮族自治区财政厅，高级会计师、注册会计师、自治区法制办立法咨询专家，现任广西壮族自治区财政厅法制处处长；地址：南宁市桃源路 69 号；邮编：530021。

目给予最高不超过1060万元奖补，已下达各市两批PPP前期工作经费3370万元；财政厅会同有关部门制定了实施意见，明确了PPP模式适用的领域、项目运作程序、操作标准、配套措施；出台了行业PPP试点工作方案等；设区市和部分县也制定了实施方案、操作规程、项目管理流程等配套政策，截至2016年11月底，全区纳入财政部PPP信息综合平台的项目169个（其中国家级示范项目11个、自治区示范项目23个），计划总投资2068亿元。经各级政府批准并正式进入PPP模式运作的项目80个，计划总投资816亿元，涉及环境治理、养老、文化、信息、生态保护、社会治理等领域。其中36个项目已签约开工建设或正在采购社会资本，拉动社会投资420亿元。南宁市2015年开始竹排江上游植物园（那考河）流域治理，总投资约11.9亿元，"万米桂花溪谷"将成为其标志式景观。2017年4月20日，习近平总书记对该项目进行了视察并给予了充分肯定。

但广西的PPP改革的顺利推进还需要进一步完善机制体制，落实主体责任，加强制度保障，做好政策配套衔接，推动项目规范运作，合力营造政府诚信、社会参与、公众满意的良好局面。广西壮族自治区政府2016年组织对PPP项目督查时，发现存在以下突出问题：

一是大部分项目、行业主管部门对采取什么方式与社会资本合作没有较为明确清晰的概念。一些部门对PPP概念还比较模糊，没有吃透PPP的作用、方式、途径和本质，即是一种长期的、全面的、深度的合作关系。对PPP要素把握不准，如项目合作方式、政府付费方式、双方利益风险分担方式、操作程序，造成上报的PPP项目质量不高，一些适合与社会资本合作的项目没有上报，尤其是在城市道路、供水、污水及垃圾处理等市政建设方面，还有很多适合采用PPP模式投资的项目未纳入PPP项目库管理。

二是PPP项目是具有一定市场化的公共项目，参与主体，项目模式、程序、项目审批要合规和规范，但对于少数地区欠发达地区来说，人口少，消费总量少，导致市场收益与回报之差过大，项目公益性和市场性因素平衡难度大。巨大的投资缺口需要财政补贴，不仅加大了财政负担，也弱化了地方投资动力，如严格按国家规定来推进PPP，大批市场化不足的公益性项目将无法实施，群众的公共服务需求得不到满足。

三是财政预算天花板效应制约项目的进展，按照财政部的要求，PPP项目投入原则上不超过地方当年预算支出的10%，依此规定，广西河池市2016年可能投入PPP项目预算不足3亿元，与该市当前项目缺口及PPP项目投入的差距巨大，严重地制约PPP项目工作推进速度，如果突破这个限制，在政策和预算法上又没有依据。

四是PPP项目推进以传统领域和收益率低为主，在操作层面存在不公开不透明不规范问题。社会资本能进的不想进，想进的进不去，亟待制定分行业、分地区差异化需求及回报机制来解决。

五是高素质人员极度匮乏。部分实施机构缺乏具有丰富经验的管理人员，对相关政策、流程不熟悉，存在等待、依赖咨询机构指导等问题。PPP项目方案及合同的签订需要对应的工程设计类专家,以及投资分析专家、法律专家参与评审优化,民族地区缺乏这方面的人才。PPP 工程咨询服务机构人员构成、工作能力参差不齐,PPP 专业人员水平和服务质量有待提高,没有配备必要的法律、财务及专业技术人员,存在业务不清、照抄照搬现象,给 PPP 项目的整体实施方案设计、整个 PPP 项目的推进造成不同程度的影响,一定程度地影响广西投资速度,广西投资增速呈持续下滑态势,由 2011 年的 29.4% 降至 2016 年的 12.8%,2017 年第一季度的 0.5%。

二、我国 PPP 制度设立之梳理和省察

对现有 PPP 法律制度及其发展境况的重新审视,理性认识和修订完善的过程,是我们优化 PPP 法律制度及其管理功能的前提,也是厘清体系构架基本逻辑。以促进 PPP 法律制度体系逻辑结构的完善,不断优化 PPP 法治实践,积极回应 PPP 法律制度建设的现实需要。

(一) 关涉 PPP 法律制度之省察

1. 我国 PPP 模式的发展历程。PPP 模式从 20 世纪 80 年代在英国兴起和发展。以特许经营为代表的 PPP 模式在我国落地生根。我国 PPP 制度设立经历了一个自上而下、自下而上的过程。从引进试点,逐步步入探索符合现代市场经济运行要求的 PPP 法律制度。我国 PPP 发展经历了探索试点阶段(20 世纪 80 年代至 90 年代末);快速发展阶段(2000~2008 年);调整停滞阶段(2009~2013 年),PPP 模式于 2013 年被国家正式作为推进公共品和公共服务改革的目标模式;加快发展新阶段(2014 年至今),2015 年被业界称为 PPP 元年,开启了我国 PPP 模式运行新篇章,迎来了新的黄金发展时期。

2. 我国 PPP 立法进程回顾。完善的法律制度是 PPP 得以良性发展的基本保障。PPP 模式设立目的是充分发挥市场配置资源的基础性作用,以激发社会资本活力、动力。

(1) 宪法及法律层面。1999 年《宪法修正案》第十六条规定"在法律规定范围内的个体经济、私营经济等非公有制经济,是社会主义市场经济的重要组成部分。国家对个体经济实行引导、监督和监管"。从而为非公有制经济和私营经济进入基础设施和公共事业领域提供了根本法律保障。2004 年《宪法修正案》以第二十一条将 1999 年《宪法修正案》第十六条的基本精神予以保留,同时,进一步明确国家保护个体经济、私营经济等非公有制经济的合法权利和利益,将原来仅特指个体经济、私营经济范围扩展到所有非公有制经济,将 1999 年《宪法修正案》第十六条规定"国家对个体经济实行引导、监督和监管"修改为"国家鼓励、支持和引导非公有制经济的发展,并对非公有制经济实行依法监督和管理"。对非公有制经济从"引导"转为"鼓励、支持和引导",将原来的"监督和管理"修改为"依法监督和管理"。在宪法精神的推动下,全国人大及其常委会制定与 PPP 模式有关的一般性财产立法等有关法律法规,主要包

括：宪法确定的私人财产不受侵犯，征收和征用予以补偿等原则；招标投标法、政府采购法及其实施条例等行政法体系；民法通则，民法总则，公司法，合同法等民事法律体系；商业银行法、保险法、贷款通则等商事法律体系；专利法、著作权法、商标法等知识产权保护法律体系；中外合资经营法、中外合作经营企业法等外商投资法律体系等，构成较为完善的法律体系。

（2）国务院层面。国务院发布了一系列关涉PPP模式的意见及政策，主要有：《关于鼓励支持和引导个体经营等非公有制经济发展的若干意见》，《关于创新重点领域投融资机制鼓励社会资本投资的指导意见》（2014年）。《关于加快地方政府性债务管理的意见》（国发〔2014〕43号），首次以国务院文件提出推广使用政府和社会资本合作模式（PPP模式）。随后，国务院办公厅转发财政部、发改委、人民银行《关于在公共服务领域推广政府和社会资本合作模式指导意见的通知》（国办发〔2015〕42号），对推广PPP模式的重大意义、指导思想、基本原则、发展目标、构建保障PPP模式的制度体系，规范推进政府和社会资本合作项目实施、政策保障、组织实施作了清晰阐述和提出明确要求。

（3）部委层面。目前，直接规制PPP项目的法律大多来自发改委、财政部、住建部。国家发改委《关于开展政府和社会资本合作的指导意见》、《基础设施和公用事业特许经营管理办法》等，逐渐形成了一套PPP项目立项、招标投标、政府采购、签约、投资、运营、收益和监管的制度安排。财政部也颁布了《关于进一步共同做好政府和社会资本合作（PPP）有关工作的通知》等一系列规范性文件。其中，我国最早出现的规范PPP运作的法律性文件是一系列专门规范BOT运作的部委文件。如原外贸部《关于以BOT方式吸引外资投资有关问题的通知》（1994年），原国家计委、电力部、交通部《关于试办外商投资特许经营权项目审批管理问题的通知》（1995年），交通部《公路经营权有偿转让管理办法》（1996年），原国家计委和国家外汇局发布的《境外进行项目融资管理办法》（1997年）等。其中，原建设部2004年颁布的《市政公用事业特许经营管理办法》是目前我国第一部专门规范特许经营权管理的部门规章。原建设部还印发了《城市供水、管道、天然气、城市生活垃圾处理特许经营协议示范文本》，是目前发布层次较高的特许经营协议示范文本。2015年4月，发改委联合财政部、住建部、交通部、水利部、央行联合发布《基础设施和公共事业特许经营管理办法》，为特许经营发展提供了基本制度框架，规范特许经营项目操作。

3. 我国的PPP立法模式及特点：（1）部门立法特征明显。我国的PPP立法工作由财政部和发改委两部门分别主导，据不完全统计，自十八届三中全会以来，各部门出台的政策数目分别为：国务院13部、财政部34部、发改委20部、行业部委12部（其中9部为联合发文，仅有3部是单独发文）、金融机构3部、地方政府61部。从发文数量上可以看出，财政部和发改委是PPP的绝对主导部门，然而二者推进PPP的出发点不尽相同，财政部主要是为了控制地方债务规模，防范财政风险，强调PPP项目的质量；

而发改委的初衷是创新投融资体制，实现"稳增长、促改革"，关注 PPP 项目的数量和推进的速度。部门利益习惯使然，使 PPP 立法蒙上了部门立法的阴影，成了两大权势部门争夺立法权的最好借口。国家发改委于 2014 年 2 月启动被视为"PPP 领域的基本法律制度"的特许经营立法，其征求意见稿已经历了八次修改。2016 年，财政部已率先完成《中华人民共和国政府和社会资本合作法（征求意见稿）》的意见征集。

（2）以规范性文件形式制定各种具体的"办法"、"规程"、"规则"、"指南"、"操作指引"，形成了杂乱、庞大的法律体系。在"法律规范＋政策指导＋实施细则"的框架体系的指引下，PPP 相关政策密集出台。2013 年以来，财政部等国家有关部委针对 PPP 出台了一些监管政策，可以看出监管政策在 PPP 模式发展过程中不断调整并有所进步。财政部先后相继印发了《政府和社会资本合作模式操作指南（试行）》《关于规范政府和社会资本合作合同管理工作的通知》《关于政府和社会资本合作项目财政承受能力论证指引的通知》《关于 PPP 物有所值评价指引（试行）的通知》《关于政府和社会资本合作项目政府采购管理办法的通知》《关于政府和社会资本合作（PPP）咨询机构库管理暂行办法的通知》《关于政府和社会资本合作（PPP）专家库管理办法的通知》《关于政府和社会资本合作（PPP）综合信息平台信息公开管理暂行办法的通知》《关于政府和社会资本合作项目财政管理办法的通知》《关于在公共服务领域深入推进政府和社会资本合作的通知》。从 2003 年开始，各省、市、自治区对 PPP 模式制定管理办法，主要有三类：一是对本辖区内的特许经营权管理作出统一规范，如《成都市人民政府特许经营权管理办法》（2003 年）、《惠州市政府特许经营管理办法》（2010 年）。二是对本辖区内特定领域采用特许经营，如《北京市城市基础设施特许经营办法》（2003 年）、《沈阳市城市轨道交通运营特许经营管理办法》（2008 年）、《吉林省城镇管道燃气特许经营管理办法》（2012 年）。三是对特许经营的具体项目制定专门管理办法。如上海市《延安东路隧道专营管理办法》和《打浦路隧道、南浦大桥和杨浦大桥专营管理办法》（1994 年）、长春市《长春汇津污水处理专营管理办法》（2000 年）、河池市人民政府《关于河池市龙岩滩水库生态环境保护项目实行特许经营模式管理的通知》（2013 年）。

（二）比较视野中我国 PPP 法律制度体系

1. 域外立法模式。不同法系的国家（地区），采用了不同的立法的模式，总体而言，纵观广泛运用 PPP 模式的国家（地区）中，普通法系国家（地区）一般不进行专门立法，以已有的法律为主，反之，成文法系国家（地区）则通常以专门立法形式对 PPP 进行规范，如加以划分则有以下三类模式。

（1）对 PPP 专门立法。此模式中，又可分为三种情形：一是对公私合作即广义 PPP 模式专门立法。如韩国于 1994 年正式颁布实施了《促进私人资本参与社会投资法案（PPP 法案）》，该法案是适用于 PPP 的专门立法，此前颁布的各部门法律，如《高速公路法》《铁路建设法》《港口法》等均不再适用 PPP 项目。该法主要界定了 PPP 的使用范围,公共部门及私人部门的地位、采购程序、争议冲突解决程序等。该 PPP 法案于 1998 年和 2005 年进行了两次修订,主要是进一步拓宽了 PPP 的适用范围。我国的台湾地区也专门颁布了《促进民间参与公共建设条例》。二是对 PPP 的某种具体模式立法。如日本《利用民营资源加速建设公共设施法》和《有效运用民间资金促进公共建设整备法》,建立了日本的 PFI 制度。菲律宾《授权私营部门对公共建设项目投资、建设、运营、维护及相关事项的规范》和《BOT 执行规则条例》是规范 BOT 的专门法律。三是公私合作专门立法和不同行业适用公私合作形式单项立法相结合的法律体系。如法国既有公私合作的法律和机制框架,又有针对司法和监狱系统、公立医院系统的公私合作专门法律,其关于合伙合同的第 2004-559 号法律规定了法国公私合作的法律和体制框架,第 2008-735 号法令,以及地方政府城市化、国税、货币政策和财政有关法规的调整,以及改善法国的公私合作框架。此外,法国议会还通过具体部门的法律,促进司法和监狱系统(第 2002-1094 号法律和第 2002-1138 号法律),公立医院系统(第 2003-850 号法律)的公私合作。

(2) 使用已有的法律规制,辅之以专门的政策指导。典型代表国家为英国。其 PFI/PPP 法律框架主要由规制公共部门采购的两部公共采购法构成,即主要适用于政府部门的 2006 年公共合同法和适用于公用事业机构的 2006 年公用事业机构合同法。与此同时,英国财政部 PFI/PPP 的主管机构颁布了大量的政策层面的指引和规范,如《公共财物管理》《PFI 合同规范化第 4 版》等。欧盟于 2014 年 1 月通过决议,将《特许经营合同采购指令》纳入欧盟公共采购法律体系,欧盟特许经营项目原不属于欧盟公共采购两部指令的适用范围:服务特许经营项目的采购须遵守《欧盟运作条例》原则,尤其是平等对待,非歧视和透明度原则,工程特许经营(公用事业部门的工程除外)适用一些二级法律。2014 年 1 月,欧盟议会投票通过该草案,作为纳入欧盟公共采购法律体系的首次尝试,新指令通过一系列欧洲法院的典型案例清晰阐述了特许经营概念,界定了公共事业领域与传统领域有关工程与服务特许经营概念,界定了公共事业领域与传统领域中有关工程与服务特许经营项目的适用范围。同时,规定了采购原则、采购程序、分包、救济机制等内容。新指令对特许经营项目门槛做出了明确的规定,要求价值大于或等于 518.6 万欧元的特许经营项目需要在欧盟官方公报上发布公告。同时,针对特许经营周期长,容易出现不确定性因素导致项目出现变化,新指令提供了一系列解决方案,以确保提前公布的标准是客观且无歧视的。在公私合作方式上,新指令并未就此作出了强制性规定,而只是设置了一般性的保证条款,以确保项目所采用的方式符合透明与平等对待原则。

(3) 未专门立法,采用"政策+指南"形式规范 PPP 运作。澳大利亚于 2008 年 12 月颁布《国家 PPP 指南》,该指南由国家 PPP 政策框架、国家 PPP 指南概览、国家 PPP 指导细则三部分组成。为了将各个分散的行政管辖区不同的 PPP 指导规则统一起来,形成一个权威的国家政策以实现基础设施采购的最大化，减少公私双方采购成本以及清除进入基础设施市场的各项障碍，确保最适合的项目进行公私合作。

该指南鼓励私人部门投资公共基础设施及相关服务；鼓励私人部门投资基础设施及相关服务；鼓励在基础设施及相关服务方面提供创新；确保对PPP项目应用一个框架和高效率的程序规则；对项目产出结果的可靠性作出清晰的界定。其主要特征在于统分结合，充分调动中央与地方两个积极性，即规定自2009年1月开始，在各州运作的PPP项目首先要适用新的国家PPP政策和指南。在国家指南允许的灵活性范围内，一并适用重新发布的管辖区特别规定及有关附件。2009年，澳大利亚基础设施委员会对《PPP指南》第6卷《管辖区规定》予以更新，将每个管辖区的特别规定统一发布。

中国香港地区公共项目公私合作的管理亦采用"政策+指南"的方式，建立科学、统一、规范的合作机制。2003年颁布了《公私合营项目PPP指南》并进行了多次修改，出台了一些相关的政策指引，包括《政府业务方案指引》，政府公共工程招标程序，《合约管理使用者指引》《政策与实践指引（第二版）》等。其中，《公营部门与私营机构合作的简易指引》是公私合作方面的主要文件，它以问答的形式对PPP模式、PPP的建立过程、私营机构的选择、风险分担管理、资金管理、绩效管理和合同管理等进行详细描述，为公私双方职能的执行提供了强有力的指导。

联合国国际贸易法委员会自1996年开始着手制定私人融资基础设施项目示范法，2000年6月通过了《私人融资基础设施项目立法指南》。2003年7月通过了《私人融资基础设施项目示范立法条文》，从特许公司的选定、特许权合同的内容和实施，特许权合同的期限、展期和终止以及纠纷的解决五个方面，对私人融资基础设施项目立法框架和条文表述提出了具体建议。

综上，PPP立法，目前国际上未有统一标准，各国（地区）形式各异，虽然特许经营在PPP模式占比较高，但不能代表和涵盖所有的PPP模式。

2. 我国PPP法律制度体系存在的问题及其反思。通过与域外PPP立法体系的研究比较，从理论逻辑和时间内容来省察，可以看出我国PPP法律制度存在的主要问题。包括以下几个方面：

（1）法律之间存有抵牾之处，法律适用存在不确定性问题。一是存在着法律盲区，这些空白之处亟待完善补充。PPP的复杂性，涉及领域较广，涉及主体众多，法律关系复杂，适用法律众多，涉及PPP的相关法律法规各自分散在相关法律和各个主管部门规章之中，相关法律法条之间衔接尚有多处真空地带，衔接紧密程度与配套等方面有待加强。PPP项目在操作过程中与现行立项制度、土地制度、税收制度、政府采购制度、招标投标制度、价格制度、产权（国有股权转让制度）制度、财务制度、争议解决制度等多方面存在亟待协调统一问题。例如土地、税收、审计等问题尚未被提及。如以土地问题为例，轨道交通、铁路等许多前期投资巨大、回收期限较长项目，投资方不敢贸然行动，往往要求捆绑地上物业开发，通过联动开发实现项目内部交叉补贴。而根据物权法、土地管理法及《招标拍卖挂牌出让国有土地使用权规定》规定，经营性土地使用权必须通过"招拍挂"方式获取，而政府在授予特许经营权时，无法确保特许经营权人一定能够获得项目所需的土地使用权。综合一体化开发成了各地政策无法突破的问题，导致此类项目的发展陷入僵局，如地方政府出于综合一体开发的考虑，同意投资方的请求，有悖于现行法律规定。二是招标投标法及其实施条例规制与PPP常规做法不一致，存在法律风险。在包含有工程建设内容的PPP项目中，在依法确定PPP项目实施方后，签订特许建议协议时是否还应该再进行招标投标，现行法律法规尚需明确。根据《招标投标法实施条例》第九条的规定，"已通过招标方式选定的特许经营项目投资人依法能够自行建设、生产或者提供"的，可以通过一次招标活动将原来需要两次招标的阶段合二为一，即"两标并一标"，但如果在第一阶段采用非招标方式来确定社会资本方，政府采购法却无此规定，则无法适用上述法条。致使按照政府采购法进行的PPP项目在完成相关大型建筑施工企业作为社会资本的招标后，还需要进行再次招标确定施工企业，耽误项目工期，损害社会资本利益。

（2）对PPP的定义（内涵）和分类尚待统一。PPP的定义涉及到法律概念的准确把握和定位，更涉及到调整范畴。财政部对社会资本的定义是指已建立现代企业制度的境内外企业法人，但不包括本级政府所属融资平台及其他控股国有企业。而国家发改委并未对什么是符合条件的国有企业做出具体规定，根据"法无禁止即可为"的原则，地方政府融资平台及其他控股国有企业则可以进入。

（3）PPP模式顶层设计还很不健全，上位法体系未建立，PPP法定体系尚不完备，具有层次低、权威性不高、协调性差、滞后性明显特征。目前尚无专门的PPP立法，并不具有独立法律部门的地位，缺乏一个统一、高层次、全面系统、科学完备、层次分明、对PPP运行进行规范的法律体系、制度安排，现行的PPP制度安排碎片化。如到目前为止，国家还没有出台专门针对PPP项目的税收政策法规。

（4）已有的实定法难以适应PPP模式发展和实操的需要，解释力较弱，实效性不强。在我国PPP模式建设过程中，国务院文件、领导讲话、有关部门规章和其他规范性文件广泛存在，关于政府与社会资本（以下简称"政社"）关系的PPP制度多数是以政策、管理办法、至多是部门规章的形式推进，缺乏针对性和系统性。PPP模式是实践性和操作性很强的工作，国务院层面的有关立法文件多为指导性、原则性意见，缺乏具体明确、可操作性的规范。

（5）法律风险高、救济能力低。建立制度信任的关键在于规则的可预测性和利益的平衡。而关于政社双方权利和义务的法律规则较为匮乏，相关的规定散见于一些行政法规之中。这种以政策和部门规章通知而非以法律的方式分配资源、调整权益的做法，在融资安排、定价体系、信息披露等方面难以为政社双方利益提供稳定的法律保障，将使政社两方承担法律风险。导致在招标投标、选择社会资本合作方、司法诉讼时面临很多的政策法规障碍。特别在诉讼案中。如2002年国务院办公厅《关于妥善处理现有外方投资固定回报项目的通知》,该文件对 PPP 项目的核心定价和投资回收机制产生实质性影响,直接导致了我国 20 世纪 90 年代中后期开始建设的一系列特许经营项目被动进入再谈判阶段,这种法律和政策调整因无法协商一致,直接导致社会资本的撤出和项目的最终失败,最后不得不以政府回购的形式结束。最为典型的案例是 2000 年长春汇津污水处理厂项目,2002 年江苏污水处理厂融资项目,2002 年上海市政府系列回购。

(6) 下位法重复冲突。各部门法规之间存在冲突,难以有效衔接。个别地方政府制定的政府规章、规范性文件与部门规章还存在一些差别和冲突。占据主导地位,没有正式法律渊源地位的大量规范性文件,实际上扮演者 PPP 立法的角度,在某种意义上成为 PPP 立法权的僭越。立法权的争夺其实是监管权的博弈,使立法的正当性、合法性和合理性失去了公立立场。目前,已有的部门规章主要是相关部委在各自职责范围内作出的规定,只能适用于一部分行业,缺乏全局性和系统性,"五龙治水"的现象突出。例如《国家发改委关于开展政府和社会资本合作的指导意见》(发改投资〔2014〕2224 号)、《关于切实做好传统基础设施领域政府与社会合作有关工作的通知》(发改投资〔2016〕1744 号),财政部《关于印发政府和社会资本合作模式操作指南(试行)的通知》(财金〔2014〕113 号),《关于在公共服务领域深入推进政府和社会资本合作工作的通知》(财金〔2016〕90 号)在社会资本选择程序的规定上均存在不一致,究竟是按招标投标法还是按政府采购法选择社会资本,在具体操作中仍存争议。财政部和发改委对 PPP 项目前期论证的要求不同,财政部的《政府和社会资本合作模式操作指南》明确规定"通过物有所值评价和财政承受能力论证的项目,可进行项目准备",并出台了明确的物有所值评价和财政承受能力论证细则。但发改委对此并无硬性要求。原建设部《市政公用事业特许经营管理办法》第八条规定采用公开招标方式选定投资者或经营者,但缺乏具体、可操作的规定,也没有明确是否适用招标投标法。财政部、国家发改委都在推进 PPP 模式,都根据各自标准,推出了示范项目(典型案例),设立项目库,给地方操作带来困惑。各省市、自治区财政厅(局)和发改委也都各自向社会发布推介 PPP 项目,这些项目涉及的领域大部分相同,使企业、社会资本和中介机构分不清财政部门和发改部门在推进 PPP 项目中的职责和分工。国家发改委和财政部就 PPP 模式出台的有关政策在实施机构的确定,项目招标(采购)适用法律法规相互矛盾,造成项目推进存在困难较多,使地方政府无所适从,地方政府协调成本高,地方政府与社会资本以及相关主体适应成本高,从而影响了 PPP 模式推进。

(7) 政府规制缺位与多头管理并存。PPP 项目既涉及项目融资、项目工程建设方面,有些项目更涉及运营维护方面,比较复杂。即使招标投标法、政府采购法也没有涉及 PPP 项目采购具体方面,招标投标法和政府采购法及其实施条例以及相关规章仅针对工程及工程有关的货物与服务的招标,并不涉及融资及长期运营管理等内容。目前政策法规中没有专门针对 PPP 项目招标(采购)的实施细则,PPP 项目招标(采购)经常面临政策突破问题。《政府采购法实施条例》第二十五条规定政府采购工程只能采用竞争性谈判或者单一来源采购方式，导致财政部2014年出台的《政府采购竞争性磋商采购方式管理暂行办法》第五项规定政府采购工程可以采用竞争性磋商方式丧失法律依据，为今后政府采购工程特别是PPP项目的推进埋下巨大的风险隐患。如政府采购法实施条例中，要求不得设置任何入围前置条件，只能在评分办法中予以加分，但PPP项目招标理应针对资金实力设置适当条件，原因是PPP项目需要投资人中标后即提供资金投入项目，如不具备资金实力，工程方案做得再好也无法实施。现在较为通行的做法是政府采购货物服务项目优先适用政府采购法，财政部门监督为主，其他行政主管部门在各自职权范围内履行监督职责；政府工程项目，在招标投标环节，优先适用招标投标法及其配套规范性文件，该环节的监督职权，根据行业的不同，由各主管部门行使，属于国家重大建设项目的，由国家发改委行使，对于招标投标环节以外的采购活动，优先适用政府采购法，监督以财政部门为主，其他行政主管部门在各自职权范围内履行监督职责；其他采购行为，属于政府采购的，适用政府采购法，采用招标投标的，适用《国家发改委关于开展政府和社会资本合作的指导意见》的规定。因此，一些地方不得不采用"招商"或"招募"的提法而规避法律风险。关于PPP合同管理，财政部印发《关于规范政府和社会资本合作合同管理工作的通知》，并发布《PPP项目合同指南》，发改委出台《政府和社会资本合作项目通用合同指南（2014版）》，二者差异不太显著，存在重复劳动之嫌。

（8）程序法缺失。有的政策出台时间仓促、应急性特征明显，在出台前缺乏必要的调研、论证、协调，导致各部门颁布的规范性文件标准不一，甚至同一部门内部文件前后不一，相互矛盾。目前，我国法律法规对规范性文件的含义、制发主体、制发程序、制发权限及审查机制等尚无明确规定，在这一背景下，立法者享有很大的自由裁量空间，各类规范性文件难免出现前后矛盾，上下矛盾的情况。最为突出的是政府购买服务规范制度主体层级低，导致各地对购买服务边界存在宽窄不同的界定。如对公共服务等基本公共服务项目，不同的地方就有不同的规定。如广东深圳市规定"政府部门不再承担，转由社会和市场自行办理的职能和工作事项"，哪些是社会或市场自行办理的职能和工作事项没有明确，且"社会"和"市场"二者间关系如何？边界在哪里，本身就是存在争议的问题。

（9）缺少核心法制理论支持，PPP项目法律属性仍存有争议。PPP项目从立项、招标投标、建设到运营包含着复杂的法律关系，其中最为核心的法律关系是政社法律关系，这一关系主要是通过PPP协议的签订来体现和确认的，这是因为PPP协议一方面反映了政社之间平等的民事合同买卖关系（民事关系），另一方面则体现了政社参与公共服务监管的行政关系，PPP协议的法律性质决定了签约各方的地位、权利和义务分配，决定了法律适用规则和纠纷解决的途径。各国PPP模式实践表明，PPP的推动主体是政府，是主要借助于政双方之间项目合同形式加以推动，因此，PPP项目合同制管理中，项目合同的法律属性是一个十分重要的问题，是关系到各方权利义务配置乃至预期投资回报目标的实现。PPP 协议究竟是偏重于行政关系的色彩还是平等关系的色彩，这一法律定位问题在既往的法学界讨论中被多次提及，分歧颇大。目前，无论是国内外、理论界和实务界，对 PPP 的法律性质仍存在诸多争论，尚未取得一致意见。从法源来观察，PPP 协议的法律性质存在争议主要原因是相关国家所属不同法系在法律渊源、法学传统观念等方面存在着差异。目前，理论界主要有"行政合同说"、"民事合同说"和"民事、行政合同混合说"三种不同观点。"行政合同说"认为，基于行政合同是行政主体以实施行政管理为目的，与公民、法人和其他组织等行政管理相对人就有关事项经协商一致而达成的协议的定义，由于协议的一方当事人是行政主体，协议的内容涉及公共事务，协议目的是实现公共利益，为保障公共利益不受损害，政府可以代表公众有权单方面变更或解除合同，以回购等方式补偿投资者损失，并且在私人合作者违约时，政府可以采取强制或制裁等救济措施，因此，PPP 协议属于行政合同，这一观点多为具有民法传统或者接受法国行政法"行政合同"概念的国家所认同。"民事合同说"认为，基于民事合同是平等主体之间设立、变更、终止民事权利义务的内涵，PPP 协议在本质上是政府将特定的项目一定年限内的物权和经营收益权与私人合作者的资金、先进技术和管理经验等进行交易的行为，合同的标的是民商法意义上的私法权利；协议的纠纷解决方式一般为谈判、协商、仲裁等，不具有行政法上的可诉性；民事合同能充分体现意思自治原则，有利于投资环境的改善，降低私人投资的风险。目前，"民事合同说"为大多数国家认可。"民事行政混合属性说"基于 PPP 协议参与方可以自由选择适用公法或私法途径寻求救济，尽管协议双方承担着平等的权利义务，但由于 PPP 项目的公共属性，政府负有监管职责，造成公法与私法调整的交叉存在，单一的民事和行政法律关系不能完全覆盖。PPP 协议兼具民事合同和行政合同双重属性。我国属于成文法系国家，法学研究上是接受行政合同理论框架的，但是目前尚未建立完善的行政合同法律制度，包括纠纷的处理途径等核心机制尚未规范化。因此，若采用行政合同理论，需要大幅修改和完善现行制度，立法难度较大，不利于发挥立法引领 PPP 模式推进作用。而民事合同理论为大部分采用 PPP 模式的国家所认可，从法律实践的角度，以民事法律关系处理政社关系，更有利于吸引社会资本、改善投资环境。另外，从提高法律认同度、制度遵从度来讲，政府采购制度已深入人心，共识度、认同度、遵从度大幅提升，借鉴《政府采购法》第四十三条规定"政府采购合同适用合同法。采购人和供应商之间的权利和义务，应当按照平等、自愿的原则以合同方式约定"。以及第七十九条规定"政府采购当事人有本法第七十一条、第七十二条、第七十七条违法行为之一，给他人造成损失的，并应依照有关民事法律规定承担民事责任"。确定 PPP 协议适用合同法，PPP 协议各参与方之间的权利和义务按照平等、自愿的原则以合同方式约定。以财政部条法司为代表的实务界认同这一观点。在学术研究与思考尚难对 PPP 立法提供理论支撑的情况下，立法之困惑之艰难可想而知。此外，PPP 绩效评价体系尚未成熟定型，咨询机构人才素质须进一步提升。

3. PPP 项法律制度建设的滞后产生严重后果。如前所述，PPP 法律法规规章不断出新，一方面健全了 PPP 法律体系，另一方面带来了新法旧法的衔接适用问题。相较于 PPP 的飞速发展，监管层由于缺乏有效预判和监管，始终给人"慢半拍"的感觉，造成监管滞后。从历史发展演进轨迹以及法律制度演变规律来看，PPP 原有的一些制度规定不可避免打上计划经济体制的烙印，并且随着时间的推移，许多法律条款的制度安排和技术手段已不能适应当下政社发展和加强监管需要，大多数条文被后来一些规定所替代，但是决策者、监管层仍在使用，存在学界指出的"掏空现象"。已有的 PPP 法律制度缺失体系性的内在逻辑关系和相互衔接，不仅存在重复交叉，而且存在较多的法律空白，深层次问题不断累积。导致官方监管、市场约束、行业自律缺失，尚不能满足依法行政的现实需要。上位法的缺失使 PPP 项目操作无法可依，难以运作，使得 PPP 模式运行在某种意义上是在一个真空的法律环境下运作，其行为带来很大程度上的不规范性。下位法的重复徒增学习成本，矛盾的法规令项目参与方无所适从，难以抉择。法律制度建设的严重缺位，法律约束不强，部门立法、分散立法实践契合了我国 PPP 模式运行实践和立法实践的历史现状和发展轨迹，也在一定程度上反映了 PPP 模式的一些内在要求，但分散立法导致通过立法博弈固化甚至将部门利益合法化，也不适应互联网快速发展，大数据条件下对信息互联互通、整合和集中管理的要求。一些地方政府契约精神不足，使社会资本虽有意愿参与项目建设，但仍面临诸多进入障碍。一些部门、行业之间对 PPP 模式规定存在交叉、重复、边界不清、不易把握等问题，在执行中容易出现偏差。如由于 PPP 政策文件缺乏对 PPP 项目构成要件的完整准确规定，实践中 PPP 项目"真假难辨"。有的地方政府以 PPP 为借口，行变相融资之实、保底承诺、回购安排、明股实债的事例并不鲜见。由于不同地方和部门对 PPP 模式运行的理解和认识不同，分类标准不一，公布的政府购买服务目录差异甚大，不同地区和部门依据各自对 PPP 的认识和认定标准的差异性影响了对投资者法律保障的制定和实施，投资者决策、公司治理效率，进而影响到投融资市场的深化程度，影响 PPP 市场的稳定性和可持续性。一些地方为吸引社会资本投资而提供的担保超越了法律法规的规定，亟待统一和规范。地方政府不断出台大量的规范性文件中也常常出现因新旧规范性文件之间或上下级的规定不一致造成的执行混乱。且部门和行业之间缺乏有效的监督合作机制，对 PPP 项目运作造成的直接影响是法律和政策调整风险加大，这直接导致了地方政府在推广 PPP 模式时出现诸多版本，导致政府诚信度降低、让投资者困惑、投资信心下降，极大制约、影响了 PPP 项目的推广、合作和发展，严重地影响了 PPP 健康发展，亟待进行系统重建。

三、PPP 模式法律制度体系规范的建构：诗之远方

实现 PPP 良性发展有赖于制度化、法治化，应按照法治化渠道推进 PPP 模式，进行新型融资体制系统化改革。进一步完善我国 PPP 法律制度体系是推进 PPP 法制建设

一个极为重要的内容。体系是指某些事物或意识按照一定的秩序和内部组合而成的整体，它具有整体性和系统性。PPP法律制度体系就是由多种与PPP相关的法律法规按照其内在的秩序和联系组成的系统。构建PPP法律制度体系，就是在坚持依法治国、依法执政、依法行政，共同推进坚持法治国家、法治政府、法治社会一体建设，实现科学立法、严格执法、公正执法、全民守法的前提下，要求PPP治理和改革实践依循法治思维，采取法治方式，建立以PPP法为基本法律作统领，起龙头作用，以填补立法空白点为重要点，由不同种类、不同侧面、不同层次组成，形成一个广覆盖、多层次、结构相对完整，内容基本全面，层次较为清晰，功能相对明确，科学合理的立体式法律网络，提升PPP法律在我国法律体系的地位。

（一）PPP法律制度体系的修正与完善

结合财政部《PPP法（征求意见稿）》及国家发改委《特许经营管理办法》（以下分别简称为财政部、发改委办法）存在争议之处，在后续的PPP立法过程中应当在充分讨论的基础上求得共识，对部委之间的矛盾尽量化解，未来PPP法需要重点关注以下问题：

1. 定义以及确定法律适用范围问题。目前，域外立法经验和国内研究文献中，对于PPP的定义和类型尚无统一、权威的界定。从两部委各自拟出的办法来看，PPP基本概念的缺失，仍存争议和误区，对PPP定义范畴的理解存在一定的局限性，有的甚至将授予特许经营与PPP直接画等号，存在目的和形式合法性争议。拟议中PPP法要十分注意克服产生于法律的内涵和定义的差异，法律实施者应利用法律补充，类推使用于符合法律内涵与目的的行为要件。PPP有广义和狭义之分。财政部和发改委办法从标题可以看出，财政部办法主张的是广义PPP，第二条十分笼统地规定中华人民共和国境内的政府和社会资本合作，适用本法，并未罗列具体的适用范围。而发改委考虑到特许经营的内涵和外延更容易把握，同时结合中国过去以特许经营概念实施PPP项目的实践以及国际组织的立法惯例，最终采用了特许经营的概念。发改委办法则相对清晰地列示了适用范围为能源、环境保护等基础设施和公用事业领域的特许经营活动，但对列示外的项目的范围却不得而知。而且发改委的推介项目分类为水利、交通、市政设施、公共服务、生态环境和其他六大类，与上述表达并不统一，且其官方文件亦多将PPP与特许经营混为一谈，但是从理论上，二者并不尽相同，尚存一定的差异。特许经营的范围相对狭窄，将PPP的其他的类型排除在外，从而导致PPP与特许经营关系模糊，不利于进行全面和统一的规范。而且随着经济社会发展，国内的特许经营范围大大扩展，近几年新型PPP形式层出不穷，适用范围会不断调整，会有更多项目适用于特许经营办法来做，特许经营只是PPP其中的一种而已，这些模糊的范围界定为后续项目操作争议的产生埋下了隐患。立法应当与时俱进，顺应PPP的发展，对PPP定义的再定位与类别划分（立法分类纬度）是PPP法律制度的规范逻辑。所谓立法分类纬度，在PPP立法中是指制定 PPP 法时首先要考虑该法律所针对的 PPP 分别属于哪一纬度、哪一类或哪一部门行业的问题，不同纬度或不同层面，体现出 PPP 法律制度隐含的逻辑结构，纵向上使《宪法》等相关大法与 PPP 法相衔接，横向上体现着 PPP 法律制度体系的覆盖范围，PPP 立法分类纬度决定着 PPP 法律制度体系逻辑自治性和结构的科学性。可将政社以合作协议的方式提供公共产品和服务的即视为 PPP，可将广义的 PPP 按照常用的分类标准分为外包、特许经营和私有化三大类。最佳办法既定义 PPP 内涵，外延上又重点列举范围。下定义起着全面规范和性质界定的作用。当发生争议时，可以使用定义的法理进行判定和认定。重点列举可以明确重点监管范围和使用法律预警，但随着时间的推移，PPP 范围及类别可能发生变化，同时列举也无法穷尽，如果重点列举中没有涉及的，但符合定义的，优先应使用定义。

2. 合作期限问题。政社关系的法律表现形式是随着社会经济文化的不断发展而发展的，随着我国市场经济体制政策的不断深化，尤其是随着 PPP 模式运行广度、深度的拓展而逐渐清晰化。财政部办法第二十六条规定政府和社会资本合作期限应当根据行业特点、所提供公共产品、服务需求、项目生命周期、投资回收期等综合因素确定，一般不少于 25 年。发改委办法第六条"基础设施和公共事业特许经营期限应当考虑上述因素综合确定，最长不超过 30 年，对于投资规模大、回报周期长的，可由政府或其授权部门与特许经营者根据项目实际情况，约定超过前款规定的特许经营期限。"考虑到 PPP 包含特许经营项目，建议 PPP 法应统一期限，合作最长不超过 30 年。

3. 前期论证程序及操作流程问题。财政部强调 PPP 项目必须经过物有所值和财政承受能力评估。发改委认为有些项目属于竞争性经营性项目，不是公益或准公益项目，属于国家私产项目，不是国家公产项目，财政承受能力论证和物有所值评价并不是特许经营项目的必选之项，因此不需要财政承受能力论证，甚至也不需要物有所值评价。但我国是单一制度国家，国家负有无限责任。PPP 模式存在效率不确定性，周期长，不可预见因素多，边界条件通常会不断发生变化，可能会诱发财政幻觉和风险隐患，存在量化评估难，监管难。政府付费或政府补贴通常是吸引社方投资的主要原因，多数情况下，为吸引投资者让项目更能商业化运作，政府需要拿出额外资源、财力或配置或捆绑，让渡其他权益来平衡，这时，PPP 项目就会产生的政府性债务，或潜在的支出责任，在平衡财政支出压力的同时，可能会隐匿风险，诱发债务风险或危机，进行物有所值评价就是为了防范此类风险。同时，法律规制及操作流程不能仅偏重于决策和宏观层面，对于项目财务测算，社会资本采购等操作细节应进一步明确。

4. 明确主体部门及其权责界限问题。PPP 是一个错综复杂的系统工程，需要制定完善的管理体系，组织各方积极配合，确保项目顺利完成。未来应从法律上明确 PPP 主管与参与机构并理顺职能部门分工，形成中央和地方统一和明确的管理权属，有效厘清权力、责任和义务，有利于项目推进和管理，避免争议和冲突的产生。建议明确规定"国务院财政部门负责指导协调、监督管理 PPP 工作，并会同有关部门制定政府和社会资本合作综合性政策措施。发改委、国土部、住建部、交通部等有关主管部门按照各自职能负责有关 PPP 政策的制定和监督管理工作。县级以上财政部门负责指导协调、监督管理 PPP 工作，县级以上发改委、国土部、住建部、交通部等有关主管部门负责 PPP 项目实施和监督管理工作"。

5. 社会资本选取方式问题。目前，招标采购之争在社会资本的选取过程中愈演愈烈，令地方政府和社会资本方项目推进过程中无所适从，难以抉择突出矛盾。鉴于大多数 PPP 项目需要中央财政和地方财政补贴，政府向社会力量购买公共服务，社会资本选取方式应当纳入政府采购法调整范围，以解决目前不同项目和工程适用不同，存在司法解释矛盾问题。同时，现行政府采购制度非招标方式能否适用 PPP 私人合作者的选定需要在立法时予以明确。

6. 明确争议解决途径问题。PPP 项目历时长且较为复杂，在保障体系不太完善的背景下，不可避免地产生争议。财政部办法第四十九条指出"开展 PPP，社会资本与实施单位就合作协议发生争议且难以协商达成一致的，可以依法提起民事诉讼或仲裁。"而发改委办法第五十一条的相关规定为"特许经营者认为行政机关作出的具体行政行为侵犯其合法权益的，有陈述、申辩的权利，并可以依法提起行政复议或者行政诉讼。"可见，两者对 PPP 和特许经营强调的法律责任是不同的。因此，要明确 PPP 协议解决使用民事合同纠纷解决机制的前提下，应研究修订仲裁法，将 PPP 争议解决明确纳入仲裁范围，并且明确 PPP 争议解决不适用行政法。

（二）PPP 模式法治优化向度：立法理念、科学立法、价值取向、目标定位

PPP 治理是政府机关之间，中央与地方之间以及政社之间对 PPP 权力义务配置和运用，通过彼此之间的合作与互动，达到控制、管理、协调和服务，实现 PPP 目标并提升 PPP 管理绩效的全过程，法治化是其重要内容。PPP 法治化包含两个层面：一是用于规范 PPP 运行活动的法律是良法，为当事人各方普遍接受并自觉遵从。二是基于对政府严格制约和对社方权力的有效保护，是形式价值和实体价值的统一。具体来讲就是 PPP 立法过程中，应该回答和解决以下问题：由哪些主体参与立法？即 PPP 立法程序合理（程序法定、主体平等、过程公平、结果符合逻辑）。PPP 法律制度是否能够反映政社各方大多数利益相关方的意愿？PPP 法律制度是否规范合理？PPP 法律体系是否完备？如何做到结构体系完整，规则要素齐备，内容组合确定和语言文字精确？各相关法律之间是否协调？

1. 立法理念。任何一部法律，都是基于一定理念而制定的，透过具体的规则条款表现出来。法治国家的基本理念包括法律的安定性、权力分离、依法行政、基本权的保障和权力之司法救济等，限制权力，保障权利，是法治思维和法治方式的核心。在立法理念、方法甚至具体制度等方面应当从政府管制为导向转变为市场配置资源为导向。对

立法者来讲，法治思维就是以合法性为前提，以权利义务为内容的思维，适用法律规范、法律原则、法律精神和法律逻辑。对共性问题、立法核心、要义进行分析、综合、判断推理和形成结论，上升为法条。

（1）立法理念要体现时代精神和法治文明的进步，应该有宽广的眼界、思维和先进的理念。要有宏观战略，不能局限于政府一方或社会资本一方，更不能存在部门利益和本位主义，需要在行政权力与社会资本权力、效率与公平等价值博弈中作出权衡和选择，处理好基础行为与平等法律关系"政行交叉"的边界。要注重适应简政放权、行政管理创新，注重推动建设法治政府和服务性政府，转变政府职能，加快政企分开，激发社会组织活力，推动国家治理现代化的形势要求，构建政社各方主体参与的多元化治理格局，政府共管理行政治理走向服务性治理，实现权力运行的有序、高效。通过立法的基础性、先导性、支柱性，处理好政府与社方之间关系、政府与市场的关系，界定政府与市场的边界，厘清政府"为"与"不为"的边界，权衡好PPP法调控PPP活动的"宽度"和"深度"，尽量减少政府对市场活动的干预，以便于稳定社会资本方对投资的预期并在公平的环境下展开竞争。使政府把更多精力集中于战略规划与监管上，从过去主导公共基础设施建设和公共服务、直接提供向社方合作来向监管、引导与合作角色转变，形成组织与推动的职能，不再承担以往资金提供与项目管理职能，不再承担相应的投资风险和商业风险，这是推进财政治理体系与治理能力现代化的基本保障。

（2）牢固树立依法行政，依法思维意识，要改变在PPP模式运作中重政策、轻法律的局面。在PPP初创、试点推行阶段，发挥政策文件灵活、高效等优势，可快速、有效地推广，但一旦积累经验，项目多、类型广、参与社会资本主体多后，各种矛盾交织，仅以政策文件来推动，其规范性、权威性以及稳定性等先天缺陷将不利于PPP模式有序发展、持续有效地推进。因此，必须以更为规范、稳定的法律制度来促进PPP模式运作，实现以政策推动到法律调整的转变，唯有法治化的恒政，才能提升政府契约精神，提高政府诚信形象，最大限度地调动社会资本参与PPP模式运作的热情和恒心，改变PPP"政府热，社会资本冷"、"国企热，民企冷"、"叫好不卖座"尴尬局面。

（3）强化契约治理，推动专业运作，重视PPP政策风险与利益的制度设计。强化政方契约性，最大限度减少争端的发生是社方强烈吁求，也是立法的题中应有之义。政社合作关系强调政府主导、契约治理，以及风险责任的合理分配，通过对PPP契约法律关系的规制，可以更明确地保护投资者，同时，共同分享经济增长的果实。从治理方式来看，政社合作关系以竞争性契约为基础，通过合同和规制性框架规范各方责任权力，实行契约治理，而PPP招投标机制是否规范，合同设计是否合理，业务流程是否科学，应成为政府对社会资本考察的重点。

2. 科学立法。

（1）注重法制理论的研究、实践经验的总结和升华，为立法提供理论支持，为政社关系提供法律支持和伦理保障。PPP立法要以新公共管理理论和风险管理为指导，积极借鉴法学理论和吸收制度发展的成果，反映 PPP 活动的一般规律，既立足于我国 PPP 模式实践，有效地匹配投融资体制改革目标，也要积极融入 PPP 模式发展的国际趋势。即兼顾当前与长远，也要考虑本土化与国际化对公权力的制约与限制是通过正向的诱导性规范与负向的限制性规范的综合运用。将契约理论上升为 PPP 立法核心，强调契约精神。"契约精神"是西方社会进行社会和国家管理的有效调节的价值反映，我国传统文化中恰恰缺少"契约"文化。在项目建设运行过程中，社会资本以其所掌握的资源进入公共物品与服务供给领域，帮助政府部门完成其职能，同时也满足其自身的盈利需要，合作双方权责利的分割与确认要遵守契约精神，通过签订合同保障项目的顺利完成，最终达到比预期单独行动更为有利的双赢结果，不仅投资者、政府一方的行为必须在严密的系统的法律制度体系约束下进行。

（2）对 PPP 立法要整体谋划。现代制度经济学的基本原理认为，制度设计是一个相互依赖关系下利益相关者多次反复博弈的过程。因此，要对制约 PPP 监管因素问题进行顶层判断，提出前瞻性、系统性、整体性、协同性、贯通性的制度设计思路和框架。要注意把握好 PPP 法调节的范围、重点和力度，确保政策的科学性、针对性和有效性。

（3）注意总结各地 PPP 改革经验、教训。对 PPP 实际操作运行情况，存在关键性问题、制度效率损失情况，综合分析不同法律关系学说、观点，系统分析 PPP 模式本质特征、运行规律，将抽象性、可复制推广的经验、要素、规制上升为法条。

（4）要注意防止"管理法"、"技术法"倾向，向"服务法"和"权利法"靠拢，从国家治理"管理思维"转为"服务思维"。从责任主体来看，政社合作关系提供了一种多元主体的公共服务供给模式，政府从全方位控制人转变为 PPP 项目的促进者和监管者，以实现国家治理权与社方权力的程序性协调。将 PPP 立法从管理为主线的单一维度拓展为协商、服务与管理相结合的三重维度，从特许经营时政府单向监管转为 PPP 政社双方合作共建。

（5）体现时代性与发展性统一，关注时代性与发展性的关系协调，具有关注现在与未来的一种具有战略性思维统领的结构整体。不仅要面对当代的，还应有前瞻性或面向未来，立足于解决实际问题和长远问题。PPP 模式是域外制度的移植品，可以借鉴其先进经验和有益成果，但不能照抄照搬，要坚持从中国国情出发。立法的优化，协调的"规则间选择"应在我国具体经济、政治、社会与文化语境中进行，这将面临着特殊背景下诸多约束性条件，而明晰并破解这些约束条件、因素，是积极推进立法向度的重大问题。厘清 PPP 投资环境的现实变迁和制约条件，是 PPP 立法的要务。这就需要 PPP 法律制度设计不仅要对现实性即其"有效率"的状况进行观照，还必须从战略层面考量其未来的和长远的利益整合，要全面充分地思考组织外部环境因素的影响，不仅了然趋势，更要深谙其某种变化，以此达到 PPP 法律制度均衡状态。

（6）PPP 法律制度的构建应做到合理性与合法性融通。这就需要我们从 PPP 管理的实际出发进行合理性与合法性论证，进行现实性和正当性的拷问。PPP 法律制度的合理性本质上就是合乎 PPP 运行，发展规律问题，也就是符合现实规律性，回答其存在的真实运行的理据，即 PPP 法律制度设计是否符合 PPP 历史发展的必然规律，其表现出来的功能与价值是否与 PPP 发展和立法理念具有逻辑上的一致性，是否能体现 PPP 法律制度的本性和目的，是否能推动 PPP 项目的发展，这便是 PPP 法律制度的合理性问题。PPP 法律制度的合理性还需要在是否恰当和有用以及有效率层面进行追问，即其设计能否充分体现其符合 PPP 快速发展的需求，以其参与各方对其信服、认可和自觉自愿接受问题。PPP 法律制度的合法性正以一种潜在力量支撑着 PPP 模式的发展、变迁，将 PPP 模式引向制度设计者预期目标方向，PPP 法律制度的合法性主要与价值取向及评判有关，本质上就是公平正义的价值体现问题，主要解决其存在的普遍接受的理由。合法性总是以正当的理由被约束的双方及至整个社会认可、支持和推崇，从而使其功能有效发挥，这就是合法性问题的拷问了。

（7）以问题为导向。新一轮 PPP 推广需要法治基础，在某种意义上，只有面向 PPP 运行模式的现实需求，将 PPP 运行模式全面纳入法治化轨道，确保 PPP 模式运行规范化，才能维持释放 PPP 模式的动力、活力，才能为 PPP 运行提供强有力的法治保障，推动 PPP 模式有序进行。形成良法的前提是对立法规范对象的准确把握，即针对什么问题立法，相关问题的原因以及发展趋势如何等。就 PPP 立法而言，则是对 PPP 市场发展认识从其发端、从市场规模、构成、法治环境来分析、考察、定位。做到纵向看发展，厘清变化点。"历史是过去的历史，现实是未来的历史"。历史、现实、未来是相通的。PPP 模式是从国外引入、移植、诞生、发展的，不忘我国 PPP 模式的历史才能面对 PPP 的现实，只有立足现实才能走向未来，只有面对未来才能不断进取，只有正视问题才能解决问题，要综合分析 PPP 规范化的各方面因素，看到政府职能转变的变化趋势，准确把握各个要素的整体性、结构性和关联性，立足整体，总揽全局，把握大势，掌握运行规律，防止和克服条块分割、行业对立，推进形成财政部办法和发改委办法两法整合的新思路、新举措。

（8）制度设计细节要周延、严密。即制度设计要从大局出发，自觉把思考问题的基点放在 PPP 立法是促进 PPP 事业健康有序发展和保障社资本合法合理上，不是谋一域、一己之利。做到监管政策、节奏力度、标准的统一和协调，要注意切除原有部门立法留下的"病灶"和"硬伤"，尤其是体现部门利益色彩的条文。

3. 价值取向。PPP 法律制度承担着维系 PPP 秩序，配置市场资源、界定利益相关者责任和义务的重要职能，要坚持国家利益，整体利益至上，倡导互利共信，合作共赢的要求。PPP 法律制度框架中，需要考虑"成本—收益"的配比问题，以实质平等为基本价值追求，以社会整体利益为取向，以契约化理念来推动立法。将 PPP 立法定位为政社信赖合作之法，将国家治理现代理念上升为法律原则，解决 PPP 立法制度设计，统领灵魂和逻辑起点缺位问题。在着眼点上，坚持以人为本，将社会整体利益落实到投资者合理报酬利益回报和发展权益中。

4. 目标定位：效率优先，兼顾公平。将PPP立法定位于运用国家权力引导、控制和规范PPP活动，以追求社会整体利益最大化，实现整体利益最优化，以最小的成本获取最大化的收益。它建立在以最小资源投入实现更优产品或服务供给这一目标之上。其中，社会资本通过这一目标满足自身利益的追求，而政府则是以此目标实现国家利益及整体利益乃至公共福利的最大化要求。其成本应主要考虑制度设计付出的代价，其收益则是转变政府职能，优化提供其服务模式，激发社会资本的积极性，促使资本市场配置更加合理，以历史、整体、动态、全方位考察制度设计综合制度定位、合理与合法性契合、实现国家与市场、国家与社会的良性互动和发展效益。

（三）PPP立法构架

PPP的法基本框架通过实施企业实现政社资本的对接与联系，因此法律制度的完善与契约的约束关系到交易成本的升降以及项目运营的效率，乃至项目的成效。

1. 立法思路及指导思想。良法的关键是正确的指导思想和立法思路，对于PPP立法来讲，应对全面深化投融资体系改革、建设法治政府（国家）精神的理解，要尊重依法行政和立法趋势。立法的出发点是为了使调整PPP法律关系的不同制度之间更加协调、有效，也为使制约规范下政社信任更加稳固，从根本上对PPP政社关系予以规范，以实现PPP模式治理的法制化。

（1）建立一部统一的PPP法律。PPP法在中国具有PPP法通则的法律地位，是实现政社关系法治化的重要法律基础，能够监控国家财政管理公权，是保护社方权力的"权力之法"。PPP与政府购买服务，政府采购既有紧密联系，也有较大差异，PPP与早期的特许经营权的让渡有着本质的区别，因此，不能用既有的政府采购和招标投标法来调整它，约束政社双方的行为，也不能仅制定一个PPP条例和特许经营法。应从全局、战略思维，以法治引领改革的高度来统筹、规划PPP立法，考虑PPP法律制度体系的全面性、重要性、完整性和前瞻性，制定一部PPP法，修订和归并现有相关行政法规、规范性文件，从而实现PPP法律体系内部以及外部各种相关法律法规的统一和规范，确保各相关法律之间能做到相互衔接，彼此协调，前后一致，上下统一，实现PPP法体系内部结构合理，文字规范，逻辑严谨，整体和谐，使PPP政策制定起来不走样，不变味，从而实现政策执行标准的统一。

（2）在推进方式和路径选择上，在制度逻辑和立法进程上，可选择总体目标、总的方向、框架等方面实行顶层统一设计，提出统一命题。在PPP法的统一法律框架内，推行分级分类管理体系，在具体操作、实施细则等制度落地上，针对不同层级和部门、行业特点和要求，制定操作指南，提供样板和合同范式，增强可操作性和规范性。可采取"摸着石头过河"的方式，结合各部门、各行业、各地实情进行，不强求模式、进程的统一。搭建以行业行政监管为主，监管信息沟通，监管案例研究、协商解决的框架。

2. 立法宗旨。立法宗旨就是立法本身欲实现的目的以及追求的价值目标,它体现了国家和人民的意志,并以法的理念为基础,受法的理念指引。立法目的应为提高公共服务的质量和效率,规范项目操作,同时也要保障政府、社会资本和社会公共利益。不仅要规范社会资本(投资方)行为,也要规范政府行为。不能仅仅强调创新公共产品和服务供给模式,提高公共产品和服务的质量和效率,也要鼓励和引导社会资本参与。其立法模式和思路如何取舍,立法框架和构成要素有哪些,管理体制如何确定,主管机关和协同机关如何协调等等,都成为PPP立法及实施的核心问题。

PPP法是指调整PPP项目实施与管理过程中所发生的政社关系的法律规范,其立法需要考量的主要问题即是从公平角度还是从市场角度?立足于管理主体基础,还是市场基础?是定位于本法,还是综合性法律?是定位于明确交易规则、政社合作规则还是以规范、促进为目的的管理法?这决定PPP法的地位,也是PPP法律制度体系中的逻辑定位。从逻辑角度而言,PPP法律所调整的公私关系,有一部分涉及行政法律关系,有一部分涉及大量的民事法律关系等其他法律关系或混合性的法律关系,即使在行政法律关系中,PPP行政关系和其他行政法律关系也存在差异,PPP法律的调整方法也具有特殊性,行政法选择用行政主体的权威,实现对行政行为维护行政主体的权威,实现对行政相对人的有效管理,而PPP管理基于公私合作关系,这一管理对象的特殊性更强调采用协商合作、合理引导、平等对话的方式来考虑和解决问题。

(1) 从立法体例上,应针对政社关系进行立法,对政社关系作概括性规定。主要包括立法宗旨、适用范围、基本原则。立法宗旨应秉承法律客观理性的特性,秉持现代法治的理念和精神,注重正当法律程序对公权的监控功能和对社方权力的保障功能,按照平衡保护的原则,坚持公正与效率相结合,权力与义务相统一,平衡国家治理权与社会合法权,实体权利与程序权力,行政权力与司法权等关系。要确保行政社双方在法律关系中的地位平等,PPP法律制度应强调对社会资本方(投资方)利益的适度倾斜性保护。在PPP中,政社双方在政策优势、资源支配等方面具有明显的不对称性,因此,在客观上需要法律保护参与方的合法权益。

(2) 关于PPP协议订立条件形成与程序等方面的规定。主要包括PPP社会资本的基本条件;选择确定方式;协议(合同)的形式。

3. 完善立法技术,实现立法的统一性和前瞻性和法际之间协调统合。伴随着PPP市场的不断膨胀,PPP交易项目及事项越来越多样化和专业化,对PPP立法的技术性和专业性提出越来越高的要求,而且,不断变化的经济形势对PPP立法的及时性要求大大提高。良法的实现除了有基于现实确立的正确思路,还有依赖于良好的立法技术,把好的思路用好的办法来实现。立法技术的问题一般需要从立法体系、法律结构、法律要素以及法律适用的协调和PPP法律体系的统一等诸方面展开、把握。其逻辑起点应定位于PPP法的内在价值,以及由其内在价值所表现出来的外在表现,它包括实体原则和程序原则两大部分,实体原则重在调整利益相关方实体要素的界定。

(1) 对现有 PPP 立法体系进行梳理和再造，有权部门应当根据新出台的法律法规及时修订和废止不再继续适用的部门规章和规范性文件条文，努力实现法律、法规、规章和规范性文件诸政策之间的统一，实现上位法和下位法的统一，实现先法和后法，新法与旧法的协调。

(2) 注重法际之间的横向有效衔接和协调，以保持法律体系的有机统一。在 PPP 立法时，应特别关注对与招标投标法、政府采购法、土地管理法及其相关条例、部门规章不适用及冲突之处予以明确。尤其是与民商法规则特别是与合同法、物权法等相衔接，以实现法律整合与协调。一是衔接处理好担保法中关于"国家机关不得为保证人"的规定。二是进一步明确招标投标法，与政府采购法等与 PPP 项目私人合作者选定程序的关系。如明确 PPP 项目应按照招标投标法的有关规定，进行公开招标，再如特定类型的 PPP 项目可以采取竞争性谈判等非招标采购方式选定私人合作者；明确在选择社会资本方阶段，PPP 项目实施机构可在其竞争性磋商中将选择工程建设方施工企业的采购条件一并列明，并在评审规则标准中明确，将 PPP 现实操作中对"两标并一标"的突破通过修法、立法时加以确认，实现"两标并一标"法律化、清晰化。三是协调与预算法关于地方债务管理的有关规定与地方政府融资模式之间的关系。同时，在出台新的规范性文件时也要注意与横向和纵向的相关规定的统一与衔接。

(3) 注重公众参与权、知情权、话语权，实现科学立法、民主立法。要回应社方的热切诉求，吸收公众意见，消除部门立法、关门立法存在的误区，更好地体现 PPP 法的社会性。PPP 立法要从工作实际出发，在求实、务实、落实上下功夫，要接地气，摸实情，使思想、行动、决策符合客观实际。

4. 明确 PPP 采购信息透明度要求。高质量的信息披露可带来高流动性、高效率的资本市场，以及减少社方的资本成本。实证研究表明，中国资本市场目前最多达到弱式有效，而要提高资本市场的有效性，最关键的问题就是建立健全 PPP 信息披露制度。PPP 项目反映了政社契约关系，而契约本质就是信息，要将这一契约形式上升到法律高度，因此，PPP 法要确立信息透明的原则，建立公开透明的信息披露制度，明确信息透明条款，明确规定 PPP 信息公开的内容，包括项目识别、准备、采购、执行、移交阶段信息公开，也包括采购预算、采购公告发布起止期限、采购程序、磋商比选的过程、确定合作方的详细信息、落选者的原因、信息、采购记录、质疑投诉等非涉及国家秘密和商业秘密的都要公之于众，方便包括投标者在内的社会各界监督。同时，应关注信息披露的有效性，加大对不披露的处罚力度。

5. 以降低救济门槛为重点，完善 PPP 救济制度。"有权力必有救济"。PPP 政社合作关系使得国家优势地位悄然隐退，社方主体地位随之彰显，加之权力意识的不断传播、觉醒，制度正义成为社会关注的热点和焦点，人们希望权力在受到侵犯之时，可以得到优良的司法救济制度的保护，PPP 救济问题随之凸显。可诉性是一部良法必须具备的基本特征。这是因为一旦法律规定的某项权力被侵犯，当事人都应能通过诉求机制解决纠纷,从而保证法定权益真正实现。具体到PPP立法,利益相对人享有包括司法途径在内的救济权,这体现了维权的价值,负责任的立场,不仅一定层面上促进法律条文的精确和完善,有利于构建一个细致、合理、科学的问责制度,而且切实形成对政府权力的外部监督,让社会权力借助司法权得到伸张。

如发生争议案件,在举证责任制度的设立上要对弱势方(社方)适当倾斜。社方在与政方博弈过程中处于相对弱势地位,因此,需要通过法律规范政府行为,使社方有平等的议价对话能力,实现双方在同一平等地位上合作,为参与各方提供法律保障。

6. 推行信用管理制度。PPP的有效性取决于参与交易者的相互信任程度,PPP政社关系应纳入信用体系,建立PPP信用库。要求参与各方信守诚实信用,实行"黑名单"制度,将恶意违约的投资者信用记录纳入社会诚信档案。

(四) 具体制度设计

由于立法牵涉诸多方面利益、程序繁多,目前进展较为缓慢。要从条例上升为法仍假以时日。现阶段PPP处于飞跃发展阶段,PPP模式尚处于动态调整阶段,对其法律制度的完善可分为过渡和全面完善两个阶段进行。PPP法从正式提出到最后颁布实施尚需时日,这可理解为PPP法律制度过渡阶段,这一阶段以解决突出问题,以规范性文件为主题实施监管。先期可由国务院颁布实施PPP条例,以行政法规形式,PPP政社关系予以规范,同时,辅以之形塑规范合理、协调有序的操作指南,通过治理各方之间对招标投标权力的配置和运用,通过彼此之间合作和互动,以实现引导、控制、管理、协调和服务治理对象的目的。全面完善阶段,PPP法颁布实施后,标志着以法为统领PPP模式时代的到来,也标志着PPP法律体系的完备及完善。

PPP法应从立法宗旨、理念、结构体系、内容和制度设计诸方面展开,可以从项目的设立、筹资、建设、运营及移交等环节等方面着手具体制度设计。其主要章节结构如下:

第一章,基本原则。法律规则是立法者认识思想与意志的集中体现,其设置带有特定的目的。法律原则能够说明规则和具体制度的基本目标,也是体现法律的价值层次。做好PPP立法原则的确立和遵循有助于立法文本的规范。立足于政社双方权利义务以及利益平等,它不仅指导PPP法制定过程中具体规则和制度设计,也同时贯穿于PPP法的运用过程,PPP法必须坚持历史与逻辑相统一,理论与实践相结合,遵循民事主体平等原则。"平等"是社会契约的精髓,在"平等"的前提下,缔约双方的权利与义务,甚至是负担和风险都应是公平合理的。确立遵循公平、公正、便捷、效率原则、官方行为与法的一致性和不溯及既往、合作性遵从等原则。充分考虑相对稳定、经济有效、利益匹配、监管便利原则。既要考虑行政国家的专业、快捷、高效和便利,也要注意防范行政权力扩张的潜在和现实危险。如强调合作双方信息披露上的对等性,政社双方为对方信息提供便利。程序原则重在PPP运营环节,纠纷争议等程序要素的界定,体现为合作原则，经由相互合作，相互配合来降低交易费用，实现合作经济。不同原则在立法条文上的先后顺序反映出在立法价值取向上的优势。为实现实体正义，首先要保障程序上的正义，必须按照既定规则行事，实现这一目标一般要求，PPP法应当具备普遍性、明确性、不矛盾性、可操作性。在调整对象上，以调整政社关系为主，体现了私法和公法相互交叉融合。

第二章，政社基本权利。政社之所以建立长期合作伙伴关系，核心在于项目目标的一致性，即在某个具体项目上，以最少的资源，实现最多的产品和服务。PPP模式的本质是利用社会资本改善公共品的供给能力和供给效率，通过政社共享资源和利益，达到政社及公众多方共赢的效果。政社合作伙伴关系强调政府主导、契约治理以及风险责任的合理分配。通过契约约束双方的权利义务，并共同设计方案解决随着时间推移而可能出现的问题。要遵循PPP运行规律，切实体现权责统一、公开公正、尊重程序、高效权威的要求。明确利益风险的确定性和一致性、对等性，注重社会资本权利保护制度法典化、程序化，在确定合作方制度中，赋予参与投标方以提起异议、复议和听证的权利，以请求听证，请求公开讨论的权利。明确协议（合同）终止（解除）权利和义务。

此外，还应明确政府的职责。政府除了与社会资本共同做前期规划、规范服务标准之外，还需要确定项目的定价与相应的补贴政策，价格的动态调整机制，税收优惠政策；明确PPP咨询机构的责权利，规范其咨询行为。明确咨询机构设立资格条件、执业标准、违法责任，立法理念上应放弃以执业主体为中心的模式，转而坚持以咨询服务为中心模式，即承认咨询服务的多元性。确认现有的会计师、税务师、资产评估师具有执业资格，其所在机构具有咨询服务资质。

第三章，主体制度。一是明确管理制度。一个科学合理和确定管理体制的条款应是一个立法框架完善并囊括条款使用的基本构成要素，它包含定义、范围、协调协商机制、信息共享机制。在组织结构和运行机制上，PPP呈现为一种复杂的交易结构：PPP立法涉及行政机关事业单位等公权力部门众多，管理责任分散，有时很难确定某一单一的部门作为执法主体。法律规制要以法律形式明确部门协作、职责分工以及信息共享。管理体制要转向对整体PPP管理体制的规范性及其内部结构的合理性上来，解决多年来行政机关之间协作机制不健全，信息孤岛现象严重的痼疾，以防止传统政府管理体制的惯性，避免利益交叉、职责权限不清，进而无法形成执行合力的现象和倾向。二是明确PPP项目实施主体，即PPP公共品以及公共服务提供的准入制度，一般应采取政府制定标准及市场竞争相结合的模式，政府主要综合考察社会资本的信誉实力，至于价格等则应采取市场竞争模式。

第四章，行为监管。本章与第三章制度相衔接，监管应从价值观念的外化为整体性的制度构建。构建功能各归其位的PPP治理体系，使其形成清晰的逻辑和合理的配置。根据行业和部门不同特点、功能分别制定实施方案和操作办法，让其各归其位，各展所长。由此形成整体的PPP法律制度体系就会清晰、合理和稳定。监管的关键在于信息披露制度，本章节对此应当作明确规制。

第五章，纠纷解决途径。PPP 项目实施纠纷不仅需要事先防范机制和事中控制机制，也需要良好的事后控制机制，本章除整合传统的诉讼路径、仲裁机制之外，似还可考虑设立和解、调整制度，整合司法调解和行政调解，以避免不同调解制度之间的功能重叠，资源浪费。

第六章，风险分担机制。从风险配置来看，政社合作风险涉及法律、政策、宏观经济、合同设计、项目实施等方面，风险分配应遵循对风险最有控制力的一方承担相应的风险的原则。PPP 项目周期长，利益多元化决定了其风险的不可预测性、确定性。构建一个基于"责任主体—治理方式—风险配置"的分析框架。在 PPP 模式中，政府与社方需尽量最大化承担自己优势侧的伴生风险，而让对方承担的风险最小化，从而使整个项目的风险最小化。在"风险—利益"分担共享机制上，PPP 涉及众多的利益相关主体。在理论层面上，在 PPP 项目长达数十年的生命周期内，其"风险—利益"的确定性与 PPP 立法的确定性要求产生了矛盾。具体来讲，就一个 PPP 项目而言，从项目的识别筛选、确定、选择合作伙伴到签订合同，短则几个月，长达 1 年，甚至几年，而我国大中型企业平均寿命为 7~8 年，政府官员的任期名义上为 5 年，但实际任期往往不满 3 年，在漫长的 PPP 项目生命周期内，因决策者更迭，客观经济社会环境变化，包括税收政策变化，而引致税负差异，都给 PPP 项目收益变化至关重要的影响，对这些政策变化引发的风险，如何在参与各方之间合理分担，实现有效化解，是 PPP 立法中应重点关注。尽管具体分担途径、比例仍存有争议，但一个基本原则是应有最具有控制力一方来承担全部或大部分责任，为使其更具合法化，法条可规定此类承诺及实现途径需要以地方人代会或人大常委会决议的形式来加以实现，从而稳定微观经济个体积极参与 PPP 项目中长期预期。

"政府主导、专业运作、责任分担"充分体现了政社合作的行为特点，风险分担基础特征是区别于政府与社会资本其他交易形式的显著标志，有别于传统的风险最小化承担政府采购模式。PPP 利益风险分担机制的建立是 PPP 法律制度体系构建的基石和逻辑起点。明确风险责任主体，搭建风险管理平台，平台涵盖政社咨询机构风险管理组织，风险调整机制以及信息平台；规范风险管理流程，管理流程包括风险的识别与评估，风险的分担与配置以及风险方案的实施与监控等方面。

第七章，法律责任。法律法规的严肃性依靠其"罚则"的刚性执行来维护，如果不设立 PPP 运行违法行为的法律责任，违法行为得不到纠正和惩处，相关权利义务关系就难以有效保护。本章对政社双方以及包括咨询服务第三方在 PPP 项目实施过程中违反相关法律法规的行为，课以相应的责任，没有法律责任的规定，权利义务难以落实，因此，本章应对第二章权利义务予以规制，法律责任主要包括三类，即刑事责任、民事责任和行政责任，其中，要着重研究行政责任的创设，注重规制相关部门违背契约精神，相关行政部门行政不作为。应当注重法律责任的设定是否系统、严密，是否与权利义务规定相配合，尽量避免立法中常见法律责任条款之间存在重叠、脱节等现象，有的法律责任规定未能更好地落实过罚相当原则，条文表述方式上存在不够协调现象。

PPP法要体现行业特性，责任承担主体覆盖周延，形式全面、细化责任条款，特别注意与义务性条款，禁止性条款的协调、对应和衔接，并以可责性为限制条件明确相应的免责事由，合理设计责任方式，使各类责任形式设计形成强制性、制成性和补救性有机结合的特点，使承担法律责任的制度更具有针对性和可操作性。注重权利、义务和责任一致。在强调保护投资者权利的同时，也要注意投资者社会责任条款的创设，包括员工责任、市场责任和环境责任、公益责任、道德责任，建立其履行责任制度，强化监督与激励措施。通过刚性的法律约束，确立PPP实施的法治规则底线。

第八章，附则。本章即规定本法的生效日期以及与其他法律的效力位阶问题。

四、简短结语

法律具有天然的滞后性、局限性等弊端，不可能使PPP操作中所有的行为都有相应的法律规则来约束，但其主要行为理应纳入法律法规规制范畴。面对PPP项目实施作为新型融资方式的异军突起，我们需要全面梳理PPP法律制度体系现状、存在问题及成因，并有针对性地提出健全对策。要实现PPP模式良性发展，必须从根本上重建政社双方的信任，增强契约精神。目前，政府部门的相关政策、法规和通知、文件，很多都是为应对一时之需发布的。这些具体做法的背后背后都是隐含着政府出于融资目的这一预设，实践中地方政府对这一动机表现出强烈的倾向和冲动，这有可能加剧了政社之间利益的失衡。制定一部体系完备的PPP法已经迫在眉睫。未来我国PPP法必须立足于政社双方的基本权利，力求平衡双方的利益，它不仅可以为解决当下PPP项目实施存在的突出问题及矛盾提供规范，还可以为防患长期合作周期有可能产生的政社纠纷提供法律保障，这是我国建设法治国家实现PPP模式法治化的长久之计。

显然，PPP政策制度仅有原则性的宣示是不够的，需要PPP立法和配之以大量可操作、可量化的实施细则等制度规定，只有疏通PPP运行中存在的制度障碍，堵住制度漏洞，补足制度缺失规范，在PPP法的旗帜指引下，PPP新的画卷才能徐徐展开。

总之，制定适应形势发展需要，编纂一部规范各方行为PPP法律，任务十分艰巨，尽管PPP立法之路注定崎岖，但在党中央的正确领导下，有法制部门和专家学者的共同努力，相信我国PPP立法砥砺前行的步伐不会停滞，而且在快速前进。只要坚持正确的政治导向和科学务实的精神，就一定能够完成这一历史任务。

参考文献

1. 王朝才、张学延、程瑜：《加快完善与PPP模式相适应的政策环境》，载于《财政科学》，2016年第1期。

2. 吉富星:《我国PPP与政府性债务问题的研究》,载于《税务与经济》,2015年第4期。

3. 李显冬、李彬彬:《试论我国PPP法律系统规范的构建》,载于《财政科学》,2016年第1期。

4. 郭建华:《我国政府与社会资本合作模式(PPP)有关税收问题研究》,载于《财政科学》,2016年第3期。

5. 项显生:《我国政府购买公共服务边界问题研究》,载于《新华文摘》,2015年第20期。

PPP 项目中刑事法律风险研究

霍敬裕　王宇宁[*]

> **摘　要**：PPP 项目在发起、准备、采购、执行和移交中会面临诸多法律风险，一些风险的出现是发生在政府和私人部门权利义务的配置中，可以通过民事契约关系再调整后予以控制；另一部分风险基于政府对社会公共物品供应的终极责任，即政府对其他项目参与方行使监管职权不当引发的刑事法律责任，加之其他参与主体违反行业规范情形严重，导致最为严厉的法律责任承担后果。对于此类刑事法律风险的预防，需要从风险成因、风险点分布入手分析，以提出 PPP 项目刑事法律风险的化解路径。
>
> **关键词**：PPP　PPP 项目参与方　刑事法律风险

PPP[①]（Public – Private – Partnership）作为政府与社会资本的合作模式，根据 2015 年 12 月财政部、国家发改委和中国人民银行发布的《关于在公共服务领域推广政府和社会资本合作模式的指导意见》（国办发〔2015〕42 号）的界定，PPP 项目是政府以竞争性方式选择社会资本，形成平等协商的合同关系，政府依据公共服务绩效评价结果对于社会资本提供的服务予以付费，保证社会资本获得合理收益项目的通称。PPP 项目在我国历经探索、试点、推广后，在全国公共产品供应的比例迅速扩增，已进入调整与规制的阶段。截至 2016 年 12 月末，全国 PPP 综合信息平台项目库入库项目共计 11260 个，投资额 13.5 万亿元，涉及新型城镇化建设、新型公共产品或服务、地方融资平台债务等多行业领域。PPP 作为政府与社会资本合作的共赢载体，参与各方对于风险的识别、评估及控制是项目成功的关键，而基于 PPP 项目法律关系的复杂性，法律风险控制已受到实务界与学界的普遍关注，但是最为严格的刑事责任风险却鲜有探讨。本文拟从 PPP 项目的刑事法律风险成因、来源为切入点，以分析预防 PPP 项目刑事法律风险的路径。

---

[*] 霍敬裕：安徽建筑大学教师，法学博士，公共管理学博士后；王宇宁：益友天元（北京）律师事务所律师。
[①] 中国官方首次使用了 PPP 的概念始于财政部《关于 2014 年中央和地方预算草案的报告》中，明确要求"推广运用 PPP 模式，支持建立多元可持续的城镇化建设资金保障机制"。

一、PPP 项目刑事法律风险的成因

（一）PPP 项目的公益性与资本的逐利性不一致

政府推动 PPP 项目的根本目标在于提供公共产品，即非独占性的社会共享资源，公共利益为先是 PPP 项目的本质性特征。因此，社会资本在进入 PPP 项目中需考虑的首要因素是项目的合理收益目标，而非纯盈利目的。政府基于公益的目的，对项目拥有定价权。如我国《价格法》第十八条就明确规定，"重要的公用事业价格和公益性服务价格"实施政府指导价或者政府定价。通常 PPP 项目社会资本回收采取三种途径，即政府付费、使用者付费和项目开发性收入。不少地方政府积极推行 PPP 项目，缘由在于财政资金短缺，政府付费的项目有限，而具备开发性收入的项目也很少，使用者付费成为项目资金回流的最主要来源。社会资本进入 PPP 项目的终极目标在于资本收益，如果资本回收低于预期，则可能通过降低项目运行成本以及政府权力寻租的手段最大限度的提高政府补贴或者使用者付费额度，而我国的价格听证制度在多个领域并未得到较好的执行，往往受到权力滥用的影响。叠加上述因素，PPP 项目中社会资本方的刑事法律风险突显。

（二）PPP 项目的契约平等与行政优益权不一致

虽然理论界对于 PPP 合同属于民事合同抑或行政合同尚存在争论，但均不否认政府与社会资本作为合同主体是平等的契约关系，且政府在合同中享有行政优益权，即行政主 PPP 协议中的公私法律关系及其制度抉择体有权根据公共利益的变化调整合同本身的内容。并且，政府作为监督者，在合同履行过程中还享有对合同的监督权、变更权、终止权、制裁权等。不否认，政府作为公共利益的守护方，在 PPP 合同的履行中需要防控妨害公共利益的发生。然而，亦不能忽视，一切有权力的人都容易滥用权力，这是万古不易的一条经验。政府在合同中拥有的权限越大，越无束缚性，则政府工作人员越有可能拥有较大的自由裁量权，行政部门的贪腐与社会资本方的行贿类犯罪越有可能发生。

（三）PPP 项目的长期性与社会资本的流动性不一致

PPP 项目从项目发起、项目招标、项目建设到项目运行需要较长的周期，且地方政府与社会资本对于推进 PPP 项目的期望存有差异：地方政府可能更希冀依托于 PPP 缓解政府债务压力，而社会资本对与政府的长期合作缺乏信心，希望尽量缩短投入到收益的过程。虽然《国务院关于创新重点领域投融资机制鼓励社会投资的指导意见》（国发

〔2014〕60号）中明确要求："政府要与投资者明确PPP项目的退出路径，保障项目持续稳定运行。"但是，从财政部出台的指南及地方政府和其组成部门关于PPP模式的指导或实施意见中，对于社会资本方的股权变更限制的适用范围广泛、方式单一（以锁定期为主），而对政府方的股权变更限制予以豁免①，尤其是在社会资本方提出股权变更要求后，政府方则以公共利益监督者的身份行使单方面事先审核权，机械地将本应由平等主体协商的股权变更权利转换为政府行政审批权的做法，使得PPP项目中社会资本方不得不为通过行政审批而承担行贿罪等刑事法律风险。另外，政府选择社会资本方的出发点在于融资能力的考量，而项目建设及后期运营管理能力则并未进行设定统一标准予以规范，这恰与PPP项目公益性的本质相悖，忽视项目的安全性、合格性管理极易引发安全生产及玩忽职守等渎职类犯罪。

（四）PPP项目行政权的扩张性与行政监督的收缩性

政府作为PPP项目的监督者，其职能贯穿于项目的整个阶段。然而，我国尚未出台统一的PPP法律，相关法律法规的衔接并不完整甚至出现矛盾的地方，PPP项目识别、准备、签约的阶段，行政裁量权较为集中，容易出现权力寻租的刑事法律风险。

1. 社会资本方的选择中存在行政裁量权的不正当使用空间。例如，PPP项目是否必须纳入政府购买服务的范畴，一直存有争议。新《政府采购法实施条例》仍然只承认使用政府资金的采购行为才属于《政府采购法》的调整范围。依据我国法律规定，公开招标依然是政府选择PPP项目投资人的主要方式。但也存在属于公开招标范围的PPP项目，由于种种原因需要采用非公开招标方式选择投资人，此时就需要遵循特别审批流程。如财政部颁布的《政府采购非招标采购方式管理办法》（2013年财政部第74号令）以及《政府采购竞争性磋商采购方式管理暂行办法》（财库〔2014〕214号）两个文件均规定，应当公开招标的项目，如果由于种种原因需要改为使用竞争性谈判或竞争性磋商的采购方式的，还需要经过特殊审批流程，即需要报主管预算的政府部门以及依法向设区的市、自治州以上人民政府财政部门两个部门同意。

2. 项目准备阶段中的行政裁量权扩张后存在刑事法律风险。PPP项目的项目筛选中，政府的行政裁量权受到"两评"的制约，即"政府发起PPP项目的，应当由行业主管部门提出项目建议，由县级以上人民政府授权的项目实施机构编制项目实施方案，提请同级财政部门开展物有所值评价和财政承受能力论证"和"社会资本发起PPP项目的，应当由社会资本向行业主管部门提交项目建议书，经行业主管部门审核同意后，由社会资本编制项目实施方案，由县级以上人民政府授权的项目实施机构提请同级财政部门开展物有所值评价和财政承受能力论证。"财政部《政府和社会资本合

---

① 财政部《PPP项目合同指南（试行）》中列明："如果政府参股了项目公司，则政府转让其在项目公司股权的不受上述股权变更限制。"

作项目财政管理暂行办法》（财金〔2016〕92号）已明确规定，为保证PPP项目全生命周期规范实施、高效运营，"各级财政部门应当加强与行业主管部门的协同配合，共同做好项目前期的识别论证工作。"① 然而，某些地方政府以简化PPP项目操作流程为前提，规定某些PPP项目可不进行"两评"。地方政府的规定本身并未违法，而是出台的规定中并无随即规范不评审的行政监督。并且，从已实施的PPP项目来看，财政资金未有参与的仅占很少的比例，因此，财政承受能力论证和物有所值评价对绝大多数PPP项目也都是必要的。如果直接跳过这个阶段，项目准备的初衷可能落空，而实际结果是进一步放宽了地方政府的行政裁量权，无约束的权力最终导致刑事法律风险的出现。

（五）PPP项目的专业性与监管者的非专业性不一致

PPP项目的落地多在市县级人民政府，政府本身的人才储备与项目需求不匹配，导致在项目准备阶段中，政府方缺乏财务测算，不能对项目收益作出合理预估，在项目签约阶段，PPP合同条款模糊，政府方的权责不够明晰，无偿提供土地限定性条件时常被突破，造成地方政府正在为此支付或未来要支付巨额的费用，公众利益也因项目收费过高或后续质量不达标而受损。进入项目运行阶段，政府监管部门未能安排充足的专业人员定时监管，造成公共产品的提供与预期差异较大。甚至出现安全生产事故后，政府及项目运行方承担相应的刑事法律责任。延伸至项目移交阶段，社会资本的退出需要政府进行评估，若单一来自政府内部的评价，则可能为渎职及贪腐类犯罪埋下隐患。

二、PP项目各参与方的刑事法律风险

PPP项目的参与方通常包括政府、社会资本方、项目公司（SPV）、实施机构（承包商和分包商、原料供应商、专业运营商）、金融机构、财政部门、保险公司以及专业咨询机构等（见图1）。

（一）政府

传统的公共物品理论中，政府是公共物品的垄断提供者，而在交易成本公共物品理论框架下，政府不再是公共物品的垄断提供者，无论PPP项目的类型或是社会资本参与的比例如何，政府在项目中都同时担当参与者和监督者两种角色：

---

① 财政部财金〔2014〕113号文《政府和社会资本合作模式操作指南（试行）》也规定：为确保财政中长期可持续性，财政部门应根据项目全生命周期内的财政支出、政府债务等因素，对部分政府付费或政府补贴的项目，开展财政承受能力论证，每年政府付费或政府补贴等财政支出不得超出当年财政收入的一定比例。

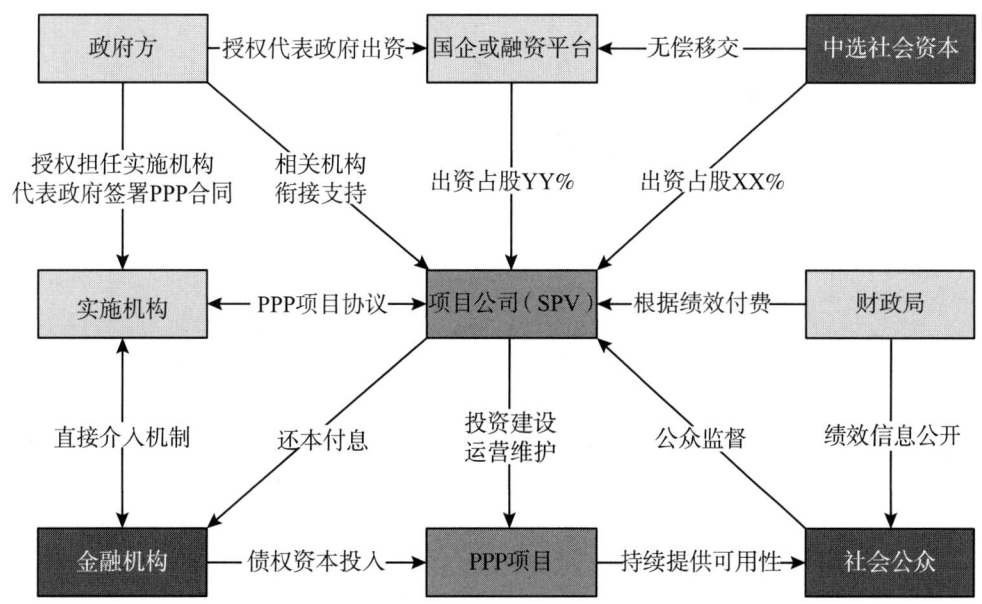

图 1　PPP 项目各参与方之间的关系

作为 PPP 项目的监督者，政府方与其他参与方之间形成行政法律关系，在项目准入、绩效监管及退出审批中对各参与方进行监督。其主要的刑事法律风险点有：

1. 社会投资人的选择。PPP 项目更加注重社会投资人的融资能力和运营经验，按照 PPP 项目招投标经验和项目特点，设置准入门槛时，将投资人融资能力、建设运营业绩等，作为引入社会投资人的准入门槛。政府工作人员在挑选时若有滥用职权或者超越职权的行为，使得不合格社会投资人成为项目主体，造成重大影响或损失的，则构成滥用职权罪。如果涉及贪腐行为的，则构成受贿罪、单位受贿罪、利用影响力受贿罪和巨额财产来源不明罪等具体罪名。

2. 项目监管。目前，地方政府普遍比较重视 PPP 项目识别、准备和采购阶段，而对项目建设、运营以及终止的监管角色缺失。亦有一些地方政府受长期以来形成的"重建设轻运营"思路的影响，忽视对项目运营的监管。PPP 项目监管分散在财政、发改、规划、国土、环保、住建、审计、监察等多个行政部门，监管事项涵盖工程进度控制、工程质量保障、施工安全管理、资金安全管理、竣工验收等，当对某一事项监管适用不同的监管依据时，也在一定程度上导致了多头管理。另外，较多地方政府倾向性认为进入项目质量监管应是项目实施机构的内部责任，为了保证公共物品的质量，政府需要通过设定公共物品的质量标准以监督社会资本方后即完成了质量监管职责，而由此可能构成玩忽职守罪、环境监管失职罪等罪名。

3. 土地使用权审批。PPP 项目中，社会投资方的收益主要来源于项目运营收费或政府补贴，而非直接或间接的获得国有土地使用权，即使在特定项目中，政府以划拨的方式无偿提供土地，也是基于项目建设的需要，不是为满足投资人利益。但是，实践中对于 PPP 项目的范围尚未有统一的法律规定，有些社会资本方以 PPP 项目的名义，低价获得国有土地使用权，使得国家或者集体利益遭受重大损失，构成非法批准征用、占用土地罪。

作为参与者，政府需遵循各个参与方平等协商机制，依据项目合同的约定行使权利、履行义务。这也是 PPP 项目的基础所在。需注意的是，政府在签订 PPP 合同时，应对合同条款逐条审查，避免草率签约后政府承担过重的责任，一旦发生，则可能构成国家机关工作人员签订、履行合同失职被骗罪。

（二）社会资本方

社会资本方，作为 PPP 项目的实际控制人，是指与政府方签署 PPP 项目合同的社会资本，即依法设立且有效存续的具有法人资格的企业，包括民营企业、国有企业、外国企业和外商投资企业，但政府下属的政府融资平台公司及其控股的其他国有企业（上市公司除外）不得作为社会资本方参与本级政府辖区内的 PPP 项目。但在 PPP 实践中，社会资本通常不会直接作为 PPP 项目的实施主体，而会专门针对该项目成立项目公司，作为 PPP 项目合同及项目其他相关合同的签约主体，负责项目具体实施。在项目识别和项目招标阶段，社会资本方看重于其参与项目资格的获得，因而在招投标或者竞争性谈判时若使用不正当的方式，则可能面临行贿类犯罪的刑事法律风险。在项目运行阶段，若社会资本方独立承担项目的运营，则在安全生产管理方面承受刑事法律风险的压力，可能涉及的罪名主要有重大责任事故罪、强令违章作业罪、重大劳动安全事故罪、危险物品肇事罪、工程重大安全事故罪以及消防责任事故罪。

（三）项目公司

项目公司（SPV）是依法设立的自主运营、自负盈亏的具有独立法人资格的经营实体。项目公司可以由社会资本出资设立，也存在政府和社会资本共同出资的情形。如果社会资本方资本未实缴到位，造成严重后果的，则可能触犯虚报注册资本罪。项目公司的职责贯穿于项目建设、运营的全过程，因而其面临的刑事法律风险不仅包含社会资本方在独立运营中承担的安全生产管理刑事法律责任，同时在项目运作中以造假方式改变或者影响项目公益性的，如香港审计署发现非营利机构没有按原规定的用途使用土地等现象，相关责任人员也可能面临伪造、编制虚假公司文件的刑事法律责任。

（四）融资方

PPP 项目的融资方通常有商业银行、出口信贷机构、多边金融机构（如世界银行、亚洲开发银行等）以及非银行金融机构（如信托公司）等。根据项目规模和融资需求的不同，融资方可以是一两家金融机构，也可以是由多家银行或机构组成的银团。银监会 2017 年 4 月 10 日颁布的《中国银监会关于银行业风险防控工作的指导意见银监发〔2017〕6 号》[1]中，（明确银行业金融机构需遵守《预算法》和《国务院关于加强地方政府性债务管理的意见》（国发〔2014〕43 号）规定，不得违规新增地方政府融资平台贷款，不允许接受地方政府担保兜底，并要依法合规开展政府与社会资本合作、政府购买服务等新型业务模式，明晰权利义务关系，预防通过各种方式异化形成违规政府性债务。以 PPP 基金为例，为保护社会出资人的权益，需要谨防基金管理人、基金销售机构及基金销售支付结算机构在销售和宣传推介过程中的不规范行为。进言之，融资方参与 PPP 项目的过程中，需符合金融监管约束条件，否则可能需要承担贷款诈骗犯罪、挪用资金罪、违法发放贷款罪、违法向关系人发放贷款罪。

（五）承包商和分包商

在 PPP 项目中，承包商和分包商的选择是影响工程技术成败的关键因素，承包商主要负责项目的建设，通常与项目公司签订固定价格、固定工期的工程总承包合同。一般而言，承包商和分包商会面临承担的安全生产管理刑事法律责任的风险，具体涉及的罪名有重大责任事故罪、强令违章作业罪、重大劳动安全事故罪、危险物品肇事罪、工程重大安全事故罪以及消防责任事故罪。

（六）咨询机构

除上述参与方之外，开展 PPP 项目还必须充分借助投资、法律、技术、财务等方面的专业技术力量，因此 PPP 项目的参与方通常还可能会包括上述领域的专业机构。财政部、发展改革委、司法部、人民银行、银监会、证监会于 2017 年 4 月 27 日联合发布的《关于进一步规范地方政府举债融资行为的通知（财预〔2017〕50 号）》中，专项明确中介机构、法律服务机构在 PPP 项目中违法违规出具审计报告、资产评估报告、信用评级报告、法律意见书等的，依法依规追究中介机构、法律服务机构及相关从业人员的责任[2]。因此，相关中介机构需要承担触犯中介组织人员提供虚假证明文件罪等相关罪名

---

[1] 中国银监会. 中国银监会关于银行业风险防控工作的指导意见银监发〔2017〕6 号：（二十四）严格落实《预算法》。银行业金融机构要认真落实《预算法》和《国务院关于加强地方政府性债务管理的意见》（国发〔2014〕43 号）要求，不得违规新增地方政府融资平台贷款，严禁接受地方政府担保兜底。（二十五）规范新型业务模式。银行业金融机构要依法合规开展专项建设基金、政府与社会资本合作、政府购买服务等新型业务模式，明确各方权利义务关系，不得通过各种方式异化形成违规政府性债务。

[2] 关于进一步规范地方政府举债融资行为的通知财预〔2017〕50 号，（五）开展跨部门联合监管，建立财政、发展改革、司法行政机关、人民银行、银监、证监等部门以及注册会计师协会、资产评估协会、律师协会等行业自律组织参加的监管机制，对地方政府及其所属部门、融资平台公司、金融机构、中介机构、法律服务机构等的违法违规行为加强跨部门联合惩戒，形成监管合力。对地方政府及其所属部门违法违规举债或担保的，依法依规追究负有直接责任的主管人员和其他直接责任人员的责任；对融资平台公司从事或参与违法违规融资活动的，依法依规追究企业及其相关负责人责任；对金融机构违法违规向地方政府提供融资、要求或接受地方政府提供担保承诺的，依法依规追究金融机构及其相关负责人和授信审批人员责任；对中介机构、法律服务机构违法违规为融资平台公司出具审计报告、资产评估报告、信用评级报告、法律意见书等的，依法依规追究中介机构、法律服务机构及相关从业人员的责任。

的刑事法律风险。

三、PPP 项目刑事风险防范的对策建议

(一) 完善政府监督职能的内部分工

地方政府建立专门协调机制，主要负责 PPP 项目评审、组织协调和检查督导等工作；明确各个行政职能部门的监管职责和监管范围，落实监管人员，建立 PPP 项目监管考核机制和监管失职问责制。严格行政审批的范围，例如，在准经营性项目和非经营性项目中，如果采用公开招标以外的其他方式的，必须依法办理相关审批手续。

(二) 建立专业机构管理机构

可以弥补一般行政部门对 PPP 模式缺乏认识、缺乏经验、缺乏人才的问题，由专业化团队进行专业化运用，更为有效地提供公共产品和服务，也更为有效地对 PPP 模式运作进行监管。以英国为例，英国政府按照 PPP 模式设立专门机构 PUK（Partnerships UK），英国政府占 49%，私人部门占 51%。PUK 专门服务于公共部门的 PFI 项目，与公共部门共担风险、共享项目收益。它与政府公共部门合作，为政府公共部门与私人部门搭建合作平台，为政府公共部门提供专业服务。该机构负责组织、管理、协调 PPP 有关事宜，主要为政府公共部门提供快速而有效的推进政府项目的 PPP 模式；与私人部门建立稳定的合作关系；为政府节约公共投资的成本；对所投资的项目进行价值的保值和增值管理。

(三) 推动 PPP 项目信息披露，构建履约监督、行政监督和公众监督三维体系

监督最有效的办法是课以强制性的信息披露义务。世界银行学院的一项研究发现，信息自由立法是 PPP 合同披露最常见的法律基础。财政部在原征求意见稿的基础上，于 2017 年 1 月 23 日发布了《政府和社会资本合作（PPP）综合信息平台信息公开管理暂行办法》，并于 2017 年 3 月 1 日开始实施。信息公开的范围包含中华人民共和国境内已纳入 PPP 综合信息平台的 PPP 项目。信息公开方式分为即时公开和适时公开（依据信息本身的性质与敏感程度）。该《办法》强化了公众知情权与监督权，可对参与各方形成有效监督和约束，从源头预防权力寻租类犯罪行为的发生。

(四) 完善 PPP 立法，健全金融机构、咨询机构参与模式的相关法律制度等

金融机构和咨询机构参与 PPP 项目所遵循的制度多为各行业的规范，但由于 PPP

项目在短期内的大规模发展，原本行业的内部性执业标准并不能涵盖 PPP 项目服务的要求。尤其是在信用评价、法律意见环节，涉及的公共利益影响重大，出现模糊的、影射性描述均不利于投资人对项目风险的分析，也易间接导致政府监管的失误。因此，建议可以在 PPP 立法完善的过程中，规范中介咨询结构的参与程序，并作出刑事法律风险预警。

参考文献

1. 2015 年 12 月财政部、国家发改委和中国人民银行发布的《关于在公共服务领域推广政府和社会资本合作模式的指导意见》（国办发〔2015〕42 号）。

2. 付大学：《PPP 模式下使用者付费公共产品定价的法律重构》，载于《郑州大学学报（哲学社会科学版）》，2016 年第 2 期。

3. 贾康、孙洁：《公私伙伴关系 PPP 的概念、起源、特征与功能》，载于《财政研究》，2009 年第 10 期。

4. 邢会强：《走向规则的经济法原理》，法律出版社 2015 年版。

5. 陆晓春、杜亚灵、岳凯、崔智鹏：《政府和社会资本合作（PPP）项目的监管问题研究》，载于《天津经济》，2014 年第 8 期。

6. 刘薇：《PPP 模式理论阐释及其现实例证》，载于《改革》，2015 年第 1 期。

7. 第文涛、郭上：《关于规范运作 PPP 基金的思考》，载于《财会研究》，2016 年第 5 期。

8. 黄腾、柯永建、李湛湛等：《中外 PPP 模式的政府管理比较分析》，载于《项目管理技术》，2009 年第 1 期。